W0328967

Jacques Chirac Authentique

A gauche ou
à droite ... c'est
[illegible] la même
chose !
Bien [illegible] bises...

Martine
Déc. 95

Tous droits de traduction, de reproduction et d'adaptation
réservés pour tous pays.
Editions Harca, 1995
ISBN: 2-911462-00-9

A ma mère

“Là où il y a une volonté, il y a un chemin”.

Jacques Chirac

PROLOGUE

Faudra-t-il attendre la fin du septennat pour découvrir qui est vraiment le nouveau Président de la République ? De désillusions en désenchantements, les français ont progressivement appris à connaître son prédécesseur, François Mitterrand. Pour ne pas avoir compris qui est Jacques Chirac, ses adversaires l'ont sous-estimé, quelques ambitieux l'ont trahi, une certaine presse a voulu le décrédibiliser et les sondeurs professionnels l'ont maintes fois enterré. Des trahisons dont il a été victime, des échecs qu'il a subis, il en a fait des atouts. Plus la fracture entre la classe médiatico-politique s'est accentuée, plus les français lui ont accordé leur confiance. "Dommage qu'il lui manque ce quelque chose qui fait les hommes d'Etat" disait François Mitterrand en 1988. Jacques Chirac l'a fait mentir et il a donné raison à Edouard Balladur qui déclarait en 1986 : "Pour mieux comprendre Chirac, il ne faut pas oublier qu'il n'a cessé de progresser. Il ne s'est jamais arrêté en chemin."

La victoire du 7 mai 1995 ne s'est pas faite en une campagne électorale. Elle est l'aboutissement d'une longue marche entreprise depuis le début des années soixante, époque à laquelle un jeune cadet de la République pompidolienne remporte son premier succès électoral dans la département de ses ancêtres en Corrèze. Dès 1976, Jacques Chirac, Premier ministre démissionnaire devient un présidentiable. Il lui faudra dix-neuf ans pour faire l'apprentissage du pouvoir.

Son principal handicap aura été son image. Certains sont des "bêtes médiatiques" d'autres gagnent au contact direct, à commencer par Jacques Chirac, ce champion toutes catégories des campagnes électorales sur le terrain. Que n'a-t-on pas dit de sa raideur, de son ton cassant dès qu'apparaît une caméra? Non, Chirac ne serait jamais Kennedy, ni de Gaulle, ni même Mitterrand... qui ont su si bien caresser le petit écran dans le sens du poil... Il avait tout simplement intérêt à se faire mieux connaître et, enfin, sa véritable nature semble avoir pénétré les esprits.

Aujourd'hui tout le monde sait que cet homme cache une gentillesse et une spontanéité des plus réconfortantes, que son ton acerbe, ses gestes mal mesurés ne sont que le reflet crispé d'une affabilité que tous les journalistes lui reconnaissent volontiers. Paradoxalement, il aura fallu les "Guignols de l'info" pour rendre à Chirac cette image primesautière qui amuse tant les français, non sans les attendrir.

A tout le moins, ceux qui ne le connaissent pas auront perçu son incontestable force vitale, cette ardeur qui le pousse et bouscule son entourage. On sait que l'exhortation favorite de cet ancien de Saumur pour faire avancer ses troupes consiste en un vigoureux "Allez hop ! A cheval!", sans entrer dans le détail de ses plaisanteries plus que cavalières... N'a-t-il pas été traité de "jeune poulain fougueux", de "hussard", d' "ogre", de "sabreur"? A croire que d'aucuns verraient plutôt un taureau dans ce sagittaire.

Constamment en mouvement, prompt aux emportements, Jacques Chirac, l'homme avide de pouvoir, se vit ainsi taxé d'un autoritarisme forcené. Cet "ambitieux dangereux" aura été longtemps ballotté par la presse et ses adversaires politiques.

En 1980, un graphologue avait décelé dans son écriture: "Force de dynamisme, force de volonté, force d'impact qui ne se laissent arrêter ni attendrir. Il veut vaincre, il évalue la situation, l'adversaire, mais chez lui l'antagonisme entre la passion et la prudence ne lui permet pas toujours de calculer les risques à leur juste mesure."

Sa sensibilité oscille entre celle d'un homme qui vit une tension intérieure, et un désir latent de réagir pour chasser ses imperfections et redevenir un être indéfectible. Une violente opposition revient incessamment à la surface du personnage de Jacques Chirac. L'homme d'Etat qui décide en son âme et conscience, se voit parfois troublé par l'influence de ses conseillers.

Sa haute taille (un mètre quatre vingt dix), ses bras qui s'agitent en larges moulinets, sa voix de stentor et son visage taillé à la serpe ne font pas de ce tribun un homme ordinaire. Chez lui, tout est décuplé. Qu'il se veuille sévère, il paraît féroce, qu'il fasse un pas, il franchit sept lieues, qu'il désapprouve, il tempête, qu'il rie, il tonitrue. Encore que Jacques CHIRAC ne sourie pas souvent devant les caméras. Ou alors de toutes ses dents, avide comme un grand carnassier sur le point de dévorer.

Peu à peu, les Français ont oublié leur allergie envers cet "incendiaire", ce "prédateur toujours prêt à bondir". Sans doute parce qu'ils en ont vu d'autres, depuis quelques temps. Les grands gestes, les vociférations et les dents longues ont tellement proliféré ces dernières années sur les ondes, de MM. Le Pen à Tapie, que Chirac fait presque figure de stoïcien à côté d'eux. Pour le moins, il ressemblerait davantage à ce qu'il est dans la vie.

Cet ouvrage est donc le récit de la longue marche de Jacques Chirac à travers une centaine de témoignages pour certains inédits. Célèbres ou inconnus, amis d'enfance ou personnalités politiques, adversaires ou alliés, journalistes, artistes ou sportifs, tous ont un jour ou l'autre croisé la route de ce jeune corrézien devenu Président de la République.

AVANT PROPOS

Jacques Chirac ou l'art de cultiver les paradoxes

Le fils spirituel

Jacques Chirac incarne le gaullisme, et personne n'ose lui contester cet héritage. Le disciple d'hier est devenu aujourd'hui l'interprète d' " une certaine idée de la France". Jacques Chirac poursuit la voie tracée par le Général de Gaulle et Georges Pompidou.

Pendant vingt et un ans, l'Elysée est occupé par un libéral, Valéry Giscard d'Estaing, puis par un anti-gaulliste viscéral, François Mitterrand. Le chef de file des socialistes a bâti sa carrière en s'opposant à Charles de Gaulle, n'hésitant pas à qualifier de "dictature" et de "monarchie personnelle" les institutions de 1958. Elu Président, François Mitterrand se coule sans états d'âme dans l'uniforme du Général. Au journal Le Monde il déclare: "Les institutions n'étaient pas faites à mon intention. Mais elles sont bien faites pour moi."

Fidèle au fondateur de la Vème République, Jacques Chirac Premier ministre ou leader de l'opposition est le gardien du dogme. Après une double décennie d'absence à l'Elysée, un gaulliste accède à la magistrature suprême. Cette filiation lui confère une légitimité dont ne pouvaient se prévaloir ses deux prédécesseurs.

Victime de son image

En deux ans, Jacques Chirac transforme son image. Son physique anguleux l'a longtemps desservi, faisant la joie des caricaturistes qui accentuaient à l'envie sa gueule de carnassier et de play boy ambitieux.

Toujours très soignés, ses cheveux plaqués en arrière laissent entrevoir une calvitie naissante depuis une dizaine d'années qui ne désavantage pas le personnage. Le visage longiligne est empreint de marques distinctes qui l'éclairent ou l'assombrissent en fonction des circonstances. Un front haut et large, dessiné de trois traits presque horizontaux, est le centre de gravité du visage. Les interrogations de Jacques Chirac, les surprises, les étonnements, les complicités naissent au-dessus du nez pour s'étaler au milieu des ondulations du front, véritables rouleaux de vagues qui viennent s'effacer ensuite à proximité des tempes.

L'aspect général du visage dénote une certaine vitalité et une inlassable volonté d'aller de l'avant. La surface frontale est dominatrice et très dépendante de l'arrondi de la face. La proéminence du menton s'oppose à la dimension du front. Une fausse sévérité prend sa source à la hauteur du maxillaire pour venir alimenter une impression de rigidité. Certains l'ont affublé du qualificatif de "rétracté latéral" en raison d'un visage volontaire et notamment du front décroissant et large. Chirac a un physique de battant. Il s'engage franchement en repoussant les atermoiements. Jacques Chirac est fait tout d'une pièce. Un tempérament façonné par la rigueur des combats électoraux. Il a la rudesse et le pragmatisme des paysans corréziens ... Contrairement à ce que beaucoup ont dit ou écrit, Jacques Chirac est à l'écoute de ses interlocuteurs. Il nourrit sa propre réflexion avec les témoignages, les sentiments et l'expérience de ceux qu'il côtoie. Celui qui se présente comme un extraverti grâce à sa capacité et à sa volonté d'être tourné vers les réalités du monde extérieur, se métamorphose en un introverti directement confronté à sa propre conscience.

Le communicateur

Jacques Chirac a bien du mal à dissimuler ses émotions. Il est souvent crispé et s'emporte facilement. Particulièrement pendant les conférences de presse ou au cours des débats télévisés, il remue sa jambe nerveusement et tapote du pied. Lors des réceptions officielles, il ne tient pas en place. Donnant l'impression d'un homme inquiet ou sur la défensive, il passe précipitamment d'un convive à l'autre. Toujours en mouvement, il distribue clins d'oeil, signes de tête, poignées de mains ... soucieux de n'oublier personne. "L'oeil de cet insecte à mille facettes" est capable de passer un quart d'heure dans un endroit en donnant l'impression à ses convives d'y être resté plusieurs heures. Il quadrille l'assistance, du portier au ministre, personne n'échappe à son accolade. Jacques Chirac est un homme de contact. A croire que la poignée de mains est pour lui une thérapie.

Toujours sur ses gardes il donne l'impression de se surveiller, ce qui lui donne un aspect faussement rigide. Au tout début de sa carrière, le jeune secrétaire d'Etat devenu ministre, avait tendance à s'irriter et à répondre aux provocations de ses adversaires. La candeur du débutant a disparu au profit d'une maturité gagnée au fil des affrontements électoraux.

Derrière le masque impavide du responsable et des ambiances sentencieuses et pompeuses de l'Assemblée nationale ou des lambris dorés des palais nationaux, se cache un homme dont la sensibilité étonne encore son entourage. Jacques Chirac a un goût prononcé pour les réunions entre amis et pour les festivités. Dans l'intimité, il est toujours de bonne humeur et plein d'humour. Il a la faculté de s'adapter à toutes les situations et de mettre à profit ses qualités de communicateur. Dès le premier abord, il s'efforce de mettre à l'aise son interlocuteur par une chaleureuse poignée de main ou une boutade.

Homme de foi

C'est dans la solitude qu'il écrit et prend les grandes décisions. L'homme est secret et veille jalousement sur son " patrimoine affectif." Mystique, Jacques Chirac est passionné par les religions. Catholique pratiquant, il se rend à la messe lorsqu'il peut échapper à ses obligations de responsable politique. En 1976, Jacques Chirac qui vient de démissionner de son poste de Premier ministre, part en retraite à l'abbaye de Solesmes: "Un grand moment (...) pour penser, réfléchir et prier. J'en suis sorti renforcé" confie-t-il lors d'une intervention télévisée. Pour rien au monde Jacques Chirac n'aurait manqué l'occasion d'inviter à l'Hôtel de ville et de s'entretenir avec le Dalaï-Lama lors de sa venue en France. Il rapporte volontiers ce dialogue qu'il a eu avec Soeur Emmanuelle: "Celle qui a connu, si longtemps, tous les désarrois des hommes, me disait il y a peu : "Tu vois, jamais une époque n'a été aussi évangélique que la nôtre", et devant mon étonnement, elle m'expliquait : "Jamais la générosité et l'amour n'ont été aussi forts dans le coeur des jeunes".

Soucieux de réaliser ses plus grands desseins, il reste très vigilant sur sa personne. Il respecte les règles fondamentales de l'équilibre et d'une hygiène de vie qu'il se fabrique en fonction de son emploi du temps. Quelques séances de gymnastique, une nourriture riche et abondante aux heures des repas et des minutes précieuses de récupération durant la journée afin de pallier les courtes nuits de sommeil.

Le style Chirac : un bulldozer

Destiné à une carrière de technocrate dans les coulisses de la Vème République, un moment attiré par le privé, Jacques Chirac découvre sa vocation grâce à sa passion pour Georges Pompidou. Modeste secrétaire d'Etat, Jacques Chirac est l'homme à tout faire du Président. Il devient indispensable, rend des services et fait preuve d'une absolue fidélité. Sa victoire en Corrèze, bastion de la gauche, consacre l'efficacité du style Chirac. Dès 1974, celui qu'on surnomme déjà le "bulldozer" s'impose comme le chef de file du mouvement gaulliste. Une ascension exceptionnellement rapide qui lui permet de rallier à sa cause des milliers de supporters, devenant le symbole de la reconquête.

Le joker de Georges Pompidou est un homme de sang-froid, doté d'une très forte personnalité. Considéré à tort comme un "excité", Jacques Chirac est en réalité un anticonformiste qui ne s'embarrasse pas de la langue de bois couramment employée par les hommes politiques. Ce n'est pas un opportuniste. Les victoires acquises de haute lutte sont autant de preuves de sa combativité. Puncheur ou tacticien émérite, il remporte des luttes difficiles là où ses amis politiques se défilent. Il endigue le flot socialiste aux municipales de 1977 et aux législatives de 1978. Sous la présidence de François Mitterrand, il emmène une majorité de députés RPR-UDF à l'Assemblée nationale en 1986 et en 1995.

A la rencontre des Français

Chirac fascine par son éloquence et son esprit de persuasion. C'est un obstiné. Il réussit à rallier les indécis et se met à la portée de son interlocuteur, qu'il soit éleveur corrézien ou notable de Paris.

Le dialogue représente une constante dont le principe consiste à promouvoir l'homme plus que tout autre analyse philosophique. La capacité d'écoute et d'adaptation de Jacques Chirac à son interlocuteur est surprenante. Il cerne la personnalité de celui qu'il rencontre et développe en quelques minutes un véritable numéro de séducteur. Pudique, le Chirac émotif ne se livre jamais devant les caméras de télévision. D'une sensibilité à fleur de peau, le député de la Corrèze est animé d'un désir profond de s'attirer la sympathie de ses contemporains. L'introverti est attachant. L'extraverti en quête de reconnaissance fait figure d' "agité."

En devenant député de la Corrèze, le jeune technocrate se métamorphose. Sans pour autant négliger ses dossiers, il consacre une grande partie de son emploi du temps à aider des personnes en difficulté. Les dorures des palais nationaux ne l'ont jamais impressionné. Aussi modeste que soit son interlocuteur, il n'hésite pas à quitter une réception officielle ou à bousculer le protocole pour résoudre les problèmes personnels des uns et des autres. Son entourage est coutumier de ses discrètes sorties en pleine réunion pour aller téléphoner, s'enquérant de la santé de l'épouse d'un ami. Jacques Chirac à la manie de rendre des petits services. Sans doute est-ce pour cette raison que ses détracteurs l'accusent de faire du clientélisme.

Homme d'Etat

Ce stratège efficace a un sens aigu de l'Etat et un pouvoir de se surpasser pour faire face à ses responsabilités lorsqu'il estime que les intérêts de son pays sont menacés. Il n'hésite pas à prendre l'opinion publique à rebrousse-poil sur des grands sujets de société : il vote pour l'abolition de la peine de mort, émet des réserves sur le recours à l'avortement. A chaque échéance il joue sa carrière. Déjouant les projets de Valéry Giscard d'Estaing qui voulait imposer un de ses affidés à la mairie de Paris - en l'occurrence Michel d'Ornano - il s'empare de l'Hôtel de ville contre la volonté présidentielle. Bien des hommes politiques auraient accepté toutes les compromissions pour rester à Matignon. Jacques Chirac est le seul Premier ministre à démissionner de sa propre initiative. En 1986, lors de la cohabitation, il joue un coup de poker. Son échec à l'élection présidentielle aurait pu lui être fatal. Il en tire la leçon. Donné perdant en 1995, accusé par certains de ses propres "compagnons" de s'être défilé en envoyant Edouard Balladur au charbon, il déjoue les pronostics en disqualifiant "Edouard" au premier tour. Le sens de l'Etat, la passion pour son pays ne sont pas nécessairement les meilleurs arguments d'une campagne. Démagogue, Jacques Chirac aurait peut-être pu réaliser un meilleur score en 1981 et 1988. En restant fidèle à ses convictions, Jacques Chirac a démontré qu'on pouvait concourir à la magistrature suprême en restant authentique.

1

2

3

4

1 Jacques Chirac, âgé de sept mois, est assis sur les genoux de Mme Marinette Pascal. A côté se tient Marie-Louise Coste. (Photo D.R)

2 Jacques Chirac à vingt mois, sur la plage d'Arcachon.(Photo D.R)

3 Marie Louise Valette, la mère de Jacques Chirac, et son fils, à cinq ans.(Photo D.R)

4 (Prise dans le pré de la Colomberie en juin 1940) Jacques Chirac enserre fraternellement Pierre et Jacques Alvinerie. A côté une petite réfugiée de l'exode qui habitait chez les Chirac.(Photo D.R)

5 Bernadette Chirac, aux côtés de son jeune frère, de ses grands parents et de ses deux filles.(Photo D.R)

6 Jacques Chirac au milieu de ses parents, le jour de sa première communion.(Photo D.R)

5

6

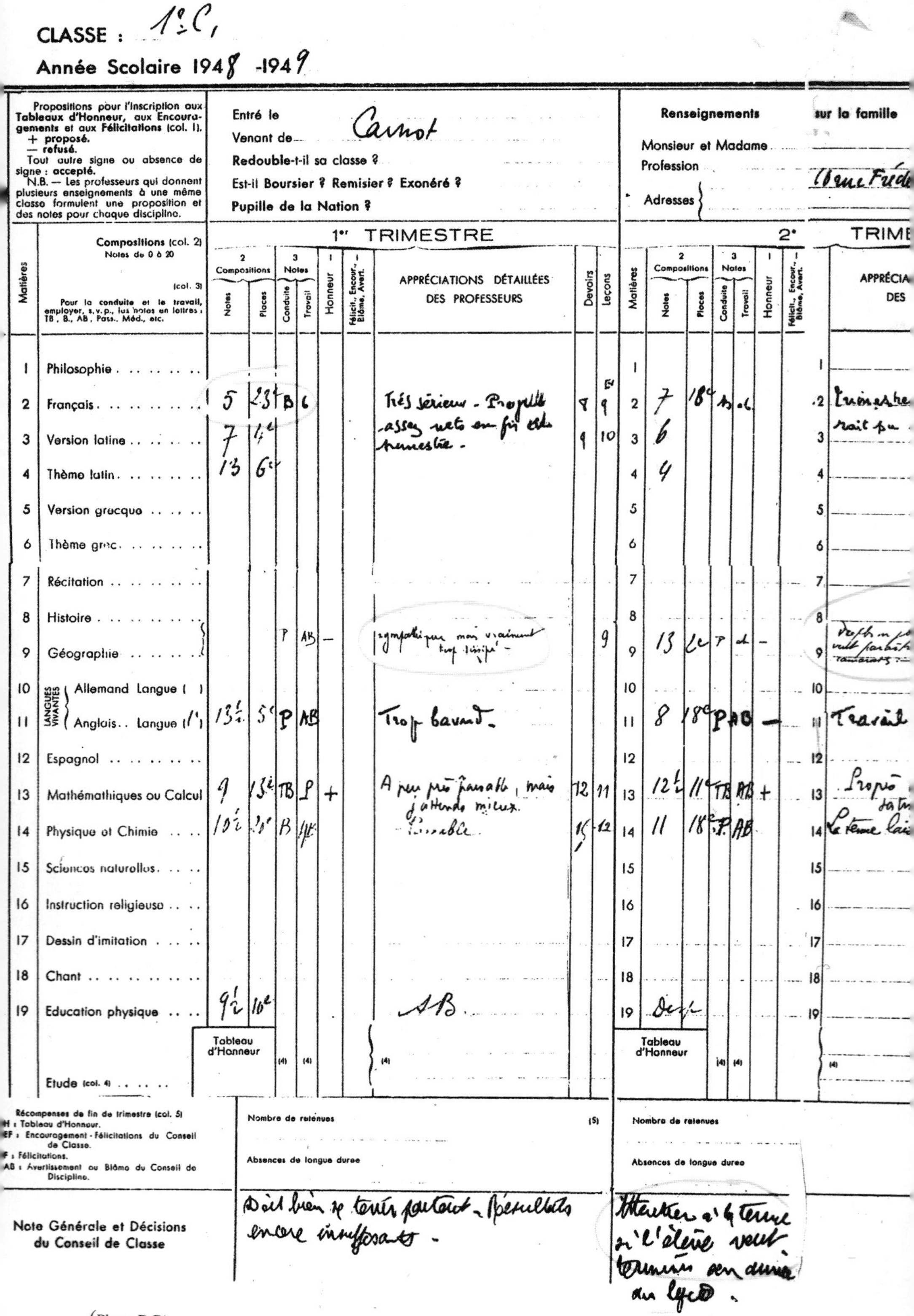

CLASSE : 1re C,

Année Scolaire 1948-1949

Propositions pour l'inscription aux Tableaux d'Honneur, aux Encouragements et aux Félicitations (col. 1). + proposé. — refusé. Tout autre signe ou absence de signe : accepté. N.B. — Les professeurs qui donnent plusieurs enseignements à une même classe formulent une proposition et des notes pour chaque discipline.	Entré le Venant de Carnot Redouble-t-il sa classe ? Est-il Boursier ? Remisier ? Exonéré ? Pupille de la Nation ?	Renseignements sur la famille Monsieur et Madame Profession Adresses [illegible] Fréd[illegible]

1er TRIMESTRE

Matières		Compositions Notes	Places	Conduite	Travail	Honneur	Félicit., Encour., Blâme, Avert.	Appréciations détaillées des professeurs	Devoirs	Leçons
1	Philosophie									
2	Français	5	23e	B	6			Très sérieux - Progrès assez nets en fin de trimestre -	8	9
3	Version latine	7	1er						9	10
4	Thème latin	13	6e							
5	Version grecque									
6	Thème grec									
7	Récitation									
8	Histoire									
9	Géographie			P	AB	—		sympathique mais vraiment trop dissipé -		9
10	Langues vivantes : Allemand Langue ( )									
11	Anglais Langue (1re)	13½	5e	P	AB			Trop bavard -		
12	Espagnol									
13	Mathématiques ou Calcul	9	13e	TB	P	+		A peu près passable, mais j'attends mieux.	12	11
14	Physique et Chimie	10½	28e	B	AB			Passable	15	12
15	Sciences naturelles									
16	Instruction religieuse									
17	Dessin d'imitation									
18	Chant									
19	Education physique	9½	10e					AB.		
	Etude (col. 4)	Tableau d'Honneur		(4)	(4)			(4)		

2e TRIMESTRE

Matières	Compositions Notes	Places	Conduite	Travail	Honneur	Félicit., Encour., Blâme, Avert.	Appréciations détaillées des professeurs
2	7	18e	AB				Trimestre [illegible] rait pu [illegible]
3	6						
4	4						
9	13	2e	P	[illegible]	—		[illegible]
11	8	18e	P	AB	—		Travail [illegible]
13	12½	11e	TB	AB	+		Propos[illegible]
14	11	18e	P	AB			Le terme [illegible]
19	Disp.						

Récompenses de fin de trimestre (col. 5)
TH : Tableau d'Honneur.
EF : Encouragement - Félicitations du Conseil de Classe.
F : Félicitations.
AB : Avertissement ou Blâme du Conseil de Discipline.

Nombre de retenues (5)

Absences de longue durée

Note Générale et Décisions du Conseil de Classe

1er trimestre : Doit bien se tenir partout - Résultats encore insuffisants -

2e trimestre : Attention à la tenue si l'élève veut terminer son année au lycée.

(Photo D.R)

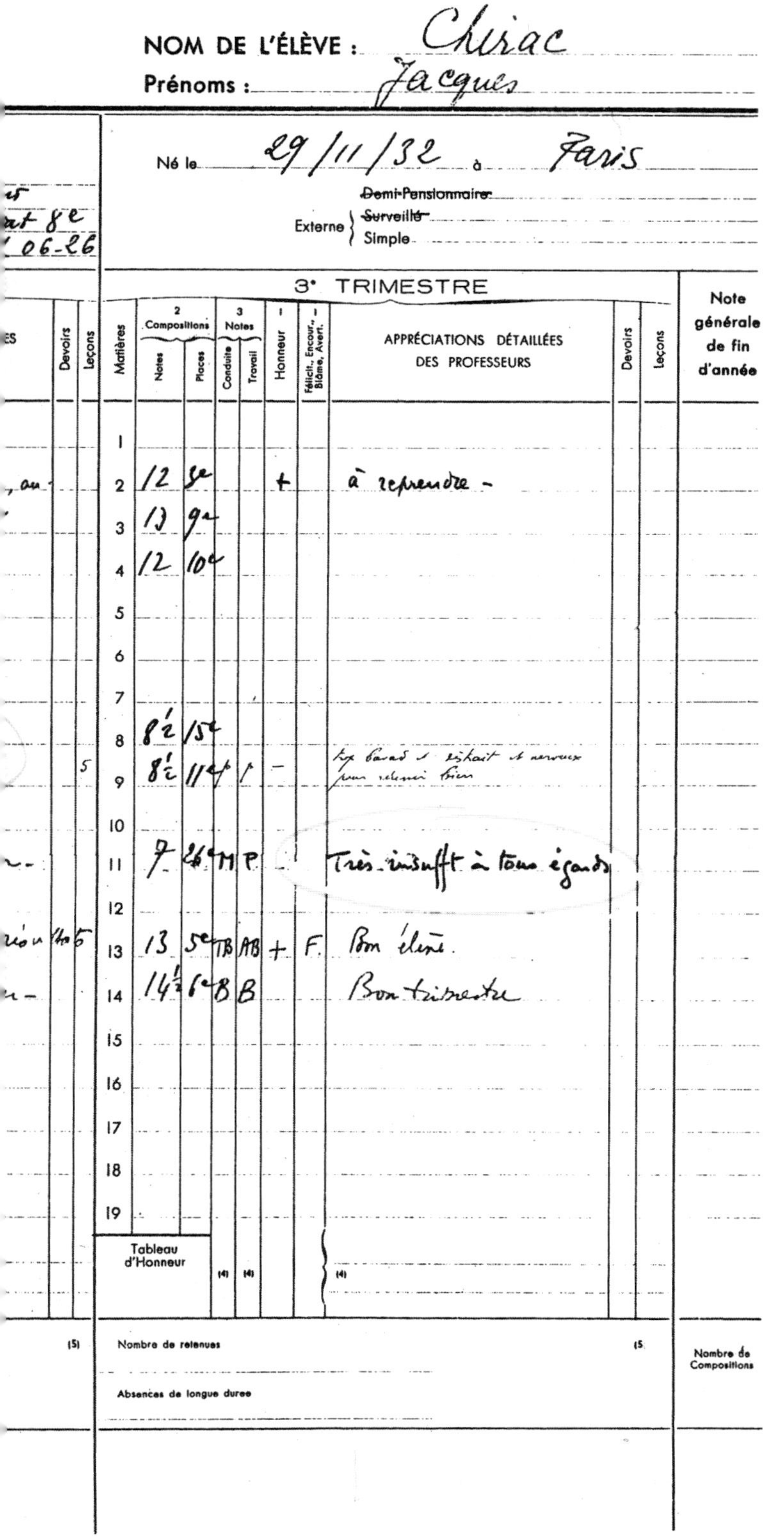

NOM DE L'ÉLÈVE : Chirac

Prénoms : Jacques

Né le 29/11/32 à Paris

Externe { ~~Demi-Pensionnaire~~ / ~~Surveillé~~ / Simple

3e TRIMESTRE

Matières	Compositions: Notes	Compositions: Places	Notes: Conduite	Notes: Travail	Honneur	Félicit., Encour., Blâme, Avert.	APPRÉCIATIONS DÉTAILLÉES DES PROFESSEURS	Devoirs	Leçons	Note générale de fin d'année
1										
2	12	3e			+		à reprendre -			
3	13	9e								
4	12	10e								
5										
6										
7										
8	8½	15e								
9	8½	11e	/	–			trop bavard distrait et nerveux pour réussir bien			
10										
11	7	26e	M	P			Très insuff.t à tous égards			
12										
13	13	5e	TB	AB	+	F.	Bon élève.			
14	14½	6e	B	B			Bon trimestre			
15										
16										
17										
18										
19										
Tableau d'Honneur			(4)	(4)			(4)			

Nombre de retenues

Absences de longue durée

Nombre de Compositions

1ère colonne :
- Très sérieux. Progrès assez nets en fin de trimestre.
- Sympathique mais vraiment trop dissipé.
- Trop bavard
- A peu près passable, mais j'attends mieux.
- Dois bien se tenir partout. Résultats encore insuffisants.

2ème colonne :
- Attention à la tenue si l'élève veut terminer son année au lycée.

3ème colonne :
- Trimestre assez terne, aurait pu mieux faire.
- De plus en plus dissipé, et veut paraître tel à ses camarades.
- Travail irrégulier.
- Progrès marqués. Résulats satisfaisants.

4ème colonne :
- A reprendre.
- Trop bavard, distrait et nerveux pour bien réussir.
- Très insuffisant à tous égards.
- Bon élève.
- Bon trimestre.

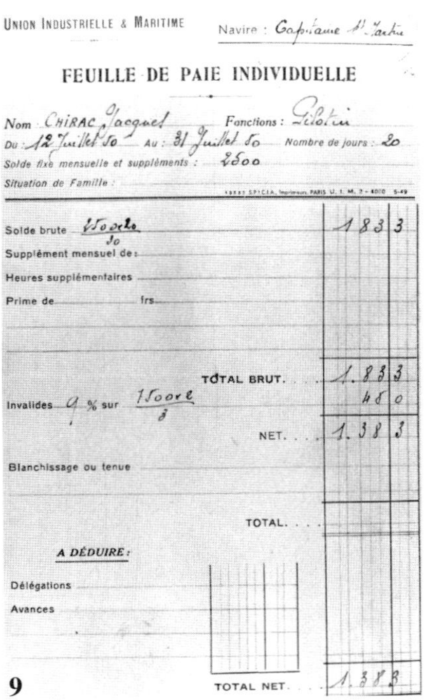

UNION INDUSTRIELLE & MARITIME

Navire : Capitaine St Martin

FEUILLE DE PAIE INDIVIDUELLE

Nom : CHIRAC Jacques — Fonctions : Pilotin

Du : 12 Juillet 50 — Au : 31 Juillet 50 — Nombre de jours : 20

Solde fixe mensuelle et suppléments : 2500

Situation de Famille :

Solde brute 2500 x 20 / 30	1833
Supplément mensuel de :	
Heures supplémentaires	
Prime de ... frs	
TOTAL BRUT	1.833
Invalides 9 % sur 1500 x 2 / 3	450
NET	1.383
Blanchissage ou tenue	
TOTAL	
A DÉDUIRE :	
Délégations	
Avances	
TOTAL NET	1.383

9

7 Jacques Chirac à Paris entame ses études dans le secondaire.(photo: D.R)

8 Jacques Chirac Pilotin sur le cargot «Capitaine Saint Martin».(photo: D.R)

9 Première feuille de paye.(photo: D.R)

11

12

10

10 Oran, La Férria, (1956). Photo:(D.R)

11 Jacques Chirac sous les drapeaux, au onzième régiment des chasseurs d'Afrique, à Neuschtadt an der Weinstrasse (Palatinat), d'octobre 1995 à avril 1956. Jacques Chirac se trouve entre le Capitaine Perchereau (à gauche), et Paul Trichet (à droite). Photo:(D.R)

12 Le sous-lieutenant Jacques Chirac épouse Bernadette Chodron de Courcel (17 mars 1956) Photo:(D.R)

14

13 Jacques Chirac a l'occasion d'un voyage en Lousianne. Photo:(D.R)

14 Premier job de Jacques Chirac , plongeur au Howard Jonson. En face de l'université situé à Harward square. Photo:(D.R)

15 Jacques Chirac dans le cockpit d'un mystère 20 Photo:(D.R)

16 Décembre (1974) conseil national U.D.R Photo:(M.P. Guéna)

SUD
SUD.
RTL

CHAPITRE I

Une Jeunesse turbulente

Trois siècles de paysans

Jacques Chirac n'est pas un personnage de roman, contrairement à son prédécesseur François Mitterrand, dont les biographes s'évertuent à donner une dimension légendaire. Les titres des livres consacrés à François Mitterrand sont éloquents: "Le Noir et le Rouge" de Catherine Nay, allusion à l'oeuvre de Stendhal, "François Mitterrand ou la tentation de l'histoire" de Franz-Olivier Giesbert, "Le roman familial de François Mitterrand" de Marie Balvet ou encore le livre d'Edwy Plenel sur les pratiques secrètes du double septennat: "La part d'ombre". En revanche, Jacques Chirac serait sans mystère. Franz-Olivier Giesbert titre platement "Jacques Chirac". Seul Thierry Desjardins ose un "Jacques Chirac, l'homme qui n'aime pas les dîners en ville". Rien là de très romantique. S'il existe bel et bien une "légende mitterrandienne", la " légende chiraquienne" reste à imaginer.

Jacques Chirac est un homme du terroir, d'extraction modeste n'ayant jamais cherché à enjoliver ses origines. Aucune pseudo-parenté avec la Reine d'Angleterre comme le prétend la famille Mitterrand ou fausses particules comme les Giscard. Les Chirac sont des gens simples: "Quand les généalogistes se sont sérieusement intéressés à mon cas, aussi loin qu'ils aient pu remonter, ils ont trouvé des paysans corréziens" précise l'ancien Premier ministre. Il confirmera avec beaucoup plus de précisions l'origine de son patronyme: "Mon nom a pour origine la langue d'oc, celle des troubadours et, donc, celle de la poésie... Ac, c'est l'eau qui court avec une certaine sérénité, une certaine pureté..."

Depuis trois siècles, les racines de la famille Chirac sont enfouies dans la terre de Corrèze. Le premier membre connu de la lignée, Jean, est né vers 1607 dans la commune de Gros-Chastang. Le grand père de Jacques, Louis Chirac, rompt avec cette filiation de travailleurs manuels. Instituteur, c'est un "hussard noir" de la République. Viscéralement anti-clérical, franc-maçon et vénérable de sa loge, radical-socialiste, il est pendant quinze ans directeur d'école à Brive-la-Gaillarde. Le radicalisme d'antan relevait d'un état d'esprit et d'un héritage nourris par le charisme d'éminents personnages tels que le Docteur Queuille. Son fils, Abel, est banquier. Sous l'occupation il change son prénom, à consonance biblique, et se fait appeler François. Marié en 1921 à Marie-Louise Valette, elle même corrézienne, François Chirac installe sa famille à Paris.

Le dernier rejeton mâle de cette lignée de limousins est né le 29 novembre 1932. (Jacques Chirac est fils unique, n'a que des filles et n'a aucun cousin portant le nom Chirac). A la clinique du 59 rue Geoffroy-Saint-Hilaire dans le Vème arrondissement de Paris, Abel et Marie-Louise Chirac attendent cet enfant comme le Messie. Huit ans auparavant, ils ont perdu une petite fille prénommée Jacqueline, décédée à l'âge de 17 mois des suites d'une rougeole. Marinette Pascal, une amie corrézienne de la famille, se souvient de ce drame qui a bouleversé le couple: "Il ne fallait surtout pas leur en parler tellement cette épreuve revenait douloureusement à la surface de leurs souvenirs." Le petit Jacques souffrira longtemps de sa situation de fils unique et s'improvisera de nombreux frères et soeurs. Les trois ou quatre premières années de Jacques compteront beaucoup pour ses parents, lesquels auront des difficultés à équilibrer leur volonté d'éduquer leur enfant avec une certaine faiblesse à le protéger. Jusqu'à l'âge de sept ans le fils du banquier passe toutes ses vacances d'été en Corrèze, se mêlant sans retenue aux enfants du village pour courir la campagne. A Sainte-Féréole où ses grands-parents maternels, les Valette, possèdent une maison, le petit Jacques se familiarise avec le monde rural. La maison des Chirac est une modeste bâtisse typiquement corrézienne. Elle donne sur une petite place très pittoresque, place Chaumeil, dominée par un château d'eau.

En culotte courte à Sainte -Féréole

Un décor pauvre, à la fois rustique et attachant caractérise ce village qui survit obstinément à la désertification des campagnes.

La vie quotidienne est celle d'un bourg paisible et sans histoires. On y vit au rythme des saisons. A l'automne, on ramasse les châtaignes, on cueille des champignons. Les veillées dans le "cantou" - grande cheminée corrézienne - pendant les longues soirées d'hiver tiennent lieu de principale occupation. Marinette Pascal, habite toujours la maison voisine des Chirac. Elle est de six ans l'aînée du petit Jacques, et faisait office de grande soeur. Avec nostalgie, elle égrène ses souvenirs d'enfance. Selon elle, Jacques tient plutôt de son grand-père Chirac, l'humaniste directeur d'école : "Il possède l'intelligence de son père mais aussi de son grand père. Jamais François Chirac ne se serait lancé dans la politique mais il avait un grand sens des affaires et son métier était une véritable vocation." Le grand-père Valette lui aussi avait été instituteur et il avait eu pour élève le père de Marinette. A sa retraite le maître était devenu voisin de son élève Pascal à Sainte-Féréole, et tous deux passaient leurs journées à converser. La grand-mère Valette se rendait tous les jours chez les Pascal pour faire un brin de causette au coin du feu: "Lorsqu'elle ne venait pas, raconte Marinette Pascal, on s'inquiétait car elle n'avait pas beaucoup de santé et accusait une forte tension. D'ailleurs, elle est morte des suites d'une congestion cérébrale."

Marinette pouponnait le petit Jacques et l'accompagnait dans ses escapades à travers la campagne. Les grandes ballades au bord des étangs et le long des ruisseaux, l'initiation aux richesses de la nature, la découverte pleine d'appréhension des animaux de la ferme, la rentrée des foins avec les paysans... Cette enfance à la campagne est à l'origine de l'attachement de Jacques Chirac pour le monde agricole dont il fût l'un des ministres les plus populaires. Fils unique, le petit Jacques continue à se mêler aux enfants du village avec qui il joue aux cow-boys et aux indiens, aux gendarmes et aux voleurs. Il y a là bien sûr Marinette, ses cousins Pierre et Jacques Alvinerie que Jacques retrouve souvent pour jouer dans le pré de la Colomberie, Marie-Louise Coste, René Bel fils de Marceline, doyenne du village, et une jeune réfugiée venue de Paris que ses parents ont mis à l'abri à la campagne. De temps en temps ces derniers l'amèneront à faire une escapade jusqu'à l'océan afin d'équilibrer ses vacances. Ils se rendront à Arcachon où il goûtera au plaisir de patauger dans l'écume et à la joie de faire des pâtés de sable.

Marinette se souvient d'échappées mémorables à bicyclette où la bande de Jacques se lançait comme des bolides sur la place centrale de Sainte-Féréole et suivait des circuits, improvisant des compétitions avec, pour enjeu, une pièce de quatre sous ou un sucre d'orge.

René Bel était l'un des compagnons de jeux du futur homme d'Etat. Transparaissait déjà, chez le jeune garçon, un tempérament de gagneur. Il n'aimait pas perdre et bougonnait dans son coin lorsque le gendarme qu'il interprétait n'était pas parvenu à rattraper le voleur. "Il était déçu de ne pas avoir fait ce qu'il fallait pour gagner, mais ce n'était pas vraiment un mauvais perdant" raconte René qui se souvient d'un gamin émotif: "Un jour que mon père était rentré dans la porcherie pour nourrir les verrats, qui hurlaient comme si on les égorgeait, Jacques terrorisé s'est mis à crier: "Arrêtez, mais vous allez les tuer."

Marceline incarne parfaitement la corrézienne de Sainte-Féréole fidèle aux traditions et fière de son modeste patrimoine. C'est un peu la conscience de ce petit bourg qu'elle a dû quitter pour des raisons familiales. Elle n'a pas émigré bien loin, mais sa nostalgie a grandi au gré du temps passé, comme si elle avait dû faire le cruel départ pour un exode. Un fichu jeté à toute hâte sur son dos faiblement courbé par le poids des années, un tablier sombre légèrement éclairé par quelques motifs, Marceline vient nous conter les aventures d'un garçonnet du village de Sainte-Féréole, qu'elle ne cessera d'appeler tout au long de l'entretien le "petit mignon". Marceline est une femme solide qui, malgré son âge, a les idées aussi claires que ses yeux bleu azur. La canne agile, elle n'a pas oublié les premiers balbutiements de Jacques Chirac dans son village. Elle nous confiera, trois décibels au-dessus de la moyenne, conséquence logique d'une légère surdité, les courses poursuites avec son fils René, à travers les champs et les cachettes improvisées derrière les silos de maïs et les meules de foin.

"Jacques, je l'ai connu comme ça !" et Marceline de brandir sa canne à un peu plus d'un mètre au-dessus du sol pour s'en servir de toise. Son souvenir le plus frappant concerne une grande frayeur qu'elle éprouva lorsque le "petit mignon" dégringola douze marches d'un coup, s'emmêlant les pieds et piquant la tête pour tomber lourdement sur le sol. Le sentier contournant la maison avait obligé les Bel à construire un petit escalier improvisé. "Je me souviens comme si c'était hier de cette cascade de Jacques qui se releva avec quelques égratignures au visage et à son genou; son beau short blanc et son polo étaient tout crottés." C'était un enfant expressif qui n'était certes pas exempt de tout reproche lorsqu'il s'agissait de taquiner les grands-mères: " Si je me souviens de cette petite tête expressive et espiègle!" Pour Jacques Chirac, Marcelline représente son enfance, sa famille et surtout ses parents. Lorsqu'il a perdu son père, Jacques a tenu à ce que ses amis et proches l'accompagnent au chevet de celui-ci. Ces derniers recréaient l'ambiance de toujours et faisaient revivre un peu son père tant ses parents étaient attachés à leur entourage. "Madame Bel, restez avec moi me disait-il lorsqu'il arriva de Paris en catastrophe et qu'il me trouva auprès de son père décédé subitement au petit matin." Marinette Pascal se souvient que François Chirac avait fait un bon petit gueuleton à Seilhac avec le Docteur Manière la veille au soir.

Marceline Bel s'empressa de nous raconter qu'elle a revu Jacques l'année dernière: "Il m'a embrassée et m'a dit : vous serez centenaire. J'ai alors levé ma canne en l'air et je lui ai dit: " Tais-toi Jacques, polisson ! Ce n'est pas beau d'être centenaire !" Marceline se souvient de la famille de Jacques et des traditions: "Les arrières-grands-parents de Jacques tenaient une épicerie et ma mère après nous avoir accompagnés à l'école, n'oubliait jamais d'aller acheter du tabac à priser et du sucre en pain."

L'occupation au Rayol

En juin 1940, Paris est occupé par les Allemands. François Chirac envoie sa femme et son fils se mettre provisoirement au vert en Corrèze. Ils n'y restent que quelques mois. Pendant toute la période de l'Occupation, les Chirac se réfugient au Rayol, dans le Var, en compagnie des familles Dassault et Potez. Directeur d'une agence de la Banque Nationale pour le Commerce et l'Industrie (BNCI), François Chirac a pour client Marcel Dassault et Henry Potez, autre célèbre constructeur aéronautique. Le père de Jacques Chirac avait conseillé à Potez d'acheter la superbe propriété du Rayol sur la Côte d'Azur. Entre temps François Chirac avait quitté la banque pour travailler chez Potez. Le Rayol, situé en zone libre, était le point de chute idéal pour échapper aux persécutions des nazis. Avec en prime le soleil, le grand air et un approvisionnement de meilleure qualité. Les familles Dassault, Potez et Chirac se retrouvèrent donc dans cette propriété en attendant la fin des hostilités.

Changement de décor pour le jeune garçon. Marcel Bloch, qui ne s'appelle pas encore Dassault, a fait sauter sur ses genoux le gamin pour qui il nourrit une réelle affection. Un jour que l'avionneur gare son imposante voiture devant un café où se trouvent les Chirac, Jacques se précipite pour admirer l'automobile. "Voyons si tu devines la marque de ma voiture?" lance Marcel Bloch au jeune garçon, persuadé qu'il ignore ce modèle rarissime: "C'est une Grahampedge, Monsieur" répond sans hésiter le garçon. Interloqué , Marcel Bloch prend Jacques Chirac par la main, traverse la chaussée et récompense l'érudit en "dévalisant" un magasin de jouets.

La proximité des familles Dassault et Chirac jouera un rôle déterminant dans la carrière de Jacques Chirac. Le vieux Marcel pistonnera son "petit Jacques" pour qu'il fasse son service militaire à Paris, au ministère de l'Air. Jacques fera finalement Saumur. Nouveau coup de pouce en 1962. Le milliardaire le recommande à Pierre Juillet qui le fait venir au cabinet du Premier ministre, Georges Pompidou. Jacques Chirac se verra alors confier le dossier de l'aéronautique. Du magasin de jouets aux campagnes électorales du RPR, Marcel Dassault a toujours gâté son protégé.

Au Rayol, Jacques coule des jours heureux. Couvé, choyé par sa mère, il profite du climat et vit avec l'insouciance des enfants de son âge. Mais un jour, alors qu'il se promène sur les collines, il aperçoit d'épaisses colonnes de fumées dont les volutes obscurcissent l'horizon. Il est le témoin oculaire d'une tragédie historique: la flotte française se saborde en rade de Toulon pour échapper aux Allemands. C'est le premier événement politique vécu par Jacques Chirac. Autour de la table familiale, on ne parle que de cet "immense gâchis". Emu par ce qu'il vient de vivre, il est désormais à l'écoute de ces conversations où il est régulièrement question d'un certain général de Gaulle.

Jacques Chirac a maintenant 12 ans. Les alliés débarquent en Normandie, la France est libérée. La famille Chirac regagne la capitale et s'installe à Saint Cloud. Pendant un an, il va à l'annexe du Lycée Hoche puis ses parents l'inscrivent au Lycée Carnot à Paris. Jacques est un élève moyen qui passe de nombreuses heures à flâner dans le parc Monceau. Premiers flirts avec les nurses anglaises sur les bancs du jardin public. Il est parfois jugé indiscipliné par ses professeurs. Il fait tout juste le nécessaire pour ne pas redoubler et veille à ne pas gâcher ses étés par des devoirs de vacances. De quoi désespérer son père. Au lycée Carnot, il côtoie les enfants de la petite bourgeoisie, comme lui, et quelques gosses de riches. Sa fréquentation de la grande bourgeoisie et de l'aristocratie se fera plus tard, à Sciences-politiques. Pour l'heure, il est Scout de France et suit en dilettante des cours de cuisine à l'Ecole du Cordon Bleu.

L' appel de Stockholm

En 1947 Jacques Chirac a 15 ans. L'âge des premiers engagements. En seconde au Lycée Carnot, entraîné par un de ses camarades, il adhère sans trop réfléchir au R.P.F. (Rassemblement du peuple français), le parti que vient de créer quelques mois plutôt le général de Gaulle. Le seul parti politique auquel il adhère jusqu'à la reprise en main de l'UDR en 1974. Et pourtant, l'adolescent n'est pas encore gaulliste. Il semble qu'il ait succombé à un phénomène de mode qui règne alors dans les milieux bourgeois de la capitale. Cède-t-il à l'influence du milieu familial? "Mon père était apolitique" affirme Jacques Chirac. Cette adhésion est un coup de tête plus qu'un acte réfléchi. Le patron du RPR aurait pu s'en servir comme la marque d'un engagement précoce en la personne du Général. Il a simplement rejoint, "l'homme qui avait gagné". Plus tard il qualifie ce ralliement d' "anecdote" et avoue: "Je ne savais pas ce que je faisais."

En 1949, il décroche la première partie de son bac avec la mention "assez bien". C'est à cette époque - il a tout juste 18 ans - qu'il appose sa signature au bas d'un document alléchant pour un jeune de cet âge: un plaidoyer en faveur de la paix. C'est le fameux " Appel de Stockholm" qui lui vaut d'être fiché comme "communiste".

Son intérêt pour les matières scientifiques le conduit à s'intéresser aux recherches sur l'atome et à l'énergie nucléaire.
"Un grand mouvement de refus avait été lancé contre l'utilisation de la science atomique à des fins militaires (...) Non seulement je l'ai signé

- l'Appel de Stockholm - comme des dizaines de milliers de personnes, mais, de surcroît, je me suis engagé puisque je l'ai fait signer". Zélé pétitionnaire, il s'installe devant le commissariat du VIème arrondissement. Interpellé par les policiers, il est reconduit à la nuit tombante et sous bonne escorte à son domicile. Le jeune signataire ignore à l'époque, que l'"Appel" est une formidable opération d'intoxication menée par les soviétiques utilisant l'opinion publique des pays occidentaux pour faire pression sur leurs gouvernements. "L'Appel de Stockholm", quatre mots pavés de bonnes intentions que le Parti communiste camouflait avec minutie afin d'attirer les ingénus. L'année suivante, ayant délaissé les matières scientifiques, Chirac intègre Sciences-Po. Il se lie d'amitié avec le patron des étudiants socialistes, un certain Michel Rocard qui tente vainement de le faire adhérer. Jacques Chirac se situe plus à gauche. "Si j'avais mesuré dix centimètres de plus, je l'aurais convaincu d'adhérer à la S.F.I.O." affirme le futur patron du PSU, qui n'a pas oublié son ami Chirac le "play-boy", de Sciences-Po. Malgré les exigences et les obligations du combat politique, jamais l'amitié entre les deux Premiers ministres n'a été remise en question. L'estime est réciproque : "Un copain, c'est un copain. Si Michel a besoin de moi, je l'aiderai" lance Jacques Chirac.

Une unique réunion dans une cellule du Parti communiste, et un dimanche à vendre l'"Humanité" place Saint-Sulpice, le font vite revenir de ses illusions : "J'ai été épouvanté par le sectarisme des communistes, par leur langue de bois". C'en est fini des tâtonnements de jeunesse.

CHAPITRE II

Jacques s'émancipe

L'appel du grand large

"Je réponds ordinairement à ceux qui me demandent la raison de mes voyages que je sais ce que je fais mais non pas ce que je cherche". Jacques Chirac aurait pu faire sienne cette citation de Montaigne.

Le jeune étudiant s'évade et assouvit ses passions à chaque étape de son cursus. C'est pour lui une obsession: partir. Cette aspiration au voyage ne réjouit guère son père. Autant d'escapades qui sont pour Jacques l'occasion de s'émanciper de la pesante tutelle parentale. Le fils unique aspire à l'indépendance. "On savait à Sainte-Féréole que ses parents étaient très contrariés" précise René Bel, un de ses anciens compagnons de jeu. Monsieur et Madame Chirac ont bien du mal à dissimuler leur inquiétude concernant l'avenir de leur garçon : " Que va-t-il devenir?"

Finies les promenades dans les verts pâturages de la Corrèze. Son premier voyage a des allures de fugue. Le sac sur l'épaule, direction Rouen, puis Dunkerque, il s'engage comme inscrit maritime. A 17 ans il est embauché comme pilotin à bord d'un cargo, le "Capitaine Saint-Martin". C'est sa première expérience professionnelle. Il a soif d'aventure et rêve du grand large. Après deux mois et demi de cabotage le long des côtes d'Espagne et d'Afrique, le jeune homme revient en France. Il n'est plus tout à fait le même. Les matelots lui ont appris à fumer la pipe et lui ont fait découvrir les bordels de la Casbah d'Alger.... Lorsque le navire accoste au Havre, son père est déjà sur le quai. Direction Paris. Dur retour à la réalité: sans transition, il intègre Math. Sup. au lycée Louis-le-Grand. Il n'y reste que quelques jours, confirmant son désintérêt pour les matières scientifiques. Sur les conseils de son ami Jacques Friedmann, il bifurque vers Sciences-Po au grand dam de son père qui l'imaginait déjà polytechnicien, en bicorne, sur les Champs-Elysées le 14 juillet.

L'été suivant il part à la découverte du Nouveau Monde. Avec deux de ses amis, Philippe Dondoux et Françoise Ferré, il s'inscrit à la session d'été de l'université de Harvard dont il sort diplômé. Pour se faire de l'argent de poche, il fait la plonge dans un restaurant, le "Howard Johnson". Chirac le corrézien est fasciné par l'Amérique. Songe-t-il à s'y installer comme nombre de jeunes français dans les années cinquante , émerveillés par le mythe de la "success story" ? Pour l'heure, il lui faut achever ses études à Sciences-Po, mais il reviendra en Amérique. Sans trop de difficultés, il décroche son diplôme en fin de troisième année. Et de nouveau, le voilà sur les routes. Cette fois-çi, il part accompagné par celui qui demeurera l'un de ses plus fidèles amis pendant des années, Michel François-Poncet, futur Président de Paribas:

" Nous nous étions arrêtés à Bonn au Château d'Ernich à côté de Bad Godesberg. C'était une grande maison perchée sur une colline qui dominait le Rhin. Ce voyage représente un des meilleurs souvenirs de Jacques. Nous étions partis en 2CV qui, avec le vent arrière, dépassait tout juste les 60 à l'heure." Au cours de cet été 1954, les deux étudiants sillonnent les routes du nord de l'Europe en passant par le Danemark et la Suède: "Nous étions indépendants et fiers de l'être, tout en profitant de la beauté des paysages et en découvrant la Scandinavie" se souvient François-Poncet.

Quelques mois plus tard Jacques Chirac repart seul vers les Etats-Unis et la Nouvelle-Orléans. Un voyage qui, cette fois-ci, semble motivé par un objectif bien précis. Selon Michel François-Poncet, Jacques Chirac était parti vendre de la publicité pour le numéro spécial d'un journal économique. Les beaux yeux d'une belle américaine fortunée seraient également à l'origine de cette passion pour l'Amérique. Jacques écrira même à ses parents pour leur annoncer son intention de se fiancer. Veto de son père.

Les groupies

Sciences-Po est le véritable point de départ de son ascension.

Michel François-Poncet suit à la même époque les conférences de la rue Saint-Guillaume. Il se souvient de sa première rencontre avec Chirac:: "C'était le même homme, d'un aspect physique identique à celui d'aujourd'hui; il avait une grande capacité de travail, le goût des dossiers, doté d'une curiosité d'esprit surprenante. Déjà Jacques sortait du lot." Michel François-Poncet aura une influence déterminante sur Jacques Chirac, lui ouvrant les portes des salons parisiens : "Nous n'avions pas le même tempérament mais nous nous complétions à merveille. Il n'a pas fallu beaucoup de temps pour que Jacques Chirac se sente très bien dans ce milieu." Son modèle: Jean Chardonnet. Maître de Conférence à Sciences-Po, celui-ci force l'admiration par son charisme et son perfectionnisme. Laurence Seydoux Fornier de Clausonne appartient, elle aussi, à la même conférence. Cousine des Schlumberger, elle est apparentée à l'une des plus grosses fortunes de France. Elle fait partie du quarteron féminin qui entoure le séduisant jeune homme. Il y a là Béatrice de Andia, Marie-Thérèse de Mitry, qui épousera Jean-François-Poncet, cousin de Michel, et Claude Delay, fille d'Académicien. "Jacques se retrouvait au milieu de nous toutes" précise Béatrice de Andia "et nous aimions bien son humour et sa personnalité." Jacques Chirac apprécie beaucoup cet aréopage de jolies filles qui l'entoure et l'accompagne en vacances. Victime d'une chute sur les pentes enneigées d'Autriche, Jacques s'en sort avec un déchirement des ligaments. Il en rajoute, "n'hésitant pas à paraître douillet pour se faire plaindre ou se faire dorloter un peu" confie la chère Laurence, une lueur de malice dans le regard.

De nombreux voyages sont organisés tout au long de l'année. Les souvenirs ne manquent pas. Béatrice de Andia n'oublie pas le périple dans les mines de charbon en Lorraine:"Les femmes n'étaient pas autorisées à rentrer dans les mines de charbon. Un vieil adage interdisait l'accès des mines à toutes les femmes prétextant qu'elles portaient malheur et que la mine pouvait s'effondrer. Jacques ne l'entendit pas de cette oreille et me proposa spontanément de me déguiser en garçon pour que je l'accompagne dans le puits à plus de 1100 m de profondeur. Me voici habillée et prête à suivre Jacques dans les galeries. Une situation il est vrai quelque peu inconfortable car nous devions avancer sur notre postérieur en projetant les jambes en avant. En sortant de ce calvaire, nous avions bien évidemment des marques sous les yeux. Malgré mon débarbouillage énergique, les empreintes de charbon se devinaient et me désignaient comme coupable devant l'ensemble des mineurs et du syndicat. C'est alors qu'ils se jetèrent sur moi, me reprochant d'être descendue et de provoquer par là même un éventuel accident. Jacques s'interposa alors pour calmer l'ensemble de la troupe qui déjà menaçait de faire grève."

Avec leur professeur Jean Chardonnet, ils visitent les grandes raffineries de pétrole du Havre. "C'était un Chirac qui découvrait le monde ! Curieux, remuant, un côté sportif, détendu, qui nous donnait envie de dévorer des yeux les sites que nous nous faisions un plaisir d'apprécier, avec ses commentaires passionnés" se remémore Béatrice de Andia.

Bernadette

C'est dans ce contexte que Jacques Chirac croise le regard d'une jeune blonde très distinguée: "Il était volubile, chaleureux, et bon vivant. Bernadette de Courcel, stricte et réservée, issue d'une excellente famille, s'intéressa très tôt à Jacques Chirac qu'elle rencontra à la Bibliothèque. Elle ne faisait cependant pas partie de la même conférence, mais suivait également les cours de Sciences-Po" raconte Laurence Seydoux. "Au début, les premières relations furent discrètes mais ensuite il se mit à téléphoner et ce fut un bombardement !" confirme Béatrice de Andia.

Jacques, l'étudiant de gauche, n'a aucune difficulté à se fondre dans le moule de l'aristocratie et de la bourgeoisie parisienne. Chaque lundi, il se rend chez les parents de Béatrice de Andia qui habitent un très bel hôtel particulier dans le 16 ème arrondissement de Paris. Il y retrouve Bernadette de Courcel et, ensemble, ils récitent des poèmes en dégustant une tasse de thé. Jacques Chirac soigne sa mise, apprend les bonnes manières. Il s'émancipe: " Il est resté très longtemps sous la coupe de sa mère, c'était le centre d'intérêt de sa vie. Il aimait aussi beaucoup son père, moins présent en raison de ses activités professionnelles. Certaines fois un conflit d'autorité éclatait entre eux sans aucune incidence sur leurs rapports" confie Béatrice de Andia.

Laurence Seydoux, fille de l'Ambassadeur de France en

Allemagne, François Seydoux, a beaucoup influencé Jacques Chirac durant son passage à Sciences-Po. Elle contribue, elle aussi, à introduire Jacques dans le milieu de la grande bourgeoisie. Laurence, devenue madame Fries, représente un peu la soeur aînée que Jacques n'a pas eue. Ce n'est d'ailleurs pas un hasard si la première fille des Chirac porte le même prénom. Au cours des grandes étapes de la carrière de celui qui deviendra un jour Président, les Seydoux sont omniprésents. C'est un peu sa seconde famille. Le 25 décembre 1961, Jacques Chirac accepte même de se déguiser en Père Noël pour le traditionnel arbre de l'ambassade. "Il avait beaucoup d'affection pour mes parents et il se considérait vraiment de la famille tant la communion était forte entre nous !" confie Laurence Seydoux. Ce besoin de se sentir aimé et heureux se retrouve à différents moments de la vie de Jacques Chirac. Il ne se départit jamais de ses liens affectifs et de ses relations amicales. Ce petit cercle d'amis lui donne une certaine assurance et lui permet d'exprimer sa générosité.

Le 30 août 1981, le père de Laurence Seydoux succombe des suites d'une insuffisance pulmonaire. La famille respecte la volonté du défunt et organise une cérémonie dans la plus stricte intimité. Laurence Seydoux évoque cette douloureuse journée d'été où son beau-frère s'est déplacé à l'Hôtel de ville pour annoncer le décès du vieil ambassadeur. Or, à cette date Monsieur et Madame Chirac effectuent un voyage privé en Tunisie et le Tout-Paris se trouve, bien entendu, en vacances. "Quelle n'a pas été notre surprise d'apercevoir Jacques et Bernadette Chirac surgir du fond de l'église! Ils avaient interrompu leur séjour en Tunisie pour partager notre peine."

A Sciences-Po, Chirac ne fait pas seulement ses études. On l'aura compris. Il y a rencontré sa future épouse. Le petit bourgeois, petit-fils d'instituteur corrézien, gravit les premières marches d'une fulgurante ascension sociale. Polycopiés et baisemains sont les atouts du nouveau Chirac, même s'il fricote encore avec les étudiants socialistes. Mais nous y reviendrons. Les mondanités ne sont qu'un vernis. Le naturel l'emporte sur l'apparence. Pierre Gisserot, un de ses camarades de Sciences-Po, conserve quelques bons souvenirs d'un Jacques "très poignées de main chaleureuses et très bisous. Bref une force de la nature, le vrai corrézien sous des aspects de faux calme, qui n'avait l'image ni d'un bourreau de travail, ni d'un rat de bibliothèque. C'était un extraverti attachant."

L'étudiant désinvolte se mue en un jeune homme ambitieux et posé. Au cours de ses deux premières années il s'était contenté d'assurer ses arrières pour passer l'obstacle des examens. Lors de sa dernière année, il fait un gros effort pour décrocher le meilleur classement possible. Le diplôme de Sciences-Po en poche, Jacques Chirac se présente tout naturellement à l'ENA mais le coeur n'y est pas. Convaincu qu'il a échoué à l'écrit, il part en vacances. Il est rappelé de toute urgence pour passer le grand oral. Avant d'enfiler le costume gris d'énarque, il doit d'abord endosser un autre uniforme. Chirac s'en réjouit. Il part pour Saumur.

Un "communiste" à Saumur

Jacques Chirac a toujours eu un grand respect et beaucoup d'admiration pour le monde militaire. Saumur est la première étape de son "roman passion" avec l'armée. Un certain nombre de ses camarades partageront cette expérience avec lui. Gérard Belorgey, reçu en même temps que lui à l'ENA, l'accompagne à Saumur, tout comme Bertrand Dussel. Les trois compères se retrouvent sur le quai de la gare pour prendre la micheline en direction de la cité des Ducs d'Anjou. Gérard Belorgey revoit le père de Jacques sur le quai: "Nous nous trouvions avec Jacques, debout, accoudés à la fenêtre de la micheline, à quelques minutes du départ. Son père lui donna les dernières consignes et lâcha tout à coup, droit comme un I: Jacques, Honneur et Patrie!"

L'Ecole de Saumur est particulièrement exigeante et la discipline rigoureuse mais Jacques Chirac y excelle dans les travaux techniques et le maniement des armes. Comme à Sciences-Po, il est un des élèves les plus sérieux mais non dénué d'humour.

Pierre Creyssel fait la connaissance de Jacques Chirac à Saumur, ayant préparé l'ENA à Lyon: "A Saumur, Jacques forcera le respect et l'admiration de tous grâce à sa générosité, son sérieux et une gentillesse que je qualifierais de noble. C'était un militaire brillant et particulièrement attentionné. Je ne dis pas cela parce qu'il m'a aidé plusieurs fois à faire le mur. Sa serviabilité et son ouverture vers les autres ainsi que sa sensibilité, ont tout de suite frappé autant ses amis que ses supérieurs." Jacques Chirac aime à se retrouver avec ses camarades de régiment : Claudius Brosse, Gérard Belorgey, Bertrand Dussel qui tombera en Algérie et Philippe Rouvillois. A la sortie de Saumur, Jacques Chirac aspire à un rang honorable et espère même être major. A la lecture du classement, il se décompose. Non seulement il n'est pas major, mais son nom n'a même pas été cité ! A-t-il été oublié ? A-t-il échoué ? "Tout le monde était mortifié car Jacques Chirac méritait vraiment d'être major" se souvient Belorgey. Un officier annonça qu'exceptionnellement cette année il n'y aurait pas de major. Chirac exige des explications. On les lui donne : il est victime de son engagement de jeunesse. Pour avoir signé le fameux "Appel de Stockholm" il est fiché comme communiste par la Sûreté nationale. Impossible donc de décerner le titre de major de Saumur à un "rouge". Scandalisé par une telle injustice, Chirac se précipite à Paris, chez son ancien professeur de Sciences-Po, Jean Chardonnet. Ce dernier lui obtient sur le champ un rendez-vous avec le général Koenig. L'affaire est réglée et Jacques Chirac reçoit ses galons de sous-lieutenant du 11ème Régiment de Chasseurs d'Afrique, avant de partir pour son affectation en Allemagne.

Malgré ce désagréable incident à la sortie de Saumur, Chirac vit de grands moments dans un milieu où il se sent réellement à l'aise. Pierre Creyssel se plaît à distiller quelques anecdotes sur l'ami Jacques: "Il avait l'armée dans le sang. Il nous était supérieur et ne manquait pas de me lancer quelques taquineries complices pour souligner mon manque d'assurance ou mes étourderies. Il est vrai que j'étais un peu perdu dans ma vie militaire. Combien de fois a-t-il raconté que j'avais laissé retomber un canon en essayant de le remonter ou que j'avais présenté les armes à un groom d'hôtel." Pierre Creyssel vénère ce professeur particulier qui lui enseigna la pratique du lit au carré. Chirac n'est pas seulement une tête bien faite mais c'est également un bon sportif. Ses amis affirment qu'il courait le 100 mètres en moins de 12" 5/10.

Philippe Rouvillois se revoit dans les rues de Saumur avec Jacques Chirac et Edouard de Fleurieu, autre camarade, pour la répétition soignée du défilé du 14 juillet. Dieudonné Mandelkern confirme la passion de Jacques pour la chose militaire: "Il a toujours été d'un tempérament brusque, fort en gueule. C'était un militaire dans l'âme. Lorsque je me suis marié, je lui avais présenté mon beau-père qui était militaire. Il s'était entretenu avec lui quelques instants. Il avait claqué les talons pour le saluer. Il a toujours eu le sens de la hiérarchie". Bernard Stasi, qui sera un des collègues de Chirac à l'ENA avait discerné: "une étrange et nostalgique exaltation. Un côté saint-cyrien casoar et gants blancs qui paradoxalement donnait un peu de chaleur humaine à ce fort en thème, qui savait déjà tout et voulait apprendre le reste."

L' Algérie française

En avril 1956, Chirac passe à l'action. Pendant quatorze mois, le sous-lieutenant commande un peloton de 32 hommes en Algérie. "Fana-mili", il adore la vie de soldat et aime commander: "Un des seuls moments de ma vie où j'ai eu le sentiment d'avoir une influence réelle et directe sur le cours des choses. Il y allait de la vie des hommes qui étaient sous mes ordres. C'est le seul moment où j'ai eu le sentiment de commander, ce qui est, pour un homme jeune, un sentiment exaltant" confiera-t-il bien des années plus tard. Il raconte sa guerre à Paris-Match : "Il n'y avait pas de radio, on recevait le ravitaillement par hélicoptère. Pendant de longs mois, j'ai eu une vie qui était à la fois passionnante et enthousiasmante. J'ai gardé un grand souvenir de ma période en Algérie, mais détaché de tous les éléments qui pouvaient alimenter une réflexion politique. Si bien que pour moi le problème algérien se situait dans un contexte très particulier."

Gérard Belorgey a retrouvé Jacques Chirac en Allemagne puis en Algérie : "Nous n'étions pas loin l'un de l'autre. Nous avions entrepris une grande opération de ratissage. Il fallait opérer en réalité un véritable ceinturage afin de compartimenter le terrain et d'identifier la population. J'avais croisé Jacques dans la région d'Onaïne à Sidi-Boudjenab, aux frontières du Tlemcénois et de l'Oranais. Nous sommes rentrés ensuite par le même bateau en juillet 1957. Nous n'avions pas la même analyse sur le problème algérien, ce qui a contribué à animer nos discussions."

Lorsqu'il achève son service militaire, Chirac songe sérieusement à s'engager. Impossible. Admis à l'ENA, il a signé un contrat avec l'Etat par lequel il est obligé de servir la fonction publique.

Bernard Stasi, son condisciple de l'ENA, avait plaisir à discuter du problème algérien avec l'ancien officier qui dans un premier temps n'était guère favorable à l'indépendance : "Pour Jacques Chirac, ses convictions en faveur de l'Algérie Française tinrent en échec son sens de la discipline. Puis le serviteur de l'Etat finit en lui par l'emporter, mais comme beaucoup de garçons de sa génération, l'Algérie ne demeura pas moins pour lui, et peut-être l'est-elle encore, l'exaltante aventure de sa jeunesse en même temps qu'une douloureuse blessure."

Le Maire de Paris est resté très marqué par les séquelles de cette guerre. Quelque trente ans plus tard, en recevant les rapatriés à l'Hôtel de ville le 26 janvier 1988, il déclare : "J'ai vécu à vos côtés une partie du drame algérien, je ne l'ai pas fait en spectateur passif mais en acteur passionné et impliqué. Longtemps comme beaucoup d'entre vous, j'ai cru que d'autres solutions étaient possibles. J'ai partagé votre trouble et ensuite votre désarroi devant le déchaînement de la démesure et l'implacable évolution des événements. Témoin impuissant de l'effondrement inexplicable d'une grande oeuvre humaine. Pour moi aussi, l'Algérie reste une cicatrice mal fermée."

CHAPITRE III

L'antichambre du pouvoir

Promotion Vauban

La promotion Vauban, à laquelle appartient Chirac, sera l'une des plus brillantes de l'ENA. René Sautier, le seul fils d'ouvrier de la promotion et futur Président de la SANOFI, revit avec passion son passage rue de l'Université: "Cette conférence était très soudée malgré une évidente concurrence, plus proche de la saine émulation que d'autre chose. Il existait une très grande complicité dans le travail, nous étions prêts à nous aider. Les événements extérieurs n'étaient pas sans conséquence sur la vie de l'école, notamment ceux concernant l'Algérie et la quasi nécessité d'une décolonisation. Les commentaires, parfois contradictoires et les discussions très franches allaient bon train, avant et après les conférences dans les bistrots du quartier."

L'ensemble des camarades de la promotion de Jacques Chirac reconnaissent que l'époque favorise les engagements politiques : "Il ne manqua personne à la manifestation de soutien au général de Gaulle" précise René Sautier. Jacques Chirac, bien qu'il ne soit pas encore gaulliste, adhère à bon nombre de grands principes incarnés par le général de Gaulle.

"Dès cette époque, Jacques Chirac a fait preuve d'une grande fidélité, à la fois à ses idées et aux gens qui l'entouraient. Il a été tout de suite désireux d'épouser une grande cause. Comme André Malraux, Jacques a collé à l'événement Il a un besoin inné d'identifier sa pensée à une cause ou à des hommes. Il ne calcule jamais." Si René Sautier a décelé une bonne dose d'ambition dans le Chirac des années 50, il a aussi perçu chez lui un homme de valeur: "Jacques a été normalement ambitieux, très nerveux, mais toujours fonceur. Avec du recul, on s'aperçoit aujourd'hui qu'il a toujours eu un très grand respect des hommes. C'est un tendre. Il restera toujours cet émotif que nous avons connu à l'ENA, toujours en proie au doute et à la peur de faire de la peine. Farouche adversaire du manichéisme, il déploie beaucoup de volonté pour acquérir une grande proximité avec les hommes. Aujourd'hui, sur la scène politique, on lui impose de jouer un personnage. Pourtant la valeur de l'homme n'a pas de limite et efface les faux-semblants. Je l'ai connu à une époque où les caractères sont déjà affirmés sans être totalement fixés. Le système médiatique moderne impose indubitablement une accentuation de l'apparence par rapport à la réalité. Quel dommage!"

Loin de son piton rocheux en Algérie, Chirac découvre l'austérité de la haute fonction publique. Son stage de l'ENA à la préfecture de Grenoble lui ôte ses dernières illusions sur l'Administration française: "Plongé dans le bain des réalités, j'ai alors pu constater à quel point rien ne fonctionnait comme cela aurait dû fonctionner et j'étais stupéfait devant la toute-puissance mais aussi l'impuissance de l'Administration, devant l'inadaptation manifeste des institutions avec ses crises politiques permanentes, avec aussi le problème algérien, dont je sentais bien qu'il était mal engagé et qu'il concernait l'ensemble de notre politique de colonisation. Cette dépendance totale vis-à-vis de l'étranger se traduisait par le fait que nous étions, en permanence, obligés d'envoyer des délégations de haut niveau pour mendier auprès des Etats-Unis et de l'Allemagne, de façon à faire face à nos échéances du mois. Je me disais que véritablement ce n'était absolument pas pour cela que je m'étais engagé dans la voie de l'Administration. Et à cette époque, j'ai très sérieusement songé, ayant terminé l'ENA, à quitter l'Administration et à ne pas servir un système qui manifestement s'écroulait et qui était le contraire de ce qu'exigeait la dignité de la France." *(Paris-Match, février 1978).*

A l'ENA, Chirac est mal à l'aise. René Sautier qui excellait dans les mathématiques se plaît à raconter cette anecdote. L'ENA se faisait un devoir, à l'époque, d'initier ses élèves aux balbutiements de l'informatique. Ce cours apparaissait ennuyeux et rébarbatif. En tout cas, ces quelques heures n'étaient pas pour déplaire à René Sautier qui, une à deux fois dans l'année, avait glissé discrètement des antisèches aux deux Jacques, Chirac et Friedmann, les deux inséparables complices. L'ambition de ces deux récalcitrants aux matières scientifiques s'arrêtait à une note passable, suffisante pour limiter les dégâts:

"Jacques était stupéfait et ne cessait de s'adresser à moi complètement écoeuré. Le sujet concernait une recherche opérationnelle sur la vente de bouteilles d'eau de Vichy. Et dire qu'il y a des gens qui font ça toute l'année sans s'énerver. "Bosser" de la sorte pendant des mois et dire que le but est de vendre de l'eau de Vichy, ce n'est pas sérieux!"

Intarissable, Sautier enchaîne anecdotes sur anecdotes, qui démontrent combien Chirac est un énarque atypique : "Notre groupe de l'ENA effectua une enquête sur le terrain, comme il le faisait souvent durant l'année. La conférence de Jacques Chirac se retrouvera à Sarcelles, dans le Val-d'Oise, à l'incitation de la Caisse des Dépôts qui avait pris l'initiative de construire ce que l'on appelait, à l'époque, "les monstres des villes nouvelles". La Caisse des Dépôts avait élevé ces grands ensembles et nous avait conduit au coeur de cette réalisation en compagnie de son Directeur. Après une visite très précise et même assez technique, aucun d'entre nous n'avait osé apposer sur le livre d'or son paraphe précédé de quelques lignes d'appréciation. Etant délégué des élèves, j'avoue que cette tâche m'incombait, mais je me voyais mal écrire des vacheries en présence du Directeur de la Caisse des Dépôts et de ceux qui nous avaient reçus pendant plusieurs heures. Je renonçais à cette responsabilité. Je n'avais pas plutôt avoué ma décision que Jacques surgissait du groupe pour clamer bien fort: moi, j'y vais ! Il avait eu le courage et le culot de traduire en une ligne son écoeurement des conditions de vie qu'on allait imposer aux futures victimes du logement. Il écrira d'ailleurs une phrase de légende: "Beau rêve des cités futures, décidément tu ne seras jamais qu'un beau rêve". Inutile de dire la consternation du Directeur de la Caisse des Dépôts, qui prendra cette phrase comme une provocation dans un environnement très frappé par la crise du logement."

Dieudonné Mandelkern, garde quant à lui le souvenir de coups de gueule mémorables: "C'était un jour de visite médicale où nous devions faire la queue pour nous soumettre à un certain nombre de formalités. Un membre de la promotion était passé avant les autres. Personne n'avait rien dit. Lorsque le "resquilleur" passa la porte, Jacques Chirac fit un esclandre en s'adressant avec véhémence à son collègue indiscipliné." Dieudonné Mandelkern n'hésite pas à parler de phénomène et reconnaît que Jacques Chirac était à la fois très populaire et respecté : "Il avait quelques inimitiés. Sa brusquerie, son autorité n'avaient, en fait, que peu d'incidence car son tempérament colérique et soupe au lait disparaissait derrière un fond de générosité et de gentillesse."

Bernard Stasi, avec qui il existait une certaine rivalité, décrit avec humour la "bête de travail": "Lorsqu'il parcourait à longues enjambées les couloirs de l'ENA; lorsqu'il dévorait tous les cours avec voracité, décortiquant les manuels et réduisant les plus volumineux ouvrages à l'état de fiches, on se doutait que ce camarade pressé et méthodique ne se laisserait guère ralentir dans sa marche par les fleurs du chemin. Jacques Chirac ne dévoilait rien d'autre de sa personnalité qu'une exceptionnelle puissance de travail, une énergie que rien ne rebutait, ni l'épaisseur d'un livre, ni l'austérité d'un cours."

Retour en Algérie

Jacques Boyon, futur secrétaire d'Etat à la Défense, ancien de Sciences-Po et de l'ENA retrouve son ami Jacques en 1959 à la Délégation Générale du Gouvernement d'Algérie (nom de l'ancien gouvernement général). "Jacques Chirac était affecté à la Direction de l'Agriculture alors que je me trouvais à la Direction de l'Administration Générale et de la Fonction Publique. Nous avons eu l'occasion de nous voir beaucoup plus souvent. C'était un garçon remuant qui se faisait remarquer sans arrêt. Il avait un sens très poussé des relations humaines."

Pour la deuxième fois de sa carrière, Jacques Chirac rejoint l'Algérie pour servir la France. En effet, la promotion "Vauban" est envoyée, pour quelques mois, en "renfort administratif". Ayant déjà effectué son service militaire de l'autre côté de la Méditerranée, il pourrait se faire exempter. Il n'en est pas question car pour Jacques Chirac, l'Algérie, c'est la France. Cette fois-ci, ce n'est plus pour faire la guerre mais préparer la paix car de Gaulle s'apprête à lâcher du lest en préconisant l' "autodétermination". Chef de cabinet de Jacques Pélissier, directeur général de l'agriculture, Jacques Chirac se passionne : "On ne le vit guère dans les réunions amicales où, à la fin de la journée ou pendant le week-end, nous discutions avec passion du problème algérien, c'est-à-dire de ce que nous pouvions faire, nous autres fonctionnaires français, pour que la transition entre l'Algérie de papa et l'Algérie à venir puisse s'effectuer dans les moins mauvaises conditions possibles. Jacques Chirac apparemment ne se posait pas de telles questions. Il croyait au plan de Constantine et en assurait l'application avec ardeur dans le secteur agricole. Sous une forme différente, mais avec la même foi, il poursuivait le combat qui avait été le sien, deux ans auparavant, dans les djebels et sur les pitons" raconte Bernard Stasi.

Les barricades, les "événements" d'Algérie provoquent un déclic chez les élèves de la promotion Vauban. Pierre Creyssel et Jacques Friedmann prennent l'initiative d'envoyer une motion de soutien au général de Gaulle. Contrairement à ce qui a été dit ou écrit, Jacques Chirac n'a pas hésité une minute à signer la motion, en même temps que ses collègues. Jacques Friedmann et Pierre Creyssel sont formels sur ce point. Ils en discutèrent dans le bureau qu'ils partageaient. Si Jacques Chirac ne cache pas sa réprobation concernant la politique du général de Gaulle à propos de la question algérienne, il a néanmoins admis que le rêve d'une Algérie française n'est plus à l'ordre du jour.

A plusieurs reprises, Pierre Creyssel organise des dîners où le problème algérien est au coeur des conversations. Autour de la table, Jacques Chirac, Alain Chevalier, Jacques Friedmann, et Pierre Gisserot qui défend avec beaucoup de conviction l'Algérie française: "Nous étions avec Jacques Chirac les deux personnes les plus attachées à l'Algérie française. Après tout si nous n'étions pas un peu révolutionnaires à 20 ans, jamais nous ne le serions! L'Algérie française n'était pas simplement l'O.A.S. Nous voulions faire de grandes choses. Il est vrai qu'avec Jacques, nous étions les derniers à croire au grand rêve. Nos amis avaient l'intime conviction que l'indépendance était inéluctable. Il n'y avait pas de honte à défendre cette position car, après tout, on nous avait envoyé en Algérie pour effectuer un travail colossal dans le cadre du Plan de Constantine. J'étais même très étonné que nous ne soyons que deux attachés à cela !" Jacques Chirac a toujours défendu cette position avec acharnement. Dans les couloirs de l'ENA des discussions explosives alimentaient les débats, notamment avec le Directeur des stages L. Mehl. Déjà, Jacques Pélissier avait eu l'occasion de convaincre un certain nombre d'élèves de la promotion de parler de l'Algérie. Le Directeur Général de l'Agriculture invitait Chirac et Rouvillois dans sa villa perchée sur les hauts d'Alger. Hervé Bourseiller, lui aussi un "Vauban" dynamique, n'a gardé que des souvenirs lointains; peut-être parce que ce dernier se trouvait à Tlemcen, près de la frontière marocaine, alors que Jacques Chirac était basé au Gouvernement Général: "Je me souviens qu'il m'avait téléphoné pour me demander de retrouver un piton où il avait été sous-lieutenant un an ou deux auparavant."

Jacques Chirac a maintenant 27 ans. Marié à Bernadette de Courcel qu'il a épousée le 17 mars 1956, père d'une première petite fille, Laurence, née le 4 mars 1958, il habite un petit appartement du seizième arrondissement, au 38 rue de la Tour. Enarque il n'a pas l'intention de dépérir dans les couloirs de l'Administration. Ses nombreux voyages, Saumur, l'Algérie, n'ont pas étanché sa soif d'action. Tenté par une carrière militaire puis par le secteur privé, Chirac décide finalement de poursuivre son parcours dans l'énarchie. Pendant deux ans, il va endosser le costume du parfait petit technocrate. Pas pour longtemps.

Le goût du pouvoir

"Le jour de l'annonce des résultats du concours de sortie de l'ENA, se souvient Jacques Boyon, le jury n'en finissait pas de délibérer et l'attente demeurait insupportable pour nous tous. Nous attendions nerveusement les résultats. Soudain, l'huissier surgit pour afficher les résultats. Nous étions très nombreux et il était difficile de s'approcher du panneau. L'huissier de service annonça le major de la promotion : Philippe Rouvillois." Classé seizième de sa promotion, Jacques Chirac ne peut accéder à l'Inspection des Finances mais rejoint la Cour des Comptes.

Au 5e étage de la rue Cambon, il partage son bureau avec Alain Chevalier, qui deviendra patron de Moët-Hennessy. Henri Dolbois occupe le bureau d'à côté: "Sur dix coups de téléphone, il y en avait bien neuf pour Jacques. Alain Chevalier était devenu standardiste". Henri Dolbois explique: "Le tempérament de Jacques n'était pas du tout porté vers un travail juridictionnel. Les procédures et les dossiers que nous suivions exigeaient beaucoup de lenteur. Lui aurait préféré en venir directement au fait!" Un jour, Jacques Chirac lui rend visite: "Je me souviens que Jacques avait envie d'une glace. Il me dit tout à coup avec détermination: "Et si nous allions au bar de l'ambassade américaine." Je savais qu'il avait beaucoup de culot et un aplomb légendaire, acquis dans les couloirs de l'ENA, mais je ne le prenais pas vraiment au sérieux. Je lui avais dit: "Jacques, tu es fou, on va se faire sortir!" Le personnel de l'Ambassade ne connaissait pas nos physionomies, mais il fallait tout de même franchir l'entrée de l'ambassade, gardée par deux Marines, deux colosses les yeux rivés sur le moindre geste des visiteurs. Jacques Chirac entra dans l'Ambassade et se dirigea vers le bar en demandant avec une assurance extraordinaire et dans un anglais parfait : "Two ice-creams, please". Je suivais Jacques tout penaud, tremblant et redoutant déjà notre sortie. Il avait même réussi à faire un salut amical et protecteur aux Marines."

Quelques mois plus tard, Henri Dolbois, qui est également membre de la Commission de Contrôle du Cinéma (CNC) propose à son ami d'aller visionner un film: "Nous étions allés déguster une pizza avant d'aller à la séance. Je savais qu'il avait une admiration, véritable rêve d'adolescent, pour Brigitte Bardot. Nous avions envisagé de voir "Et Dieu créa la Femme". L'usage des exploitants de salles, lorsqu'un membre de la Commission venait, était de lui demander s'il désirait une ou deux places. J'avais dit à Jacques : "J'aurai un billet gratuit pour toi". J'avais simplement oublié que depuis quinze jours le gouvernement faisait l'objet des plus vives critiques émanant des exploitants de salles. La caissière avait reçu des instructions de son directeur lui précisant que si un membre de la Commission se présentait à la caisse, elle devait tenir compte de la carte mais sans prendre en considération les accompagnateurs. Jacques avait dû payer sa place et je venais de perdre la face devant mon ami. J'étais véritablement humilié. Jacques l'avait pris avec humour."

A la Cour des Comptes, Jacques Chirac s'ennuie. Il apprend fortuitement que Jacques-Henri Bujard, conseiller pour les affaires économiques au nouveau cabinet de Georges Pompidou à Matignon, cherche un collaborateur : "Mon adjoint devait partir car il venait d'être nommé conseiller commercial dans un important pays de l'Extrême-Orient. J'occupais également les fonctions de Secrétaire Général du

Comité économique interministériel. Nous avions la charge de préparer toutes les réunions. Conformément aux usages, j'avais demandé aux Ministères des Finances et de la Justice de rechercher dans les grands corps de l'Etat un jeune fonctionnaire pour prendre la suite de mon adjoint. On me proposa trois candidats totalement différents mais très valeureux. Après plusieurs entretiens en tête-à-tête, je ne conservais que deux noms : Jacques Chirac et celui d'un inspecteur des Finances. Mon choix se portait sur Chirac car il avait vécu l'expérience de Saumur, et surtout avait commandé un peloton en Algérie. Il avait donc une excellence connaissance de la direction des hommes. Dans le genre de métier qu'il allait exercer ce n'était pas inutile". Les journées commencent très tôt et finissent très tard : "A aucun moment, je n'ai ressenti le moindre ennui de la part de Jacques Chirac, nous n'avions pas de temps à perdre. Un jour, un nombre important de hauts fonctionnaires fut convié à un voyage aux Etats-Unis, à Boston précisément. Il y avait eu quelques désistements et j'avais demandé à Jacques Chirac de remplacer les défections". Jacques Chirac a pour tâche ingrate la rédaction des comptes rendus et procès-verbaux des réunions ministérielles. Il côtoie néanmoins les membres du Cabinet du Premier ministre et découvre avec intérêt le ballet incessant des ministres et Chefs d'Etat qui défilent sur le perron de Matignon.

Chirac est nommé, deux ans après, secrétaire de la commission des affaires culturelles du IVe Plan, aux côtés d' André Chamson. Cinq mois plus tard, René Montjoie, conseiller technique au cabinet du Premier ministre, lui propose un poste au ministère de l'Equipement, de la Construction et des Transports. Il se trouve en prise directe avec deux ministres, Marc Jacquet, ministre des Travaux Publics et des Transports, et Jacques Maziol, ministre de la Construction. Un poste de tout premier plan car le jeune secrétaire de la commission se voit confier les dossiers du Concorde, des H.L.M., des autoroutes, de la S.N.C.F. et du paquebot France.

Pierre Mazeaud, ancien ministre, est parfois convié aux réunions du 58, rue de Varenne, en face de Matignon, où Jacques Chirac s'est installé, décorant son bureau de nombreuses maquettes d'avion: "C'était l'époque où il souhaitait devenir Directeur de l'Aviation Civile. Georges Pompidou en avait décidé autrement". Le Premier ministre a des projets pour ce battant : la reconquête politique du centre de la France....

Pierre Consigny, autre ancien élève de la promotion Vauban, travaille aux Affaires Etrangères : “Nous avions quelques rapports dans nos missions respectives, notamment sur le plan de l'aéronautique et du logement. Nous devions préparer pour nos deux patrons des rapports pour les comités interministériels. Il avait toujours des positions tranchées et une grande estime pour la réussite individuelle. Ces deux choses m'avaient beaucoup frappé. Pour Jacques, Marcel Dassault représentait un personnage extraordinaire, il avait une estime révérencielle pour cet homme et ne cessait de dire : “Dassault, c'est la France!”

Michel François-Poncet ne voit son ami Chirac que de temps en temps. Ce dernier prend parfois l'initiative de réunir un petit groupe de personnes dans le cadre des réunions informelles sur des sujets politiques et économiques. On retrouve Jacomet, responsable de Péchiney, de la Martinière et Chevalier. Pierre Creyssel, Daniel Voillereau et Gérard Belorgey avaient encouragé leur copain Jacques Chirac à mettre en place une écurie privée de préparation à l'ENA. Josselin de Rohan aujourd'hui sénateur et Michel de Guillenchmidt en furent deux brillants élèves. “Nous nous sommes répartis les tâches” dit Pierre Creyssel “Jacques enseignait le droit constitutionnel”. Josselin de Rohan garde un très bon souvenir de cette écurie où “Jacques Chirac se tailla la vedette grâce à son éloquence et à ses précisions. Il y avait aussi du militaire dans ce Chirac là qui nous disait d'un ton menaçant: “Si vous ne remettez pas vos copies à temps, je vous botte le cul ! On retrouvait en fait le Chirac de Sciences-Po et de l'ENA qui critiquait à l'emporte-pièce, démontrant un caractère tranché. C'était l'officier qui commandait ses troupes.”

Cinq sur huit de ses élèves furent reçus, une performance honorable qui permit à Jacques Chirac de reconduire pour une année cette expérience.

Le chargé de mission du cabinet du Premier Ministre n'a pas pour autant oublié l'Algérie qu'il a tant aimée. Généreux, fidèle, toujours disponible il joue le monsieur-bons-offices et consacre une attention toute particulière aux problèmes des harkis. Sa fonction lui permet de rendre bien des services. Anne-Marie Dupuy alors chef de cabinet du Président Pompidou évoque le jeune chargé de mission, balancer ses longs bras et “avaler” des kilomètres de couloir ...“Sa grande capacité de travail allait de pair avec un appétit qui a toujours impressionné son entourage. Lorsque je voyais l’huissier apporter un sandwich et une bière, je savais qu’il ne tarderait pas à arriver. Nous déjeunions quelquefois aux Muses, rue du faubourg Saint-Honoré. Il commandait toujours trois repas. Le serveur ne comprenait pas toujours et nous interrogeait, “vous attendez quelqu’un ?” “Non, répondait Chirac, le troisième repas, c’est aussi pour moi !” Jacques Chirac découvre les plaisirs de la politique. A Matignon, il goûte aux délices du pouvoir et comprend bien vite que sans mandat électif, il est condamné à être le porte-serviette d’un ministre. Il lui faut l’adoubement des électeurs et un fief. Ce sera bien sûr la Corrèze.

CHAPITRE IV

A l'assaut de la Corrèze

Retour aux sources

Des pluies abondantes, des ruisseaux, des torrents et des cascades, c'est le pays des "milles sources", plus connu sous le nom de "plateau des Millevaches". L'eau a modelé ces paysages sauvages et austères, couverts de landes vouées à l'élevage du mouton. Le reboisement intensif de ces dernières années en épicéas, mélèzes et autres conifères a transformé la "montagne limousine" en une immense forêt qui contraste avec les verts pâturages de la plaine.

Jacques Chirac décrit avec passion ce pays auquel il est si attaché dans la préface d'un ouvrage paru en 1971, "La Corrèze":

"Les Français connaissent les corréziens, ils ignorent la Corrèze. Notre département est sans doute parmi les plus méconnus, tant sont complexes les rapports de l'homme et de la terre, les contrastes du présent et du passé, les confrontations entre traditions et mutations, les surprises d'une histoire alternant la continuité et les ruptures. (...) En aucune époque, les corréziens n'ont manqué de se distinguer au service de l'Etat, dans les Arts, l'Industrie ou le Négoce. L'étrange est que leur prestige trop rarement rejaillit sur leur pays natal. (...) A l'industriel, à l'agriculteur, au citadin, au touriste, la Corrèze est un des rares pays capables d'offrir le bois, l'air, l'eau, préservés dans leur pureté d'origine, renouvelés et enrichis par le cycle des saisons. A l'homme soucieux de produire, de penser et tout simplement de vivre, la Corrèze offre la simplicité et la franchise de son accueil, la diversité et l'ampleur de ses paysages, la pureté et la ferveur de ses monuments, le charme et la richesse des produits du terroir. (...) J'ai toujours été très attaché à la Corrèze. J'y suis toujours revenu avec plaisir. C'est peut-être la seule chose qui m'ait manqué lorsque je suis resté quelque temps sans y aller. C'est un phénomène qui m'habitait quand j'étais enfant et qui m'habite toujours."

Si Jacques Chirac a passé sa tendre enfance en Corrèze puis, adolescent, ses vacances d'été, il n'en est pas moins devenu un citadin. Après la guerre, les parents Chirac se sont installés à Paris et leur fils est parti à la conquête de la capitale, tel Rastignac. Il délaisse la maison de famille de Sainte-Féréole, préférant les grands voyages outre-mer. Lorsque Jacques Chirac part à l'assaut de ce département, il n'a que des souvenirs d'enfance. Il ignore tout de la réalité politique, et n'entretient aucune relation avec les notables locaux. Ses seules attaches sont ses anciens compagnons de jeux et ses voisins de Sainte-Féréole. Même si son patronyme est typiquement limousin, il reste, pour l'ensemble des corréziens, un "parisien".

L'arrivée de Jacques Chirac en terre corrézienne ne s'est pas faite à la hussarde. Chargé de mission au cabinet du Premier ministre, le jeune énarque est nommé, en novembre 1964, membre de la CODER, commission de développement économique régionale du Limousin. Au sein de cet organisme, il se fait remarquer par son inlassable activité. Il y fait des interventions séduisantes sur l'avenir du département, et élabore des propositions concrètes. Son poste à Matignon lui permet de favoriser l'avancement des dossiers concernant l'aménagement des communes. Le Maire d'Ussel, Henri Belcour, qui deviendra son suppléant, trouve en la personne de Jacques Chirac, un ambassadeur auprès des pouvoirs publics : "Ussel était une ville sous-développée en matière de logement social. Il a véritablement métamorphosé notre commune en cherchant des idées pour relancer l'emploi et l'activité économique. Il m'a apporté un concours pratique et efficace pour les logements H.L.M. et la réalisation de lotissements industriels. Il était très attentif à tous les problèmes de notre région."

En 1965, le Maire de Sainte-Féréole, Monsieur Uminski, décide de mettre fin à son mandat de premier magistrat. Son adjoint le remplace mais il manque un conseiller municipal. Pourquoi ne pas solliciter ce jeune Chirac, qui se dépense tant pour la Corrèze. N'est-il pas un enfant du pays? D'autant que sa nomination à Matignon lui réserve peut-être un brillant avenir... Chirac est donc sollicité, par lettre, pour remplacer le conseiller manquant. Jacques Chirac ne reçut jamais la missive. Le Maire interprète ce silence comme un accord définitif. Averti par le Préfet de région de cette candidature, Chirac se garde bien de refuser une telle proposition. Résultat, il est élu au premier tour avec plus de 83% des voix. Marinette Pascal, la voisine des Chirac à Sainte-Féréole, se souvient de cette élection: “Nous avons fêté cette victoire symbolisée par la plantation d'un “mai” (plantation d'un arbre pour la première élection), là-bas, sur la pelouse en face de chez lui. Deux arbres même. Un plus grand, pour lui, orné de drapeaux et un autre plus petit pour sa femme. Ils avaient organisé dans leur grange, qui est un garage aujourd'hui, un buffet campagnard et un bal musette. Tout le village était venu danser très tard au rythme de l'accordéon. Je revois encore ce chêne après les festivités : il est resté planté là durant plus d'un an.”

Pour des raisons tactiques, Jacques Chirac, délaisse bien vite ses terres de Basse-Corrèze pour la Haute-Corrèze. A Sainte-Féréole, c'est la consternation. La population déplore ce départ, comme le rappelle son ami d'enfance René Bel: “A l'époque les gens de Sainte-Féréole ont été des idiots. Lorsqu'on a la chance d'avoir quelqu'un comme lui sur place, “il faut savoir traire la vache”, comme on dit chez nous. La politique, il faut savoir la mettre de côté. Si certains n'avaient pas fait les imbéciles, ils auraient tout aujourd'hui. Ils peuvent lui dire merci s'ils ont des lotissements, des terrains de sport et des centaines de réalisations. Ils nous l'ont fait partir car je suis sûr qu'il serait resté. Il a totalement transformé la Haute-Corrèze. Allez voir !”

Les grandes étapes de son implantation dans la Haute-Corrèze passeront par la création d'un journal, l'Essor du Limousin que lança Marcel Dassault, et la multiplication d'actions avec la CODER, un organisme qui prit de l'importance au fil des mois.

Les “Conjurés” de Solignac

Jacques Chirac bénéficie d'un environnement politique très favorable qui facilitera son implantation politique en Corrèze, bastion de la gauche depuis des lustres. Premier ministre, Georges Pompidou favorise toutes les entreprises de reconquête politique qui concernent le centre de la France. Originaire du Cantal, Pompidou accorde une attention toute particulière à ces régions, laissées pour compte du développement économique. Georges Pompidou a-t-il parachuté Chirac en

Corrèze ? Le choix de ce département correspond sans doute à la conjoncture de l'ambition de Jacques Chirac en quête d'enracinement et la volonté politique de Pompidou de battre la gauche dans une région voisine du Cantal. Par chance, l'une des nouvelles éminences grises du régime est un limousin de la Creuse: le redoutable Pierre Juillet. C'est lui qui va mettre sur pied un commando de jeunes loups conduits par le tandem Jacques Chirac-Jean Charbonnel. Le 5 décembre 1966, dix candidats gaullistes aux élections législatives se réunissent à l'auberge de Saint-Eloi à Solignac, connue pour sa célèbre abbaye du XIIème siècle. Outre Chirac et Charbonnel, il y a là, parmi d'autres, Mazeaud, Dannaud, Binet, Limoujoux, et Bernard Pons qui se souvient encore de sa première rencontre avec Chirac: "C'était à la table du Préfet du Lot. Il était dynamique, sûr de lui et faisait preuve de beaucoup de pugnacité." Tels des "conjurés", les dix font le serment de bouter hors du Limousin et du Quercy, socialistes et communistes : "Renouvelant le serment de 1789, nous jurons de rester unis jusqu'à ce que nous ayons mené à bien notre combat..." racontera Jean Charbonnel, futur Maire de Brive. Pour l'occasion, ils font graver une médaille sur un porte-clé sur lequel est inscrit la devise du surintendant Fouquet : "Usque non ascendam ?" (Jusqu'où ne monterai-je pas ?).

Fort de ce beau serment, Chirac et les siens partent à l'assaut du Massif central. Chirac est encore un inconnu en dehors de Sainte-Féréole. Jean Charbonnel s'empare d'une première citadelle en remportant, de haute lutte, la mairie de Brive. Le futur député de l'Aveyron, Jacques Godfrain, suivait à cette époque des études à Toulouse. En "voisin", il était venu donner un coup de main à Charbonnel: "Nous étions nombreux à la permanence de Charbonnel, mais nous nous connaissions pratiquement tous. Le soir des élections, j'ai aperçu une nouvelle tête. Un garçon que nous n'avions pas du tout vu durant la campagne et qui était en train de noter les résultats bureau par bureau. Je demandais immédiatement à Jean Charbonnel qui il était afin d'apaiser ma curiosité. Ce dernier me répondit : c'est un émissaire de Georges Pompidou. Je m'approchais alors de cet homme bien mystérieux, la tête penchée sur les tableaux des résultats, en lui demandant de m'expliquer son rôle:

- "Je suis venu voir car je suis corrézien. L'année prochaine, il est probable que je me présente aux élections législatives de mars 1967

en Haute-Corrèze.
Ma réaction fut spontanée :

- Mais vous êtes fou !

J'avais en mémoire le score du candidat Mitterrand en 1965, aux présidentielles. Il avait dépassé aisément les 60%.

- Non, vous verrez. Et puisque vous êtes étudiant, venez me voir dans le courant de l'hiver."

"Je me rendis donc en Corrèze, sachant pertinemment que le terrain était miné. Cette vieille terre de gauche était de plus en plus marquée par la présence du Parti Communiste. J'ai vu arriver Jacques Chirac sur les foires et les marchés, au milieu de ces paysans corréziens chaudement vêtus, engoncés dans leurs canadiennes, tournant le dos à celui qui venait conquérir l'impossible. Il leur tapait sur l'épaule, les obligeant à sortir leurs mains des poches afin d'engager la conversation. Il leur serrait les mains. Un travail de fourmi qui allait payer. Il a fallu qu'il serre des milliers de mains, parcoure plusieurs centaines de kilomètres et visite un nombre incroyable de fermes et de demeures! Combien de fois ai-je rencontré Jacques Chirac au train de 21h09 à Paris-Austerlitz. Nous faisions le voyage ensemble. Il partait vers Ussel, moi vers Millau. Nous nous quittions à Clermont-Ferrand où se partageait le train. Un train quelque peu rustique que nous apprécions beaucoup car il représentait le point de départ d'une carrière politique".

L'héritage du Docteur Queille

Jacques Chirac possède les qualités très appréciées du paysan corrézien : affable, courtois et surtout opiniâtre et tenace. Jamais "fier". Pas une once de mépris à l'encontre de personnes issues parfois de milieux très modestes. Interrogé lors d'une émission sur Europe 1, en direct de Meymac, un journaliste demande à Chirac quels sont les défauts du corrézien: "Le corrézien a des défauts que l'on retrouve chez les Français: il est impulsif, coléreux, chauvin. On ne peut dire qu'il soit radin mais il ne gaspille pas son argent". Et de lâcher : " Et en plus, il est toujours à gauche !"

La bénédiction de Georges Pompidou, la protection de Pierre Juillet, un solide sens du contact et des origines corréziennes sont de sérieux atouts pour réussir un parachutage en province. Mais Chirac ne serait jamais parvenu à “bouter” la gauche hors du Limousin s’il n’avait su capter l’héritage du bon docteur Queuille : élu de la Corrèze de 1912 à 1958 (!), pape du radicalisme pendant un demi-siècle. Il est donc inutile d’envisager de se faire élire sans établir une filiation avec la tradition radical-socialiste. Plutôt que de les affronter, Chirac va phagocyter ses adversaires et les retourner à son profit. “Quant n’au po passa peï pount, l’an passo per l’aïguo” dit un proverbe limousin : “Quand on ne peut franchir le pont, on passe par l’eau”.

Le docteur Henri Belcour, Maire d’Ussel est le premier élu à rencontrer Chirac : “Je n’avais aucune envie d’être Maire, mais plutôt conseiller général comme mon grand-père. Mais comme l’un dépendait de l’autre... Ensuite Jacques Chirac m’entreprit pour que je devienne son suppléant pour les législatives. Je n’avais aucune envie d’abandonner ma profession et de faire une carrière politique. Mais comment vouliez-vous résister à Chirac ?” Henri Belcour, aujourd’hui sénateur de la Corrèze, ose la comparaison, Queuille-Chirac: “Tous deux ne dormaient jamais, et racontaient des histoires avec humour. Il est vrai qu’Henri Queuille ne s’est pas implanté de la même façon. Il avait énormément de relations”.

Comment Chirac va-t-il concilier son engagement “gaulliste” et l’héritage du docteur Queuille ? Sans état d’âme et sans reniement, il marie les deux. N’est-il pas lui-même petit-fils d’instituteur franc-maçon “rad-soc”? Chirac des villes, Chirac des champs: “pompidolien” en semaine à Paris, Chirac est-il un “rad-soc” dès lors qu’il arrive à Ussel pour le week-end ?

Pierre Creyssel, un camarade de promotion de l’ENA., qui allait devernir Président de la Société Nationale de l’Information Chimique, décrypte rétrospectivement le cheminement politique de l’homme: “Jacques Chirac développe un concept politique fondé sur une grande générosité, qui par essence, contient un aspect social non négligeable. Il faut tout d’abord déplorer l’extraordinaire campagne de désinformation montée contre Jacques Chirac. Il y a peut-être chez lui quelques défauts de forme mais qui relèvent du détail. Sachant qu’une certaine bourgeoisie ou classe moyenne préfère le ton mesuré aux choses un peu tranchées, on peut comprendre une certaine hésitation de la part de cette catégorie de Français, prompts aux jugements. Beaucoup ont souligné l'héritage radical de Jacques Chirac, en ne prenant que ce qualificatif au premier degré. Il existe pourtant un radicalisme alliant le patriotisme à une certaine forme de courage. Je pense que la conjugaison de cette forme de radicalisme avec le gaullisme représente la spécificité de la pensée de Chirac. Le côté radical traduit parfois le côté provincial, proche des gens, et une certaine forme d'autorité et de respect de l'Etat. Ceux qui ont reproché l'autoritarisme dont faisait preuve Chirac, le traitant même de sectaire et d'homme dur, proche du fascisme, ont cultivé un paradoxe. Comment un homme généreux qui n'a du mépris pour personne et qui recherche le contact permanent avec la population, pourrait-il être traité de la sorte? Jacques n'a jamais eu le parler des hauts fonctionnaires, un peu snobs et technocrates. Sa fidélité en amitié, ses contacts mémorables avec les huissiers de l'ENA, la Corrèze, ses amis et tout son entourage qu'il aime plus que tout, ne représentent-ils pas des exemples vivants d'un homme de coeur, qui combat le mépris et les excès?"

Jacques Chirac réussit son enracinement dans la Haute-Corrèze comme le firent si bien, avant lui, Henri Queuille ou encore Charles Spinasse. Ancien ministre de Léon Blum en 1936, Maire d'Egletons, Spinasse est l'un des hommes les plus influents de la vie politique locale lorsque Chirac fait ses premières armes. Le courant passe si bien entre les deux hommes, que Charles Spinasse n'hésite pas à déclarer que son cadet est "sans aucun doute socialiste. Il aurait certainement appartenu au Front populaire". Chirac renvoie le compliment. Avec des hommes comme Charles Spinasse, il aurait "sans aucun doute" appartenu au gouvernement de Front populaire.

Le ralliement de Charles Spinasse est décisif car il entraîne avec lui les socialistes modérés. Chirac n'oubliera jamais. En 1976, c'est à Egletons, une bien modeste agglomération, qu'il prononce son discours appelant à la création d'un "Rassemblement pour la République", le RPR. L'ancien ministre de Blum, Charles Spinasse se retrouve même à la tribune pour faire une intervention.

CHAPITRE V

L'enracinement

"Serre-la-louche"

"Jacques Chirac a conquis la circonscription d'Ussel comme l'on séduit une belle femme" nous confie un paysan corrézien. Pour elle, il parcourt des centaines de kilomètres au volant de sa légendaire Peugeot 403. Tous les vendredis, il quitte l'hôtel Matignon direction Ussel. A tombeau ouvert, il sillonne les petites routes de Corrèze. Ses fonctions ne lui permettant plus un tel surmenage, il s'organise. Deux fois par mois, les Chirac se rendent en Corrèze au château de Bity, acquis en mars 1969. Dans le Capitole, le train des limousins, ils étudient les dossiers et préparent leur emploi du temps pour battre la campagne à la rencontre des Maires et des conseillers généraux. Arrivés à destination, ils se réunissent avec le "trio magique" de la Corrèze: Annie Lhéritier, vice-présidente du Conseil Général, aujourd'hui chef de cabinet à l'Elysée, Henri Belcour, sénateur-Maire d'Ussel et André Vidal, Maire de Sourssac, en contact quotidien avec les Maires de toutes les communes. Vidal est l'homme de Chirac sur le terrain et parfois il s'amuse des manies de son patron: "La vision d'une cabine excite sa téléphomanie. Le besoin de téléphoner multiplie les arrêts en tout genre." Bernadette Chirac concocte son propre planning. Elle peut ainsi se partager entre sa commune de Sarran dont elle est l'élue et le canton de Corrèze dont elle est le conseiller général.

Les vins d'honneur, les médailles, les parties de belote sur les tapis Ricard dans les cafés, les comices agricoles font partie du lot commun des "virées" de Jacques Chirac. Recordman de la poignée de mains, les corréziens l'affublent d'un surnom : "Serre-la-louche". Il se glorifie d'avoir serré la main de dix mille personnes en trois semaines pendant la campagne pour une élection législative partielle en novembre 1967 à Ussel.

Vingt ans après, on a l'impression de retrouver, à travers le comportement de Jacques Chirac, celui pour lequel il porta une admiration sans limite : Georges Pompidou. Le Premier ministre alla, en effet, retrouver ses racines le temps d'une visite, la veille des élections législatives de 1968, dans son Cantal, aux confins du Puy-de-Dôme et de la Corrèze. Le récit d'un des envoyés spéciaux du Figaro ressemble étrangement à ce que l'on pourrait imaginer de Jacques Chirac en campagne : "A Monboudif, Georges Pompidou symbolisait vraiment la République et la Démocratie, parce que chacun s'identifiait à lui et à sa réussite. Après l'allocution sur la terrasse devant la mairie accolée dans le vieux style, à droite de l'école des filles, à gauche de celle des garçons, l'enfant du pays est allé passer un moment avec l'entrepreneur chargé de rajeunir la vieille maison où il est né, pleine de volets vert pomme dont il venait d'hériter avec sa tante. Puis il a traversé la place, il est entré dans la grande salle du café Découlange, de l'autre côté de la Jeanne d'Arc, qui surmonte la fontaine. Il a offert une tournée générale aux clients du bistrot, nombreux en ce samedi matin, dont la plupart ne s'étaient pas dérangés pour l'entendre, bien qu'ils votent tous pour lui demain."

Chirac ne se contente pas d'aller sur le terrain. Il se veut efficace. "Il se munit toujours d'un petit carnet et note le moindre détail relatif aux interventions. Dès son retour à Paris, il épure son carnet et prend lui-même son téléphone" raconte, un sourire au lèvre, Georges Pérol, Maire de Meymac. André Tourneix, Maire de Soudeilles, comme beaucoup d'autres élus, était découragé. Malgré ses nombreuses récriminations, il n'était jamais parvenu à obtenir l'adduction d'eau pour le bourg et une subvention nécessaire à la réfection complète du bâtiment scolaire. Pendant plus de vingt ans, c'est l'impasse : "Un jour je me trouvais à la foire d'Ussel et j'étais tombé sur un collègue Maire à qui j'avais confié mes inquiétudes. Il m'avait dit d'en faire part à un certain Jacques Chirac qui travaillait au cabinet de Georges Pompidou. Appelle de ma part Louis Limoujoux et il te le fera rencontrer. Quelques jours plus tard, ce dernier me téléphone pour me donner rendez-vous chez moi, m'assurant que cet inconnu, nommé Chirac, serait là pour tenter de résoudre une partie de mes problèmes. Par un beau matin de 1966, je vois arriver devant mon garage ce grand monsieur qui avançait vers moi, d'un pas décidé, pour me saluer. Alors que nous n'étions pas encore entrés dans le salon, ce monsieur avait déjà sorti ses papiers et me questionnait sur les différentes délibérations du conseil municipal. Il me dit :

- "Monsieur le Maire, quel projet souhaiteriez-vous voir aboutir en premier ?

- Je crois que c'est le bâtiment scolaire. On nous demande de le raser pour un préfabriqué."

"Le résultat ne traîna pas. Les subventions nécessaires arrivèrent et le conseil municipal ordonna les travaux de l'ensemble du bâtiment. Nous avons pu également réaliser le plan d'adduction d'eau. Jacques Chirac a procédé de la sorte dans toutes les municipalités du département, en dehors même de sa propre circonscription. Nous avions pourtant eu de grands hommes en Corrèze: Henri Queuille, ancien Président du Conseil, à Neuvic, Charles Spinasse, Ministre de l'Education, à Egletons, à qui nous devons les écoles. J'ai eu beau fouiller dans les délibérations du conseil municipal de ma commune, je n'ai jamais relevé la présence de Monsieur Queuille ou de Monsieur Spinasse à une réunion du conseil. Je n'ai pas, non plus, vu de traces d'une seule subvention."

En 1976, alors que Jacques Chirac est encore Premier ministre, le premier magistrat de Soudeilles envisage de réaliser des routes forestières. Le problème semble insurmontable : 40 millions de francs sont nécessaires. André Tourneix en touche un mot à Jacques Chirac qui lui répond : "Tu tiens à les faire, eh bien vas-y, je m'occupe de tout le reste." Résultat: une subvention à hauteur de 85% du coût total du projet.

Jacques Godfrain se souvient de Chirac, ministre de l'Agriculture en 1972 : "La Corrèze a toujours été très présente dans les préoccupations de Jacques Chirac et cela, malgré ses différentes tâches ministérielles." Un beau jour, le délégué ministériel pour l'armement, Jean Blanquart, reçoit un coup de téléphone sur l'interministériel, le réseau téléphonique réservé aux membres des cabinets ministériels. Au bout du fil, le Ministre de l'Agriculture :

Jacques Chirac - Allô, Monsieur le Délégué ministériel, savez-vous que vous avez une manufacture d'armes à Tulle, en Corrèze ?
Jean Blanquart - Oui, Monsieur le Ministre.

J.C. - Savez-vous que dans cette manufacture il y a des stocks inutilisés qui sont des tapis de judo?
J.B. - Je ne le savais pas, Monsieur le Ministre.
J.C - Eh bien, je vous demande de bien vouloir m'en porter deux au club de judo de Tulle, qui en a grand besoin.
J.B.- Bien, Monsieur le Ministre."

Je ne sais, rapporte Jacques Godfrain, si le pauvre délégué ministériel a cru à une farce mais les tapis de judo furent portés au club 24 heures après que Blanquart ait appelé le responsable de la manufacture d'armes."

Le grand secret de Jacques Chirac réside essentiellement dans la rapidité et l'efficacité de ses interventions. La méthode Chirac? Le Préfet Jacques Périllat en sait quelque chose:
"Un jour, à 2 heures du matin, le téléphone sonna à mon domicile:

- Allô, ici le standard de Matignon à l'appareil. Monsieur Chirac vous cherche, il a oublié votre numéro de téléphone.

- Passez-le-moi, répondis-je. Et Jacques Chirac de me préciser:

- Allô, comment ça va, je ne te réveille pas au moins ? Pourrais-tu me muter, à sa demande, Monsieur D. instituteur qui assure le CM2 à Egletons ? Peux-tu t'en occuper tout de suite ? Je suis en Corrèze à une réunion qui vient de se terminer, je te téléphone d'un café. Allez, merci et à bientôt !"

Henri Cuq, député des Yvelines et ancien chef de cabinet du Maire de Paris, était en Corrèze directeur des Renseignements Généraux. Jacques Chirac était, lui Président du Conseil Général. "Je venais de prendre ce poste lorsque Jacques Chirac me proposa un rendez-vous. Il aurait souhaité que je le tienne informé sur un certain nombre de problèmes bien précis. Je ne désirais pas dire quoi que ce soit à Chirac sans en référer à ma préfecture. Je lui écrivis donc pour le remercier de notre entretien mais je lui fit comprendre que je ne pouvais donner une réponse positive à sa requête. Il ne m'en a jamais tenu rigueur comprenant parfaitement ma situation. Lorsque j'ai quitté la Corrèze, il m'a demandé avec insistance de le rejoindre."

Chirac ne renonce à aucune grande manoeuvre pour son département. Lorsqu'il faut construire un aéroport à Limoges afin de mieux desservir la Corrèze, Chirac demande à Marc Jacquet de s'intéresser au projet en lançant à la cantonade: "C'est Pompidou qui le veut!"

Pompidou ne veut rien. C'est Chirac qui veut. Et il veut toujours plus. Que n'a-t-il pas entrepris pour l'aménagement de la fameuse Route Nationale 89 ? Principal axe de communication pour ces régions difficiles d'accès, il faudra attendre des années pour que, tronçons après tronçons, la RN 89 dispose de quatre voies.

Le plus célèbres des corréziens

Georges Pérol, Maire de Meymac, résume fort bien le rapport de Chirac à la Corrèze: "De droite ou de gauche, on l'appelle Jacques. Les gens vont à lui comme vers un chef de famille." Lorsqu'il s'agit d'aider les gens dans son département, il n'existe qu'un seul parti : La Corrèze. "Combien de fois l'ai-je vu aider telle ou telle personne qui appartenait au Parti Socialiste ou au Parti Communiste? La valeur de l'homme prime beaucoup plus que les idées politiques dans notre région " confirme André Tourneix.

Un jour, Monsieur et Madame Chirac demandent à André Tourneix de leur garder Jasmine, une superbe chienne labrador que Valéry Giscard d'Estaing leur a offert. Madame Chirac fait les recommandations d'usage afin que le labrador "présidentiel" évite "les mauvaises fréquentations." Jasmine, prise d'une soudaine envie de vagabondage s'enfuit au nez et à la barbe d'André Tourneix. La chienne revint aussi fière que la chatte dans "la Femme du Boulanger". Un mois plus tard, Monsieur et Madame Chirac récupèrent la pensionnaire et la famille Tourneix se garda bien d'évoquer les escapades de l'animal. "Un beau matin Madame Chirac nous appelle pour nous informer que sa chienne présente tous les symptômes d'une grossesse. Jasmine aura deux chiots. Le premier décéda à la naissance. Le frère de Madame Chirac hérita du second. Quelques jours après cette heureuse naissance et afin de déterminer la race du jeune chiot, Monsieur et Madame Chirac souhaitent connaître l'heureux père, qui a eu l'honneur d'engrosser la chienne présidentielle. Etait-ce pour informer le locataire de l'Elysée ou par simple curiosité ? Toujours est-il que les Chirac s'annoncent pour faire la connaissance du propriétaire du chien. André Tourneix se trouve tout à coup très gêné car ce dernier est un communiste notoire : "Un coco, allons bon ! dit Chirac, eh bien allons-y quand même." Les propriétaires n'en revenaient pas qu'un ministre et son épouse soient venus jusqu'à eux. Alors que Chirac discutait de certains problèmes d'ordre général, Madame Chirac n'arrêtait pas de faire des compliments sur le chien. Lorsque Jasmine fut récupérée, elle s'adressa à elle en lui disant: "Jasmine, que tu fasses une bêtise soit ! Mais la prochaine fois tâche de ne pas choisir un communiste !"

Jacques Chirac n'est pas seulement devenu le plus célèbre des corréziens. Il est charnellement tombé amoureux de cette terre et de ces habitants : "La Corrèze est le seul endroit où je peux trouver la solitude même au milieu de mes amis. C'est un retour aux sources qui m'est tout à fait indispensable."

Paul Faugeron, dit Popo, père du célèbre restaurateur Henri Faugeron, installé rue de Longchamp à Paris, est le propriétaire de l'hôtel Moderne à Meymac, une des étapes favorites de monsieur le député. Avec ses corréziens, Chirac est tel qu'en lui-même. Dialogue sur l'antenne d'Europe 1:

J.C. - " Bonjour Popo, je te salue affectueusement.

P.F. - Bonjour Jacques (Bien sûr que nous nous tutoyons, C'est même toi qui me l'a demandé, tu t'en souviens ?

J.C. - Tout ceci ne nous rajeunit pas, mon pauvre Popo.

L'hôtel Moderne est un des hauts lieux de la chiraquie. Un petit canon vite fait ou un pantagruélique "gueuleton" à n'importe quelle heure du jour. Tête de veau vinaigrette, gigot d'agneau, entre deux coups de fourchette, Jacques Chirac se retrouve en famille. Sur un coin de table, il compulse ses dossiers, prend des nouvelles des habitants et entame la conversation avec ceux qui viennent prendre l'apéro. Il connaît tout ce petit monde par son prénom. Sa mémoire est sans faille: "Votre mère va-t-elle mieux depuis son retour de clinique ? - Alors, Jean, votre fiston termine le mois prochain son service ? - Comment vas-tu, mon cher André, et que devient notre ami Charles ?"

Popo a voté pour Chirac dès sa première candidature et il en est fier. Lorsqu'il n'est pas derrière ses fourneaux, il paie de sa personne: "Jacques m'a demandé de contrôler les affiches, et croyez-moi il n'en manque jamais une. Je vote Chirac et je suis en très bons termes avec les autres. Il m'arrive de suivre les meetings du RPR avec des amis."

Hélas Jacques Chirac n'a plus guère le temps de se rendre à Sainte-Féréole. Mais il n'a jamais oublié celle qui l'a connu petit,

Marinette Pascal. Ministre de l'Intérieur en 1974, c'est à Marinette qu'il avait confié sa procuration, ne pouvant quitter Paris pour aller voter. Il y a quelques années, il n'a pas résisté au plaisir de retourner dans le village de son enfance pour revoir sa "nounou": "Un jour, accompagné du Docteur Leyniat, il a voulu visiter sa maison et la mienne afin de revenir sur les traces de son enfance. Il est allé tout d'abord chez lui visitant même le grenier. Puis chez moi il a ouvert la porte qui communique avec l'ancienne étable où j'entrepose maintenant le bois. Il y avait un puits. "Roger, venez voir l'endroit où j'assistais Monsieur Pascal dans la traite des vaches. Il me disait toujours : fais attention mon petit Jacques de ne pas t'approcher du puits !"

"Il avait une admiration pour les problèmes agricoles. Il suivait mon père partout, l'observait en train de labourer, montait sur les charrettes tirées par les vaches ou les boeufs. Un jour nous nous sommes retrouvés à Vitrac où Jacques m'avait présentée au Président de la Mutualité Agricole. Il lui avait dit: "Tiens Georges, je te présente Mademoiselle Pascal, c'est son père qui m'a initié aux problèmes agricoles." C'est vrai que mon père lui enseignait les grands principes de l'agriculture et de l'élevage. Il écoutait avec beaucoup d'attention et posait beaucoup de questions. Lorsqu'il a été nommé ministre de l'Agriculture, je me suis dit : "là, il est bien à son affaire". Marinette ne rencontre qu'épisodiquement les Chirac car la maison de famille a été louée à une agence immobilière de Brive. Elle a assisté la mère de Jacques dans ses dernières années : "Je l'ai beaucoup vue lorsqu'elle était souffrante et j'allais même la voir au château de Bity." Restent les fêtes religieuses: "Chaque année, la famille revient à Sainte-Féréole au moment de la Toussaint pour porter des fleurs. Il y a cinq ou six ans, j'ai bavardé avec Claude, l'avant-veille de la Toussaint. Elle venait remplacer sa mère et représenter la famille."

Madame Chirac s'occupe d'entretenir les meilleurs relations avec ses amis de Corrèze. Elle répond personnellement aux courriers, envoie chaque mois des magazines à Marinette Pascal et Marceline Bel, qui elle aussi a bien connu le petit Jacques. Alors que nous venions prendre de ses nouvelles, elle nous glissa à l'oreille : "Pourriez-vous faire une commission au petit mignon ? Dites-lui qu'il fasse bien attention à tous les attentats, on ne sait jamais !" nous dit Marcelline.

A Sainte-Féréole, Marceline Bel a accompagné Jacques tout au long de ses longues vacances d'été puisque son fils René faisait partie de la même bande. Marcelline subissait quelques farces de Jacques, très espiègle: "Il venait me manger mes fromages de chèvre que je mettais sur la fenêtre, le polisson. Ses parents le laissèrent seul à Sainte-Féréole à partir de 18 ans: Il prenait pension là et un professeur de russe venait lui faire des cours. Le professeur lui disait toujours: "Ecoutez mon petit, taisez-vous et faites doucement. Vous le verrez plus tard, dans la vie on ne fait pas toujours ce que l'on veut !"

C'est à force de petit détails que les paysans du plateau de Millevaches lui ont accordé toute leur confiance. Plus qu'un programme électoral, c'est l'homme qui a conquis le coeur des corréziens. André Tourneix a partagé bien des repas dans sa maison de Soudeilles:

"Un soir, nous recevions Jacques et nous avions tous tenu à mettre le couvert dans la salle à manger. Lorsqu'il arriva pour dîner, il exigea que l'on desserve le couvert tous ensemble pour s'installer à la cuisine. Après le repas, il s'installait devant la cheminée pour poursuivre la conversation."

Au cours d'une réunion avec les Maires des communes de son canton, Jacques Chirac prend la parole à la fin du déjeuner précédant une série de tête-à-tête avec chacun des élus : "J'ai pris une décision: je vous tutoie tous à partir de maintenant et vous faites de même. Je ne veux plus avoir à en parler." Puis vint le tour d'André Tourneix:

- Vous savez, Jacques, ma commune souffre beaucoup ...

- Stop ! dis donc, Dédé, j'ai pris une décision tout à l'heure. Lorsque tu parleras correctement je te répondrai !"

La politique ne se fait pas seulement en serrant des mains et en buvant des petits canons. Il faut parfois sacrifier aux exigences de la société de communication. Surtout lorsqu'il s'agit d'une campagne électorale à l'échelon national. Le montage de la célèbre affiche "Vivement demain" support principal de la campagne des législatives en 1986, reste comme le souvenir le plus pittoresque et le plus original d'André Vidal. Il eut la lourde charge de repérer une verte colline, pas trop abrupte, pour que les ministrables de l'équipe Chirac puissent descendre la pente au pas de course, bras-dessus, bras-dessous, cravates au vent. Un exercice qui dura trop longtemps pour certains des acteurs. Il dut être répété une cinquantaine de fois avant que le photographe ne soit satisfait de sa prise. Pour d'autres, le magnifique buffet campagnard dressé au bas de la pente méritait bien quelques efforts. Tout le monde pensait en avoir terminé lorsqu'on s'aperçut que Philippe Séguin était absent. La séance "cravates au vent" dura toute la journée et Philippe Séguin était toujours absent. André Vidal avait demandé au propriétaire du terrain de garder le silence afin de ne pas ameuter les journalistes et les curieux. Cette consigne très stricte fut respectée à la lettre. Philippe Séguin, pour son plus grand malheur, se débattit avec une carte routière pour rallier la "verte colline". Alors que le crépuscule commençait à inonder la campagne, André Vidal conduisit Chirac chez le propriétaire afin de le remercier d'avoir mis son terrain à sa disposition et lui demander si des curieux ou des paparazzi n'étaient pas venus l'ennuyer. Et ce dernier de répondre:

- "Non, non personne n'est venu me déranger. Pas de problème, juste un monsieur de corpulence assez forte, de taille moyenne, qui m'a fait croire qu'il devait participer à une séance de photos.

- Que lui avez-vous répondu ?

- Que je n'étais pas au courant de cette séance de photos et qu'il devait y avoir certainement une erreur."

Philippe Séguin est reparti bredouille et retrouva ses amis tard dans la soirée. Chirac décida de tout recommencer le lendemain matin afin que le Maire d'Epinal puisse figurer sur la photo.

En 1995, Jacques Chirac fête le trentième anniversaire de sa première élection en Corrèze. "Si les Français le connaissaient comme nous le connaissons, il serait au sommet. S'il n'était pas venu, la Haute-Corrèze serait aujourd'hui un désert. Il n'a jamais ménagé sa peine pour l'aménagement de nos routes, pour la construction de maisons de retraite, et l'accroissement de l'activité économique. Ah! si les Français comprenaient la valeur de cet homme. C'est un humaniste. Si nous ne l'avions pas, le Grand comme nous l'appelons ici, il faudrait l'inventer !" juge Irène Graille, une commerçante qui habite dans le canton de Bernadette Chirac, elle ajoute : "Bernadette a fait un travail colossal à la rencontre des habitants de notre canton. Elle finissait très tard et ne rentrait pas avant minuit. Madame Chirac, elle est super !"

En Corrèze, Jacques et Bernadette Chirac ont "tracé leur sillon droit et profond". Restait à conquérir la France.

L'implantation de Jacques Chirac se fera en plusieurs étapes, à partir de sa première élection de 1967. Sur les quatres premières élections Jacques Chirac enregistre un accroissement permanent par rapport à la première élection (+ 4 304, + 4 378, + 5 857). La première élection, en 1967, du jeune Chargé de mission eut de grandes conséquences sur la suite de sa carrière électorale. Une première élection difficile, avec un ballottage défavorable à la clef, complique la tâche de Jacques Chirac. Il se révèle être un formidable gagneur, rattrapant un retard de presque 5 000 voix au second tour. La gauche avait tout de même délégué Robert Mitterrand, frère de François, et le communiste Georges Emon. Henri Belcour se souvient de l'ambiance du premier tour, le 5 mars 1967, qui opposa Jacques Chirac à Robert Mitterrand. Les journalistes politiques interrogent les deux candidats sur leurs scores respectifs dans la commune de Chirac :

- "Monsieur Mitterrand, êtes-vous déçu et avez-vous malgré tout un motif de satisfaction ?

- Je suis heureux d'avoir battu Chirac dans la commune de Chirac.

- Et vous Monsieur Chirac, permettez-moi de vous poser la même question?

- Un seul regret, celui de ne pas avoir eu la majorité à Chirac."

CHAPITRE VI

L'Ecole du pouvoir

L'héritier

"Je me suis engagé dans le camp de Jacques Chirac car il demeure l'héritier du général de Gaulle et le fidèle défenseur de sa cause, qui s'appelle la France. Ses références constantes à mon père représentent vraiment l'esprit de cette cause qui se prolonge avec lui. Oui, Jacques Chirac incarne l'héritage du général de Gaulle, il a la passion de la nation, de sa prospérité aussi bien que de sa grandeur. Il assume un héritage politique et oeuvre pour notre pays comme le général l'aurait souhaité." Ce brevet de légitimité gaullienne émane de l'amiral Philippe de Gaulle. "Jamais Jacques Chirac n'a laissé passer une seule ombre sur son loyalisme à l'égard du général de Gaulle" affirme Gérard Belorgey, l'un de ses compagnons de route. Seule ombre au tableau, la question algérienne. Mais, nous l'avons déjà évoqué, Chirac n'hésite pas à signer une pétition d'énarques en faveur du général de Gaulle aux pires moments de la crise. Son ralliement au chef de l'Etat résulte d'une analyse lucide de la situation politique : "Ce changement exigeait l'intervention d'un homme dont l'intelligence, le prestige et l'autorité permettaient de faire des réformes que manifestement personne n'avait été capable de faire."

Durant les premières années de sa carrière ministérielle, Jacques Chirac va pouvoir établir un compromis entre un gaullisme euphorique et un pompidolisme en pleine gestation. Pour Jacques Chirac, le gaullisme n'est pas une idéologie ou l'adhésion à un programme politique de circonstance. C'est un engagement en faveur d'un idéal qui transcende les clivages partisans et s'inscrit dans une continuité historique. L'Appel du 18 juin 1940, représente les tables de la loi du gaullisme :

"Peu de dates à l'heure des périls qui nous menacent, méritent davantage de commémoration que celle du 18 juin. Ce n'est point la date d'une victoire, certes. Mais en fêtant nos victoires, on tend trop facilement à oublier de quelle détermination initiale, puis de quelle résolution continue, enfin de quels efforts et de quel courage elles furent le résultat. (...)

Mais, quatre ans plus tard, grâce à ceux qui répondirent à cet appel, grâce aux Forces Françaises de l'Intérieur, la France ne fêtait pas seulement sa libération, elle figurait parmi les vainqueurs. Son commandement militaire recevait conjointement avec les commandements alliés, la capitulation des forces ennemies. Elle reprenait son rang de grande nation. (...)

Les gaullistes sont naturellement attachés à la célébration d'une date qui constitue le point de départ de l'immense action entreprise par le général de Gaulle pour ramener la France du désastre à la victoire. Mais le 18 juin ne leur appartient pas. A vrai dire, le gaullisme, tel que la plupart d'entre nous l'entend, et tel que je le comprends moi-même, n'a rien d'une famille close ni d'une chapelle. Il n'entretient nullement un culte systématique autour des faits et gestes du général de Gaulle. Il n'exclut pas ceux qui, pour des raisons quelconques, formulent des réserves sur certains aspects. (...)

Toutefois, même très largement définie, l'inspiration gaulliste peut, à tort ou à raison, n'apparaître que comme l'une des composantes de la collectivité nationale. Or, le 18 juin appartient à la France entière, dont il exprime un impératif bien antérieur au Général de Gaulle et qui demeurerait identique si le Général de Gaulle n'avait pas existé.(...)

Et si l'histoire ne se répète pas, certes, elle compose et recompose ses péripéties chaque fois différentes avec, chaque fois, les mêmes éléments fondamentaux. Dieu veuille que, parmi ceux-ci, l'Appel du 18 juin fasse entendre son écho lors des prochaines déterminations qui incomberont aux Français."

Gaullistes de gauche

Les premiers mentors de Chirac sont des gaullistes historiques, voir des gaullistes de gauche. Le Résistant, Philippe Dechartre, qui fut ministre des gouvernements Pompidou, Couve de Murville et Chaban

Delmas, se souvient d' "un jeune homme dégingandé qui préparait la conquête de la Corrèze, piaffant dans son fauteuil."

A l'initiative de Jean de Lipkowski, membre des SAS (Special Air Service) pendant la seconde guerre mondiale, d'Irène de Lipkowski sa mère, ancien député RPF, et de Geneviève de Gaulle, Philippe Dechartre a créé le Centre de la Réforme Républicaine, le CRR. L'objectif déclaré de cette opération : établir un rapprochement entre Pierre Mendès-France et le général de Gaulle. Autant dire, une vue de l'esprit. Le projet n'aboutira jamais. Mais le CRR a également pour vocation de contrecarrer l'UNR, le nouveau parti de masse des gaullistes.

"Nous nous sommes retrouvés entre Résistants. Nous étions des gaullistes de raison qui appartenaient à la culture de la gauche humaniste" précise Dechartre, par ailleurs haut-dignitaire de la franc-maçonnerie, membre du Grand Orient de France. C'est par son intermédiaire que Jacques Chirac fait son entrée dans les magnifiques salons de l'hôtel particulier du boulevard Saint-Germain, où Irène de Lipkowski anime les débats. Jean de Lipkowski, surnommé "Lip", n'est pas prêt d'oublier l'arrivée fracassante du nouveau venu: "Lorsque Jacques Chirac a franchi le seuil de la porte d'entrée, chez ma mère, j'ai été suffoqué par la prestance de cet homme et son pas décidé. Les Buron, Duhamel, et Hatton n'en revenaient pas. Et dire que c'est lui qui a rédigé le manifeste...". En effet, Chirac, comme à son habitude ne perd pas de temps pour se rendre indispensable :

"Ceux qui avaient décidé de faire un appel pour le retour du Général, comme Louis Vallon, s'étaient réunis autour d'une grande table. Nous cherchions quelqu'un pour faire le secrétariat de séance. Nous avions choisi un certain Jacques Chirac aux allures de play-boy, à qui l'on promettait un bel avenir. Il a donc tenu la plume des gaullistes de gauche avec beaucoup d'à-propos et de talent" affirme Philippe Dechartre. Chirac se sent très à l'aise dans ce milieu "libéral de gauche" auquel il restera toujours fidèle.

Le CRR, dont Jean de Lipkowski est la cheville ouvrière, se prononce en faveur de la décolonisation et de la participation. Le CRR est davantage un laboratoire d'idées qu'un parti politique structuré. Aux législatives de 1962, les 70 candidats du CRR sont battus à plate couture. Le Général n'avait pas l'intention de créer une deuxième force politique, rivale de l'UNR, mais d'élargir son influence sur sa gauche. "Lip" le reconnaît volontiers précisant : "D'ailleurs Jacques Soustelle - un des dirigeants de l'UNR - devait recevoir près de 500 millions pour la campagne alors que nous ne dépassions pas les 30 millions."

A la demande du général de Gaulle, Dechartre, persévère dans son action et créé le Mouvement pour le Socialisme par la Participation, le MSP : " Le Général m'avait convoqué en 1959, disant qu'il n'y avait ni droite ni gauche dans le gaullisme, pour représenter une famille de chrétiens sociaux, socialistes humanistes. Les gens sont individualistes, ce sont des grenouilles qui sautent hors du tonneau. Il faut que quelqu'un les remette dans le tonneau. Nous avons donc créé le M.S.P. afin de remettre les grenouilles dans le tonneau !"

En 1969, le MSP lance un appel à la candidature de Georges Pompidou. Elu Président, Pompidou reprend les grands thèmes développés par Dechartre et ses amis et encourage les initiatives en faveur de la Participation : "L'actionnariat ouvrier est une politique délibérée qui sera poursuivie malgré toutes les réticences". Jacques Chirac assure la liaison entre les pompidoliens et les gaullistes de gauche. "Jacques Chirac a souvent remplacé Pompidou dans nos réunions et prenait la parole en son nom" se souvient Dechartre.

Composante sociale du gaullisme, le MSP se prononce en faveur de François Mitterrand en 1981. En 1988 et 1995, Dechartre apporte son soutien à Jacques Chirac. Membre à part entière de la galaxie chiraquienne, ce courant humaniste aura une influence non négligeable dans l'évolution politique de Jacques Chirac. Il n'est pas seulement un "alibi" de gauche. Des prises de positions sur des sujets aussi variés que l'abolition de la peine de mort, le "travaillisme à la française" ou la tonalité très sociale de la campagne de 1995 démontrent combien Jacques Chirac est imprégné de ce gaullisme humaniste. "Nous sommes des hommes qui pensent qu'on ne distingue pas la morale de la politique. Ce n'est pas de l'angélisme mais du réalisme" conclut malicieusement Philippe Dechartre.

L'homme de Pompidou

"Monsieur le Premier ministre, vous avez quelqu'un qui sort vraiment de l'ordinaire dans votre cabinet. Il s'occupe de l'équipement et de l'aéronautique" confie Anne-Marie Dupuy, chef de cabinet, à Georges Pompidou qui rétorque : "Faites le venir dans mon bureau dès ce soir." Et c'est ainsi que Jacques Chirac va devenir l'un des plus fidèles lieutenants du futur Président. Entre les deux hommes s'instaure un rapport quasi filial fondé sur une estime réciproque et des origines communes. Tous deux sont issus du centre de la France, et tous deux sont fils d'instituteurs. "Il a toujours été l'homme de Pompidou. Chirac portait une admiration sans limite à Georges Pompidou" confirme Anne-Marie Dupuy. La rencontre de Jacques Chirac avec Pompidou sera déterminante. Elle lui permettra de se situer politiquement. Simplement opportuniste ? "A l'époque, on disait de lui qu'il était plus pompidolien que gaulliste et plus ambitieux que pompidolien" écrit Jean-Yves Lhomeau dans Le Monde du 9 mai 1995.

Chirac est totalement dévoué à Pompidou qui le considère comme son "fils spirituel". Dans tous ses gouvernements, Pompidou lui confie des secrétariats d'Etat. Président, il fait un ministre à part entière de son jeune protégé. Auprès de son entourage, Pompidou ne tarit pas d'éloge sur Jacques Chirac : Il l'appelait "mon bulldozer". C'était le bon élève de la classe, le disciple préféré. Le Président disait parfois qu'il fallait lui donner quelques coups de règle sur les doigts pour qu'il soit le meilleur. Il tenait beaucoup à ce que Jacques Chirac réussisse une grande carrière" confie le regretté Denis Baudouin, conseiller à l'Elysée de Georges Pompidou. A Jacques Foccart, conseiller pour les affaires africaines, Pompidou déclare : "Ce Chirac possède des qualités exceptionnelles, j'ai une grande confiance en lui et vous verrez, Foccart, il aura un grand avenir."

Même à son épouse, le successeur du général de Gaulle, évoque les qualités de son collaborateur : "Mon mari a toujours beaucoup compté sur Jacques Chirac pour préparer l'avenir. Il l'avait trouvé très dynamique, loyal, fidèle et courageux. Nous parlions très peu, il est vrai, des différents ministres de son gouvernement et je sais qu'il faisait à Jacques Chirac une grande confiance."

Premiers portefeuilles

"Son problème sera de mûrir". Tel est l'opinion du Premier

ministre sur Chirac, lorsque ce dernier n'est encore qu'un de ses chargés de mission. C'est à Matignon que Jacques Chirac rencontre Pierre Juillet, conseiller de Pompidou. Tacticien de génie, cet expert de la carte électorale que l'on surnomme le "diable boiteux", forme le jeune espoir. Grâce à lui, Chirac emporte ses premiers succès. "Dès le départ, Pierre Juillet avait misé sur Jacques Chirac. Ils eurent ensemble des liens privilégiés autant parce qu'il était un voisin de la Corrèze et vivait une partie de son temps dans la Creuse, que parce qu'il était l'homme que Georges Pompidou écoutait avec attention" affirme Olivier Stirn.

Aux législatives de 1967, Chirac est pour la première fois candidat à la députation en Corrèze. "Si Pompidou était un peu sceptique sur les capacités de Chirac à gagner en Corrèze, il lui avait néanmoins promis un poste de secrétaire d'Etat dans son gouvernement" se souvient le défunt Pierre Charpy, alors journaliste à La Nation. En apprenant la victoire de son protégé, Pompidou déclare : "Que neige un Chirac dans chaque département !" Le lendemain, Georges Pompidou croise son protégé dans les couloirs de l'Assemblés nationale : "Chirac, vous êtes nommé secrétaire d'Etat dans mon gouvernement, ne vous prenez pas pour un ministre !" Entre ses déplacements en Corrèze et son secrétariat d'Etat, Chirac n'a guère le temps de s'occuper de sa circonscription. Et lorsqu'il est présent à l'Assemblée, c'est pour occuper le banc des ministres. "Chirac adoptait à ce moment là une attitude réservée, conscient d'être secrétaire d'Etat d'un gouvernement appelé par le général de Gaulle." Il s'installe dans l'ancien immeuble du ministère de la Santé. Depuis la fenêtre de son bureau, il aperçoit l'Arc de Triomphe et l'immense chantier du métro, place de l'Etoile. Aux journalistes venus interroger ce jeune néophyte des cabinets ministériels, il répond : "Les contacts avec les syndicats, je les rechercherai!" Chirac ne sera pas déçu. Un an plus tard il est confronté aux événements de mai 68.

Pour l'heure, il forme son équipe. Gérard Belorgey, qu'il connaît depuis son passage à Sciences-Po, est directeur de cabinet : "Chirac m'a téléphoné avec détermination. Je ne pouvais refuser. Jacques Friedmann, l'ami de toujours faisait partie de l'équipe. Quant à Olivier Stirn, il a fallu faire un énorme forcing pour le convaincre d'être le chef de cabinet." A l'image de son parcours politique sinusoïdal Olivier Stirn tergiverse : "Le ministre de l'Intérieur, Christian Fouchet m'avait proposé d'être son chef de cabinet. Par amitié pour Jacques Chirac, mon copain de Sciences-Po, j'acceptais de rentrer dans son cabinet." Il ne le regrettera pas : "Nous avions des contacts privilégiés avec Chirac. Nous pouvions rentrer dans son bureau librement." Malgré cette expérience initiatrice et prometteuse, Stirn prendra ses distances avec Chirac pour rejoindre successivement les giscardiens puis les socialistes de l'après-dix-mai. Aujourd'hui, il déclare "ne pas comprendre l'attitude de son ami Chirac qui lui tourne le dos." Jacques Chirac ne parle plus d'Olivier Stirn qu'au passé.

A peine constituée, la jeune équipe est chargée par Pompidou d'élaborer une série de mesures destinées à lutter contre le chômage. Au programme : l'amélioration du Fonds National de l'Emploi, de meilleures garanties de ressources pour les chômeurs et la refonte du système d'indemnisation. Le dossier est brûlant : la barre des 400 000 demandeurs d'emplois est franchie. Des risques d'explosion sociale sont à craindre. Au cours de sa première conférence de presse, Jacques Chirac porte sur les fonts baptismaux la future ANPE, Agence Nationale pour l'Emploi.

Mai 68

"L'explosion" de 1968 propulse Jacques Chirac en première ligne. Il est l'un des acteurs clés des fameux "accords de Grenelle". Réunis au ministère des Affaires sociales, rue de Grenelle, gouvernement et syndicats négocient pied à pied, pendant trois jours, l'augmentation du SMIG. Entamé le samedi 25 mai à 15 heures, ce marathon social s'achève le lundi 27 à 5 heures du matin. Le jeune secrétaire d'Etat à l'Emploi fait preuve à cette occasion de son exceptionnelle résistance physique et de son sens du contact. Face à Chirac et à son ministre de tutelle, Jean-Marcel Jeanneney, la C.G.T., sait que le gouvernement, à bout de souffle, est prêt à lâcher du lest. Assistent à cette réunion Georges Séguy, Benoît Frachon, Henri Krasucki pour la C.G.T., Descamps pour la C.F.D.T., et André Bergeron, secrétaire général de Force Ouvrière. Ce dernier évoque ses rapports avec Jacques Chirac: "Personne n'était maître de la situation. Le Premier ministre Georges Pompidou n'a pas cédé à l'affolement. Il était la cheville ouvrière de ces accords, bien relayé par son secrétaire d'Etat à l'Emploi, Jacques Chirac, qui, lui, avait en charge les relations avec les syndicats ; il était d'ailleurs venu chez moi à Montrouge afin de faire le point sur la situation." Un jour qu'André Bergeron rentre du Lot et Jacques Chirac de la Corrèze, les deux hommes se retrouvent dans le Capitole. A la descente du train, le secrétaire général de F.O. cherche désespérément un taxi. Jacques Chirac lui propose de le ramener en voiture et en profite pour lui faire quelques confidences sur les célèbres accords :

"Monsieur Pompidou s'était mis d'accord avec Georges Séguy sur le SMIG à 2,70 francs, et moi je m'étais arrangé avec les patrons sur le SMIG à 3 francs. Lorsque la séance a repris après le dîner, le Premier ministre et Georges Séguy ont fait le cinéma que l'on fait en pareille circonstance. C'est alors que je me suis tourné vers les patrons et leur représentant, le baron Petiet, en lui disant : 3 francs. Et le baron Petiet de me répondre : en effet, ce ne serait pas mal 3 francs. Benoît Frachon de la C.G.T., qui était accompagné de Georges Séguy, se dressa alors en apostrophant le baron Petiet : Monsieur le baron, j'ai connu votre père en 1936 (au moment des accords de Matignon), lui il en avait au moins ! La C.G.T. était furieuse de l'accord que j'avais réalisé avec les patrons."

Le Monsieur Chômage du gouvernement quadrille la France. Pas un conflit social sans que Jacques Chirac ne se précipite sur les lieux. A croire que la confrontation avec les syndicats l'émoustille. Lorsque le Conseil Général de l'Indre décide la fermeture des bases américaines, les syndicats craignent que le départ des "yankees" ne provoque des suppressions d'emplois dans la région. Appelé à la rescousse par Michel Aurillac, alors Préfet , Chirac accourt :

"Je connaissais déjà Jacques Chirac au Cabinet de Georges Pompidou ; ce qui m'avait frappé à cette époque, c'était la grandeur de ses jambes", se souvient Michel Aurillac." Il nous fallait courir pour rattraper le rythme. Comprenant mon empressement et mes problèmes dans ce département, il ne tarda pas à me répondre et arriva à Châteauroux. Il rencontra la population, discuta avec les syndicats et les patrons. Il y avait un secrétaire de l'Union Départementale de la C.G.T., un dénommé Drouin. Jacques Chirac eut avec lui une discussion ferme sur les problèmes de fermeture de la base américaine. La C.G.T., ce qui était paradoxal, clamait "U.S. stay home" au lieu de

"U.S. go home". Le secrétaire d'Etat à l'Emploi, au bout d'un marathon d'une journée, n'était pas parvenu à boucler tous ses rendez-vous. Il me dit d'un ton décidé à quelques minutes de son départ pour Paris : "à la semaine prochaine." Il revint donc la semaine suivante, consacrant l'essentiel de son temps à une importante réunion à la Chambre de Commerce devant laquelle la C.G.T. avait organisé une manifestation devant l'entrée. Des barrières isolaient l'accès de la Chambre de Commerce aux manifestants. Alors que le cortège arrivait à pied (nous avions d'ailleurs été un peu chahutés), Jacques Chirac aperçut tout à coup le fameux Drouin au milieu des cégétistes. Il planta là tous les officiels, enfreignant toutes les règles de sécurité, enjamba les barrières et se précipita vers Drouin en lui serrant la main: "Bonjour mon cher Drouin, comme je suis heureux de vous voir. La surprise de Drouin fut telle que ses camarades manifestants se demandèrent un instant s'ils n'avaient pas été trahis par quelques contacts secrets conclus la semaine précédente."

A la suite des événements de mai 68, un premier remaniement ministériel propulse Chirac au secrétariat d'Etat à l'Economie et aux Finances. Il a pour ministre de tutelle Maurice Couve de Murville. Mais le 10 juillet, Pompidou est écarté du gouvernement. C'est Couve de Murville qui le remplace à Matignon avec pour objectif la liquidation de la crise. Georges Pompidou demande que Chirac conserve son portefeuille. Dans l'entourage du nouveau Premier ministre, il se murmure que Chirac pourrait se voir attribuer un ministère fantoche aux missions floues et mal définies. "Mon intention était que Jacques Chirac reste au gouvernement à son poste. S'il en avait été autrement, cela aurait été un mauvais coup porté à Monsieur Pompidou, qui m'en voulait déjà suffisamment que je le remplace" affirme Couve de Murville qui précise néanmoins : "Chirac était l'homme de Pompidou, il me surveillait dans une certaine mesure."

Rue de Rivoli, Chirac est en service commandé ... en attendant le retour de Pompidou. Ce qui ne l'empêche pas de redoubler d'activités comme en témoigne Albin Chalandon, alors ministre de l'Equipement: "Un gros travailleur rigoureux et péremptoire. Il remplissait des pages et des pages, noircissait du papier, c'était interminable. Il était inlassable dans ses demandes. Tous les quinze jours, il se rappelait à mon bon souvenir : 10 millions de francs par-ci, 5 millions par-là, le bulldozer en quelque sorte. Il a fini par faire construire des équipements considérables." Aux Finances, poste clé, Chirac se familiarise avec les comptes de la nation. "Il s'avérait être un très bon économiste" souligne André Bord secrétaire d'Etat à l'Intérieur. C'est aussi l'occasion de nouer bon nombre de contacts. Ainsi, il rencontre le Trésorier de la Fondation Claude Pompidou, un jeune énarque du nom de Jacques Toubon, qui se démène avec obstination pour obtenir des financements. Que ce soit pour l'aménagement de centres d'handicapés ou la construction de maisons de retraites, Chirac prend à coeur de l'aider. Et se lie d'amitié avec celui qui deviendra l'un de ses plus fidèles lieutenants.

Le secrétaire d'Etat se sent assez sûr de lui pour s'offrir une ravissante demeure dans son fief de Corrèze. Le 19 mars 1969, les Chirac acquièrent le château de Bity pour la somme de 200 000 francs. Un château ! Pompidou tance son poulain. Le landernau politique se gausse : comment peut-on jouer au seigneur lorsqu'on se destine à une carrière d'homme public ? Comment peut-on acheter une telle demeure lorsqu'on est en fonction au ministère des Finances ? Basse querelle aux yeux du candidat Pompidou qui nomme le député de la Corrèze responsable financier de sa campagne présidentielle.

Pompidou Président

Le 15 juin 1969, Pompidou succède au Général de Gaulle. "A l'annonce des résultats, il fallait voir Jacques Chirac, éclater de joie au PC pompidolien du boulevard de Latour Maubourg. Il y avait à ses côtés Comiti, Dumas, Papon, Foyer, Ortoli, Foccart, Duvillard, Baumel et les autres" se souvient un des participants. Dans l'entourage du nouveau Président, le tandem Pierre Juillet - Marie-France Garaud est aux anges. La victoire de Pompidou est aussi la leur. C'est sans doute à ce moment-là que le couple infernal décide de façonner Chirac pour lui donner un profil de présidentiable. Juillet-Garaud préparent déjà l'après Pompidou. Ils misent sur le corrézien. Dans un premier temps, Chirac reste rue de Rivoli. Son nouveau ministre de tutelle n'est autre que Valéry Giscard d'Estaing.

En 1971, Pierre Juillet, qui joue plus que jamais son rôle d'éminence grise, fait nommer Chirac ministre délégué auprès du

Premier ministre, chargé des relations avec le Parlement. Cette nomination n'est pas innocente. Ennemi juré de Chaban-Delmas, alors Premier ministre, Pierre Juillet utilise Chirac pour "marquer à la culotte" l'hôte de Matignon, contrôler les députés UDR, et préparer les élections législatives de 1973. A ses côtés, le secrétaire d'Etat Jacques Limouzy : "Jacques Chirac était dans une position délicate. Il n'a pas été un très bon ministre du Parlement. Lui même le reconnaît. Il remplissait sa mission à la perfection vis-à-vis de l'Elysée, mais certainement pas à l'égard de l'Assemblée. Nous allions tous les deux aux réunions des groupes. Lui s'occupait seulement de l'ordre du jour. Je faisais les interventions et je répondais aux questions d'actualité. Tout était très bien délimité. Mais les parlementaires se sentaient un peu orphelins. Un bon ministre du Parlement doit vivre à l'Assemblée nationale du matin au soir et quadriller la salle des quatres colonnes." Pierre Charpy résume : "Chirac n'est pas un homme de couloirs". Les conciliabules avec les députés l'ennuient : "Il ne s'est jamais senti en osmose avec ce milieu. Il agaçait le député de base car il ne prenait pas le temps de l'écouter" raconte Pierre Mazeaud, grand habitué de l'hémicycle. Chirac avait coutume d'interrompre son interlocuteur dépité : "Je suis obligé de te laisser, on m'attend à l'Elysée, nous reprendrons la conversation demain ..."

Jacques Chirac réussit la mission que lui avait confiée Pompidou, via Pierre Juillet : verrouiller le groupe UDR, neutraliser les éléments les plus turbulents et court-circuiter les relations entre le Premier ministre et sa majorité. Du bon travail.

CHAPITRE VII

Un Premier ministre en liberté surveillée

Premier paysan de France

"Je les aime et je les comprends" répond Chirac à un journaliste qui l'interroge sur les raisons de sa popularité dans le monde agricole. Lorsqu'en juillet 1972, Jacques Chirac devient ministre de l'Agriculture et du Développement Rural, il a sur le sujet des idées bien arrêtées. En particulier en matière d'agriculture dans les régions défavorisées en montagne... Considéré comme un ministère à haut risque, bien des hommes politiques y ont laissé des plumes. Laissés-pour-compte de la croissance économique, les paysans n'hésitent pas à manifester violemment pour se faire entendre. Chirac hérite de quelques dossiers brûlants: pénurie de viande, conflit laitier, viticulteurs et pêcheurs en colère ...

Le négociateur des Accords de Grenelle a l'habileté de se concilier rapidement les grandes organisations syndicales. Il procède à une vaste concertation et institue des conférences annuelles. Premier bilan : 100 millions sont débloqués pour l'installation des jeunes agriculteurs, 60 millions pour l'assainissement du cheptel et les subventions allouées à l'élevage, 140 millions pour la modernisation de l'agriculture. Il décroche une avalanche du subventions. Les syndicats agricoles, si prompts à la contestation, n'en reviennent pas. Un an plus tard, Jacques Chirac obtient 230 millions pour soutenir l'agriculture de montagne qui lui tient tant à coeur.

"Tiens bon, Chirac !", clament les quelques 50 000 agriculteurs venus acclamer leur champion en route pour son premier marathon agricole en Septembre 1972. Au Luxembourg, Jacques Chirac commence par soutenir et encourager Josef Ertl, son homologue allemand. Cadeau ou piège ? La longue nuit du marathon commence. Jacques

Chirac joue la montre. La délégation française s'enferme dans une salle pour plusieurs heures avec une provision de sandwichs et un cageot de canettes de bière. Devant ses partenaires européens, Chirac adopte un discours morne et sans passion, exprime une certaine déception, les renvoie dos à dos, avant de leur demander de téléphoner à leurs gouvernements respectifs pour trouver une solution. Sur la forme, Chirac se montre conciliant. Sur le fond, il ne fait aucune concession à ses partenaires. Il fait traîner en longueur les séances et entame l'énergie de ses interlocuteurs dans d'interminables palabres. En coulisse, il déploie une intense activité et obtient le ralliement de six partenaires européens. Josef Ertl est hors de lui: il refuse d'endosser la responsabilité de faire échec aux négociations. L'allemand "craque". Jacques Chirac charge dans "la remorque du tracteur français" 5,5% d'augmentation des prix pour le lait et 10,5% pour le boeuf ! Le pauvre Josef Ertl repart avec 1% d'augmentation pour son blé. Chirac vient de remporter son premier succès face à l'Europe verte et la plus brillante victoire de sa carrière ministérielle.

Pour Chirac, ces deux ans au ministère de l'Agriculture sont une formidable aventure confie son chef de cabinet, Jacques Toubon, au journaliste Thierry Desjardins : "Ce fut la période la plus heureuse de la carrière de Jacques Chirac. Les agriculteurs ont toujours dit qu'il avait été "le meilleur ministre depuis Sully". Chirac a été un ministre de l'agriculture hors pair. Toutes ses qualités essentielles ont pu jouer à fond. Ses capacités de négociateur lui ont permis de mener à bien les discussions à Bruxelles. Ses capacités de contact lui ont permis d'établir une vraie concertation avec la profession. Chaque semaine, nous avions dans la grande salle à manger du ministère, une réunion avec les représentants des quatre organisations agricoles. Il a créé l'Office des Viandes et pris d'innombrables mesures pour améliorer le sort des agriculteurs. Ce fut une très grande période d'activité, d'amitié, de grande confiance. Je n'ai, moi non plus, jamais été aussi heureux."

Lors de marathons agricoles à Bruxelles, le ministre défend bec et ongles les revenus des paysans français. Combatif, il est craint par ses homologues: "Nous partions sans savoir à quelle heure nous serions de retour", raconte Bernard Pons, alors secrétaire d'Etat à l'Agriculture. "Parfois, c'était à 3 ou 4 heures du matin. Lorsque nous arrivions à l'aéroport de Villacoublay, il avait encore les ressources physiques pour se préoccuper du moindre détail en organisant le retour de ses collaborateurs. C'était un ministre de l'agriculture extrêmement pugnace et très carré à l'égard de nos partenaires. Je n'ai pas le souvenir qu'il ait reculé d'un pouce dans une négociation. Il savait qu'un manque de fermeté aurait porté préjudice aux intérêts des agriculteurs français. Il voulait tout voir. Il écoutait et laissait mûrir les négociations. Dès la troisième séance, il impressionnait beaucoup par sa connaissance des dossiers et son éloquence, il faisait des coups de génie." Bernard Stasi était impressionné : "Jacques Chirac tranchait par la vigueur du ton et la fermeté du propos. Lorsqu'il affirmait sa volonté de défendre, à Bruxelles, les intérêts de l'agriculture française, on plaignait à l'avance ses collègues européens d'avoir à s'opposer à une résolution aussi ardente et on ne doutait pas de l'issue du combat."

A l'Elysée, on se réjouit d'une telle réussite. Selon Bernard Stasi, Pompidou était aux anges : "Comment, dans l'ambiance officielle et quelque peu guindée du conseil, n'aurions-nous pas été frappés, voire touchés par le courant qui passait entre Georges Pompidou et Jacques Chirac, par les relations privilégiées qui unissaient les deux hommes? Lorsque le Président de la République donnait la parole à son ministre de l'Agriculture, lorsqu'il l'interrogeait sur telle ou telle affaire, il ne parvenait pas toujours à dissimuler l'estime affectueuse qu'il portait au disciple fidèle et à l'élève doué. Et Jacques Chirac, de son côté, lorsqu'il s'adressait au Président, le faisait avec une déférence qui n'était pas seulement du respect dû à la fonction. Elle laissait aussi transparaître l'attachement profond, reconnaissant et inconditionnel envers un homme admiré que l'on est fier de servir."

Chirac n'est plus seulement un député apprécié par ses électeurs, un ministre compétent, un protégé de l'Elysée. Il devient un homme politique d'envergure nationale.

"Flinguer" Chaban

Le 1er mars 1974, Jacques Chirac, 41 ans, fait son entrée place Beauvau. "Ainsi vous aurez achevé un parcours suffisant pour connaître tout le gouvernement" lui confie Georges Pompidou. Chirac n'est pas dupe : "Je me suis dit que j'étais un fer au feu qui pourrait éventuellement servir, selon les circonstances". Le nouveau ministre de l'Intérieur fait le ménage : six Préfets de région et neuf Préfets de département sont remplacés. Le dernier tête à tête de Chirac avec son père spirituel a lieu une semaine avant le décès de ce dernier. Pierre Messmer annonce la nouvelle à Jacques Chirac qui ne peut réprimer ses larmes. "La mort de Georges Pompidou fut certainement pour Jacques Chirac, au-delà de toutes considérations politiques, un drame personnel" estime Bernard Stasi. Soutenu notamment par Jacques Chirac, Pierre Messmer, alors Premier ministre, s'apprête à rentrer en lice. Le ministre de l'Intérieur obtient de Giscard qu'il renonce à se présenter contre Messmer. Mais sans coup férir, Jacques Chaban-Delmas, appuyé par la vieille garde des barons gaullistes, prend de vitesse le clan des pompidoliens et annonce sa candidature. Chaban candidat, Messmer est disqualifié.

Les adversaires les plus redoutables du Maire de Bordeaux sont des gaullistes comme lui : Marie-France Garaud et Pierre Juillet. Ils accusent l'ancien Premier ministre de Pompidou de vouloir brader les acquis du gaullisme. "Vous êtes l'homme politique le plus néfaste qui soit : un gaulliste en train d'amener la France au socialisme" assène Pierre Juillet à Chaban-Delmas. Le tandem Juillet-Garaud lâche contre lui leur jeune loup : Chirac. Un proche du ministre de l'Intérieur, Jacques Toubon, affirme que "Jacques Chirac n'avait qu'une ambition: maintenir la continuité et garantir l'héritage en veillant fidèlement sur le patrimoine idéologique du Président Pompidou. Les chiffres du Ministère de l'Intérieur nous contraignaient à persuader Pierre Messmer d'être candidat. Jacques Chaban-Delmas, d'après les sondages des Renseignements Généraux, ne parvenait pas à catalyser suffisamment de suffrages au premier tour dans l'optique d'un duel au second tour face à Mitterrand. Je suis convaincu que Pierre Messmer aurait pu gagner cette élection s'il avait accepté d'être candidat." Dès lors, le ministre de l'Intérieur n'a plus qu'un objectif : torpiller la candidature de Chaban. Jacques Chirac, Pierre Juillet, Marie-France Garaud, Denis Baudouin se rallient à Giscard.

Dans son bureau de la place Beauvau, Jacques Chirac orchestre ce qu'on appellera la "chabanisation" du Maire de Bordeaux. Relayé par Jacques Toubon, Pierre Lelong, chargé de mission au Cabinet de Pompidou, Marie Bénard du Cabinet de Roger Frey et Roger Romani, il débauche une quarantaine de parlementaires UDR qui se prononcent pour Valéry Giscard d'Estaing. Le candidat "légitime" des gaullistes est marginalisé par son propre camp. Olivier Stirn participe à l'opération : "Lorsque nous avons eu un certain nombre de députés sur cette liste, exactement quarante-trois nous nous sommes réunis à quelques-uns dans le bureau de Jacques Chirac. C'était la veille d'un week-end prolongé et nous rédigions le manifeste qui deviendra le célèbre "appel des 43". J'étais de ceux qui pensaient que ce manifeste devait être publié dans les plus brefs délais. Jean-Philippe Lecat, signataire comme nous, devait mettre en avant ses compétences de ministre de l'Information en précisant que nous nous devions d'attendre le début de la semaine, prétextant le manque de motivation de la presse. Nous savions que Giscard était en passe de rattraper Chaban dans les sondages et qu'il n'était pas honnête de le diffuser après, au risque de passer pour des gens se ralliant à la victoire. J'étais persuadé que le peu d'informations du week-end nous propulserait à la une de tous les journaux. Après plus d'une heure d'atermoiements, je décidais de me lever et de plaquer tout, lançant à la volée : vous le ferez sans moi, salut ! Chirac me rappela, me suppliant de revenir et me donna raison."

L'appel des "Quarante-trois" rendu public le 13 avril 1974, signe l'arrêt de mort politique du Maire de Bordeaux. Valéry Giscard d'Estaing est élu Président de la République. François Mitterrand est battu de justesse. Pour Jacques Chirac, il ne reste plus qu'à recoller les morceaux au sein du mouvement gaulliste. Après un entretien au domicile du premier lieutenant de Valéry Giscard d'Estaing, Michel Poniatowski, Jacques Chirac accepte le poste de Premier ministre.

Le premier conseil des Ministres du 26 mai 1974 donne le ton. Le Président prévient: "Je travaillerai directement avec mes ministres." Le nouveau chef du gouvernement avale la couleuvre. "Il ne me laisse rien faire" gémit Chirac. Comble de l'humiliation, Giscard lui a demandé de se tenir "trois pas derrière" lors des cérémonies officielles. Dans un premier temps Chirac joue le jeu: "le Premier ministre, par définition, doit adhérer aux actions du Président de la République ou se retirer". Ecoeuré, un ministre gaulliste du gouvernement conserve un souvenir exécrable de cette période : "Valéry Giscard d'Estaing traitait Jacques Chirac d'une façon inadmissible. Ce dernier, pourtant, avait un grand respect pour la fonction du chef de l'Etat et réprimandait ses ministres quand l'un d'eux venait à s'asseoir alors que le Président n'était pas encore arrivé dans la salle du Conseil."

Chirac veut croire que l'entente est possible. Il est docile, trop docile. Impressionné par Giscard, il nourrit à son égard un véritable complexe d'infériorité. Plus le Président est agressif, plus Chirac arrondit les angles : "Giscard est remarquablement intelligent et surtout il est très formateur" déclare-t-il en 1974. Fasciné, inhibé, il accepte ce rôle de vassal d'une manière qui frise parfois la naïveté. Séduit par les costumes du Président, il demande au secrétaire général de l'Elysée, Claude Pierre-Brossolette l'adresse du tailleur de Giscard d'Estaing. Mais rien n'y fait. Au bout de quelques mois, l'atmosphère devient irrespirable. Giscard envoie des notes à chaque ministre concerné, court-circuitant allègrement Matignon. L'Elysée s'applique même à ce que ces directives soient fournies à la presse. Chirac enrage. Giscard prend plaisir à imposer quelques mesures "libérales" à l'encontre desquelles Chirac est notoirement hostile. Lors de la discussion en conseil des ministres du projet d'imposition des plus-values, on frôle l'incident:

- "Monsieur le Président, le fils à papa qui héritera d'un château ne sera pas concerné par cette loi, alors que la malheureuse dactylo qui aura acheté une ferme en Normandie avec toutes ses économies ne pourra pas la revendre sans être injustement pénalisée. (Giscard est-il ce "fils à papa" stigmatisé par Chirac, étant lui-même héritier d'un château de famille ?)

Cinglant, le Président rétorque :

- Monsieur le Premier ministre, je ne partage pas du tout votre façon de voir les choses, ni cette philosophie."

A chaque conseil des ministres du mercredi, la tension monte d'un cran. La moindre nomination ou proposition est sujette à polémique. Quand Yvon Bourges, ministre de la Défense, demande la tête de l'Amiral Sanguinetti, Chirac prend la défense du héros de la Résistance : "Je souhaite que l'on regarde les états de service." Giscard intervient aussitôt pour appuyer la demande d'éviction de Sanguinetti. Jacques Chirac couvre ses ministres, qu'ils appartiennent ou non à l'UDR. Que le Président exprime sont courroux, fasse des reproches à l'un d'entre eux, et le chef du gouvernement s'interpose immédiatement-: " C'est de ma faute".

Cette atmosphère délétère n'empêche pas Simone Veil, alors

ministre de la Santé, de nouer d'excellentes relations avec le chef du gouvernement : "Jacques Chirac avait le sens de l'équipe. Ce n'était pas facile, car il existait une méfiance traditionnelle entre l'UDR et les autres partis de la majorité. Jacques Chirac avait toujours un mot gentil à l'endroit d'un ministre après la présentation de son dossier."Défavorable à la législation sur l'IVG, Chirac appuie toutefois son ministre Simone Veil: "Il m'a laissé une grande latitude pour les amendements concernant ce texte qu'il s'était engagé à voter." Les débats à l'Assemblée sont si haineux que le Premier ministre se rend dans l'hémicycle pour soutenir son ministre. Le soir du vote, il lui fait porter une gerbe de fleurs.

Nombreux sont les témoins des premiers pas de Jacques Chirac, Premier ministre. André Bergeron a, comme l'ensemble des partenaires sociaux, pris part à des tours de table à l'occasion de diverses négociations. Ce fut le cas durant la grève des P.T.T. en 1974, un conflit qui, d'ailleurs, démontrera la fermeté, la compréhension mais aussi la compétence et l'humour du Premier ministre avant qu'il ne prenne les problèmes à bras le corps. André Bergeron, Secrétaire Général de Force Ouvrière, se souvient: "Durant la grève des P.T.T., en 1974, André Bergeron se rendit à Matignon, accompagné de son secrétaire de la Fédération des P.T.T., pour défendre ses revendications:

-"Chirac me dit : Combien ça coûte ?

Le secrétaire de la Fédération des P.T.T. se tourna vers moi :

- Je vais demander au directeur qu'il me chiffre tout ça.

- Et Chirac de répondre : Si je comprends bien, c'est l'autogestion."

Face à Giscard, Chirac se veut conciliant et diplomate. Intérieurement, il fulmine. Devant ses ministres les plus proches il se laisse aller : "J'ai toujours été frappé par la violence des termes. Il ne fallait surtout pas se trouver sur son chemin" reconnaît Simone Veil.

"Je ne dispose plus des moyens nécessaires...."

Parallèlement à son action gouvernementale, Chirac prépare la reprise en mains du mouvement gaulliste. Minée par les luttes intestines entre les chabanistes et les chiraco-giscardiens, l'UDR est en voie d'éclatement. Les vieux barons ont leur chef de file, Olivier Guichard, qui souhaite prendre la direction du parti. A Matignon, Chirac est en position de force. Aidé par un certain Charles Pasqua, qui avait pourtant soutenu Chaban-Delmas pendant la campagne, il s'empare de l'UDR le 14 décembre 1974. Ses adversaires, tels Robert Boulin, dénoncent un "hold-up". Jean Charbonnel porte plainte devant les tribunaux (!) considérant qu'il y a "violation du droit". Chirac devient secrétaire général d'un parti dont il n'est même pas adhérent. Il réitère ainsi, à trois ans d'intervalle, la manoeuvre qui permit à François Mitterrand de faire son OPA sur le PS, lors du congrès d'Epinay. La vieille garde, conduite par Guy Mollet, dénonce ce qu'elle qualifie de "putsch". Le jour de son élection par les militants socialistes, François Mitterrand prend enfin sa carte du PS.

En s'emparant de l'UDR, Chirac ne se fait pas que des amis. Ils sauront se rappeler à son bon souvenir le moment venu. Chaban ironise : "Monsieur Chirac n'a découvert le gaullisme qu'en comptant les sièges de l'Assemblée nationale." Giscard lui aussi sait compter. Depuis son accession à la Présidence, il n'a qu'une obsession : phagocyter l'UDR. Albin Chalandon précise: "Le Président de la République ne cachait pas qu'il voulait écraser les gaullistes." Valéry Giscard d'Estaing, aidé de son fidèle lieutenant Michel Poniatowski, a largement favorisé l'accession de Jacques Chirac à la tête du mouvement gaulliste. Non content de "giscardiser" l'UDR, "Ponia" met sur pied sa propre machine de guerre : l'Union pour la Démocratie Française, l'UDF, entièrement dévouée au Président.

Dans les dîners en ville, on ironise. Le vrai Premier ministre ? Poniatowski. Chirac ? Un outil entre les mains de "Ponia" pour neutraliser l'UDR. Le Prince Poniatowski, biographe de Talleyrand, n'a pas pardonné à Chirac d'avoir été nommé à Matignon, un poste qui devait lui revenir. Chirac ne se méfie pas assez de cet homme dont François Mitterrand dira : "C'est un éléphant dans un magasin de porcelaine, mais il sait ce qu'il casse." Il faut attendre la détérioration des relations Elysée-Matignon pour que le fils spirituel de Pompidou réalise que la situation est intenable. Pierre Juillet se moque : "Chirac se fait manipuler comme une trompette." Que s'est-il passé ? Chirac a surestimé Giscard. Giscard a sous-estimé Chirac. Le divorce est inéluctable.

"L'agonie a duré deux mois..." témoigne Dieudonné

Mandelkern, alors membre du secrétariat général du Gouvernement.

A Yves Guéna, le Premier ministre confie au début de l'été 1976 : "Je quitterai ce poste et nous créerons un grand rassemblement..." Les 4 et 25 juillet, Jacques Chirac adresse deux lettres de démission au Président. Giscard lui oppose deux refus et fait traîner. La décision de Chirac est pourtant irrévocable. Le mois d'août est un enfer, et le Premier ministre se contente d'expédier les affaires courantes. A la fin du mois, il se rend officiellement dans la commune de son ami Jacques Limouzy, alors Maire de Castres dans le Tarn: "Jérôme Monod, directeur de cabinet du Premier ministre, me téléphone et me demande si je peux organiser une réception à Castres en quatre ou cinq jours car Jacques Chirac avait l'intention de prononcer un discours sur les villes et l'environnement. Quelques questions de journalistes fusent ici et là sur les rapports entre le Premier ministre et le Président mais Chirac s'en tire très bien. Ce fut le dernier acte de Jacques Chirac en tant que Premier ministre de Valéry Giscard d'Estaing."

Le 26 août 1976, à 9h30, le Premier ministre prend place dans la salle du conseil des ministres en l'absence du Président de la République. Il annonce sa démission, n'épargnant ni le chef de l'Etat, ni certains membres du gouvernement. Une fois terminée son intervention, il fait signe à l'huissier : le Président pénètre alors dans la pièce. Il présidera le dernier conseil du gouvernement Chirac. En fin d'après midi, depuis l'hôtel Matignon, Jacques Chirac rend publique sa décision: "Je viens de remettre la démission de mon gouvernement au Président de la République. Je l'avais préalablement informé de mon intention. En effet, je ne dispose pas des moyens que j'estime, aujourd'hui, nécessaires pour assurer efficacement mes fonctions de Premier ministre et dans ces conditions j'ai décidé d'y mettre fin. Je vous remercie."

La démission d'un Premier ministre est sans précédent dans les annales de la Vème République. Jacques Chirac réalise un formidable coup de poker. Il se dérobe à quelques mois des élections législatives, affirment ses détracteurs. Acte courageux estiment ses partisans.
"La politique menée par le Président de la République n'avait rien à voir avec nos propres convictions", juge Jacques Toubon. Il n'avait aucune garantie pour se reposer sur une politique pragmatique. La sauvegarde de la majorité aux législatives passait forcément par une indé-

pendance à l'égard de l'Elysée et de ses incohérences."

Avant de quitter la rue de Varenne, il s'adresse une dernière fois à son entourage : "Il a reçu les membres de son cabinet, un à un, afin d'évoquer l'avenir de chacun." Parmi eux, un jeune conseiller technique, recruté par Jérôme Monod trois mois auparavant. Il s'appelle Alain Juppé. Normalien, il est un des "nègres" du Premier ministre, chargé de rédiger les discours." Voici un normalien qui sait écrire !" dit de lui Pierre Juillet. Jacques Chirac, qui a décelé chez lui les qualités d'un homme politique lui glisse : "Juppé, il faut vous lancer !"

A l'issue d'une brève cérémonie d'adieux, Jacques Chirac s'engouffre dans sa voiture avec son épouse et son ami Michel François-Poncet. Direction Sarran. Dans son château de Bity, il se détend : un peu de cuisine, de la lecture, et quelques parties sur le billard offert par Georges Pompidou. L'oisiveté le rend nerveux. Trois jours plus tard, l'ancien Premier ministre mobilise sa garde rapprochée. En compagnie de Marie-France Garaud, Jacques Friedmann, Jérôme Monod et Charles Pasqua, il se rend en voisin à Puy-Judeau, dans la Creuse, chez Pierre Juillet. Chirac est obsédé par une idée fixe : créer un "grand rassemblement."

Après un bref séjour en Ecosse, il rentre à Paris et installe ses bureaux au 6, place du Palais Bourbon, en face de l'Assemblée nationale. Chirac ne manque pas de fidèles. Outre les cinq pèlerins de la Creuse, il peut compter sur le clan des Corses, Jean Tiberi, René Tomasini, Alexandre Sanguinetti, Charles Pasqua, Roger Romani et quelques autres... bien décidés à en découdre avec Giscard. Tous sont déterminés à reconquérir le pouvoir confisqué.

Un an plus tard, le Général de Bénouville, docteur miracle des blessures de l'union de la majorité, était une fois de plus présent au rendez-vous de la réconciliation. C'est chez Drouant que le Général parvint à organiser un déjeuner entre Valéry Giscard d'Estaing et Jacques Chirac. Un déjeuner cordial qui réunit nos deux protagonistes. "On m'avait surtout recommandé de faire quelque chose de simple et de ne pas oublier de dire au chef que l'on tienne compte du goût de chacun" rapporte le général de Bénouville. Après avoir servi des oeufs brouillés comme entrée, le chef porta un bar grillé. Une double coïncidence pleine d'artifices ! L'humour était au moins au rendez-vous.

CHAPITRE VIII

La création du RPR

L'appel d'Egletons

Jacques Chirac claque la porte de Matignon, alors qu'il s'apprête à fêter son quarante quatrième anniversaire. Réélu triomphalement pour la quatrième fois député de la Corrèze, dès novembre 1976, Chirac va se doter d'une machine à reconquérir le pouvoir.

Dans le gymnase d'une petite ville de sa circonscription, Egletons, Jacques Chirac prononce l'un des discours les plus importants de sa carrière. Le 3 octobre 1976, devant deux mille militants de l'UDR? il annonce la création d'un grand rassemblement gaulliste, le futur RPR : "Je m'adresse à tous les Français, sans exclusive aucune, pour que se constitue le vaste rassemblement populaire que la France a toujours su tirer de ses profondeurs lorsque le destin paraissait hésiter.Pour vous, autour de vous, au-delà de vous, nous allons essayer de créer le Rassemblement de toutes celles et de tous ceux qui cherchent, avec obstination, à se faire entendre, à travailler, à préserver leur liberté de choix et d'expression et qui aspirent à plus de justice, à plus de bonheur sans pour autant renier les principes auxquels ils sont attachés. Cela suppose de notre part de la patience, de la ténacité, de la grandeur, mais le général de Gaulle et Georges Pompidou nous ont habitués à fréquenter les rudes sentiers qui obligent les Français à se surpasser pour être eux-mêmes dans la victoire. (...)

Ne vous y trompez pas, il nous faudra aussi perdre certaines de nos habitudes, changer nos mentalités, renoncer à la facilité de nous retrouver confortablement entre nous pour parler du passé. Il sera un peu pénible, un peu déroutant d'accueillir des nouveaux venus, parfois d'anciens adversaires, mais le bien de la France est à ce prix.

- Vous croyez être assez nombreux. Je vous dis : pas assez.
- Vous croyez être assez généreux . Je vous dis : pas assez.

- Vous croyez être assez forts. Je vous dis : pas assez.

Puis, il prononce une formule qui va surprendre une partie de l'assistance et faire couler beaucoup d'encre. Pour se démarquer du discours centriste de Giscard, il fait de la surenchère: "Le Grand Rassemblement auquel je vous convie devra allier la défense des valeurs essentielles du gaullisme aux aspirations d'un véritable travaillisme français, et permettra à la majorité de se renforcer."

"Le travaillisme à la française", cette formule inspiré du socialisme anglais lui aurait été soufflé par un de ses vieux compagnons corréziens, Charles Spinasse. La veille du meeting d'Egletons, cet ancien ministre du Front populaire dîne avec Chirac.

- "Jacques vous savez ce qui me ferait plaisir ?"

- Que vous mentionnez dans votre discours ce très beau mot de "travaillisme" qui ne fait malheureusement pas partie de votre vocabulaire politique."

"Quelle connerie !" reconnaît Chirac en 1989. Sans doute le concept de "travaillisme" devait-il synthétiser dans son esprit l'association capital-travail et la dimension sociale du gaullisme. C'est l'opinion d'Alain Juppé même si ce dernier considère que l'usage de ce mot est un "lapsus" (?) : "Le discours de Jacques Chirac depuis plus de 10 ans est d'une grande continuité. La liberté économique reste le meilleur garant du progrès économique et social." L'effet est dévastateur et "Le Quotidien de Paris" titre : "L'envol de l'Aigleton". Plus jamais il ne prononcera ce mot. Pourtant sa campagne électorale de 1995 semble largement inspirée par l'esprit d'Egletons. Conseillé par Philippe Séguin, Président de l'Assemblée nationale, il élabore un discours "de gauche": "Fracture sociale", "argent qui dort", "Français laissés au bord du chemin"etc...

Ravalement de façade

La liquidation de l'UDR va se faire en douceur grâce à Yves Guéna, secrétaire général du parti, fasciné par Chirac: "Jacques Chirac a toujours fait preuve de beaucoup de courage et d'une grande capacité d'expression. Dans ses interventions publiques, il a toujours fait preuve d'un estomac extraordinaire. Il possède une force de persuasion inégalable. Dans ses discours, il ne bute jamais sur un mot et ne construit aucune phrase bancale. Un script de Jacques Chirac peut être parfaitement retranscrit en langage écrit. Sur l'éloquence de Chirac, François Mitterrand avait dit un jour : "Il parle comme un gaulliste en accomplissant un acte fort, dans le sens de l'originalité. Il fallait frapper l'opinion et il a su le faire avec beaucoup de détermination."

Quant au nouveau Rassemblement, la paternité en revient à un duo de choc : "La mise en place du R.P.R. a été conçue par Marie-France Garaud et Pierre Juillet, qui travaillaient avec Jacques Chirac. Ce dernier a été un remarquable tacticien, appliquant une stratégie qu'on lui avait, en fait, conseillée " explique Yves Guéna. Les ambitions du député de la Corrèze ne font pas l'unanimité dans les rangs gaullistes. Les vieux caciques, comme Olivier Guichard ou Roger Frey, considèrent Chirac comme un usurpateur. Les ennemis d'hier, les "chabanistes", sont prêt à pactiser avec l'Elysée. "Les barons s'imaginaient détenir l'héritage et n'admettaient pas qu'un jeune dirigeant comme Jacques Chirac recouvre cet héritage-là. J'ai largement contribué à maintenir un équilibre dans notre groupe durant ces moments difficiles" explique Claude Labbé, alors Président du groupe UDR à l'Assemblée nationale.

Côté chiraquien, la grand-messe est fixée au 5 décembre 1976, à Paris. Au cours de ces Assises extraordinaires, les militants "décideront" de la transformation du parti. Charles Pasqua assure l'intendance. "On oublie trop souvent le rôle qu'il joua notamment dans l'organisation du 5 décembre. C'est même lui qui a choisi le logo : bonnet phrygien et croix de Lorraine" rappelle Yves Guéna. Vingt-mille personnes venues de toute la France sont attendues au Parc des expositions de la Porte de Versailles. Spectacle garanti. Deux immenses salles accueillent les militants. Le décor est grandiose. Les portraits géants du général de Gaulle et de Georges Pompidou, un immense sigle UDR et une croix de Lorraine en relief, colorée par un faisceau tricolore, surplombent une tribune géante de trente cinq mètres où sont alignés les dirigeants. Les congressistes de l'UDR sont accueillis par les députés Jacques Marette et Jean de Préaumont, secrétaire national chargé de la préparation des Assises. Yves Guéna, secrétaire général pour quelques heures encore, présente le manifeste et le projet des statuts qui sont adoptés sans difficulté par les 2000 porteurs de mandats. Le résultat est proclamé vers 14 heures. Reste à élire le Président. Jean de Préaumont annonce que "de nombreuses fédérations départementales ont proposé la candidature de Jacques Chirac." Le sigle UDR disparaît pour céder la place à la nouvelle appellation du mouvement : "Rassemblement pour la République". La référence au RPF, Rassemblement du Peuple Français, fondé par le général de Gaulle est explicite. Jacques Chirac est plébiscité : avec 96,52 %, il est élu Président du RPR. Jérôme Monod est secrétaire général et Yves Guéna délégué politique, Charles Pasqua, le chef d'orchestre de la manifestation, met la main sur la délégation nationale aux fédérations. Sous un tonnerre d'applaudissements, Jacques Chirac monte à la tribune et prononce le discours fondateur du RPR :

" Nous devons tous nous sentir mobilisés au service de la démocratie et de la République, nous devons chaque jour accroître les rangs de ceux qui combattent avec nous. L'heure n'est plus à l'attentisme ou au doute. Elle est à l'engagement. Ainsi nous gagnerons, et notre Rassemblement, uni par une foi commune, renforcé par la victoire, pourra poursuivre l'oeuvre de la Vème République. Voici que s'achève maintenant cette journée du 5 décembre. Voici que se termine cette grande réunion où sont rassemblés, dans l'enthousiasme et l'espoir, des milliers d'hommes et de femmes venus de toutes les provinces de notre pays. Nous savons ce qui nous réunit, mais cela ne suffit pas. Nous voyons avec émotion l'immense succès de notre appel, mais cela ne suffit pas.

Au-delà de ce jour, par-delà cette enceinte, c'est vers tous les Français que je me tourne, vers tous ceux qui pressentent que notre société est en péril, mais qui n'osent encore élever la voix pour la défendre. Oubliez les passions qui vous divisent, mais n'oubliez pas la ferveur. Le rassemblement que je vous propose exige de vous le contraire du consentement aveugle. Il est un mouvement de citoyens, c'est-à-dire d'hommes libres qui refusent la fatalité de toutes les dictatures, du fascisme comme du collectivisme, d'hommes libres qui veulent façonner leur histoire de leurs mains.

Vous qui êtes intransigeant sur l'indépendance de la nation, vous que l'esprit de justice exalte et que l'injustice révolte, vous qui ne tolérez ni l'amertume, ni le mépris, ni l'humiliation, vous qui connaissez le prix de l'effort, de la droiture, de la rigueur, vous qui savez que la responsabilité autant que le savoir fonde la dignité de l'homme, vous qui voulez être des hommes, mais des hommes solidaires, vous qui sentez que notre cause est celle de la liberté, à vous tous, je dis : n'attendez pas.

N'attendez pas pour défendre les droits civiques durement conquis et affermis par la République ; ils ne sont ni un don de la nature, ni un privilège du destin. N'attendez pas pour servir une ambition nationale généreuse et humaine, rejoignez-nous.

Au peuple de France

Notre peuple, dont c'est la grandeur d'être rebelle à la contrainte, a quelquefois besoin qu'on l'exhorte. Alors, il se rappelle son passé et il étonne le monde. Le voici soudain réconcilié avec lui-même, réuni dans le même combat, consacrant toutes ses forces à défendre sa culture et sa société. Le voici rassemblé. Citoyens et citoyennes de notre pays, vous êtes les fils et les filles de ces hommes qui ont lutté dans notre longue histoire pour nous donner le droit d'être libres.

L'appel que je lance à mon tour n'est que l'écho de l'éternel appel des nations qui ne veulent pas mourir. C'est au peuple de France que je m'adresse. Peuple qui sait comprendre, peuple qui sait donner, peuple qui sait dire non à ce qui l'avilit, peuple une fois encore debout et rassemblé.(...)

Chirac sauve la majorité

L'opération résurrection est un franc succès. La nouvelle équipe s'installe au sommet de la Tour Montparnasse. La coexistence entre jeunes responsables et caciques est parfois difficile mais la dynamique est relancée. Olivier Guichard s'est rendu au Parc des expositions. Sifflé par la foule qui lui reproche sa participation au gouvernement de Raymond Barre, nouveau Premier ministre, il s'est finalement rallié au RPR. "Le RPR ne peut se développer que s'il reste attaché à ses racines gaullistes. Les barons resteront toujours les témoins d'une certaine légitimité. Jacques Chirac l'a parfaitement compris" explique Pierre Messmer.

Le RPR est résolument anti-giscardien, mais la perspective des élections législatives de 1978, le conduit à modérer ses attaques contre le gouvernement. Ces élections sont le premier grand test pour le RPR qui a bien l'intention de s'imposer face à l'UDF. La menace d'une victoire de la gauche est réelle. Dans cette hypothèse, Giscard a annoncé qu'il ne démissionnerait pas et évoque la possibilité d'une "cohabitation" avec un Premier ministre de gauche.

Chirac le bulldozer a deux ans pour gagner son pari : faire du RPR la principale force politique de France. Il sillonne le pays, visite presque tous les départements. Au total, près de 500 réunions. Ce 11 février 1978, le froid glacial n'a pas refroidi les ardeurs des 100 000 compagnons qui se retrouvent sous les halles de Pantin à Paris pour la clôture de la campagne. "Il faisait tellement froid que nous avions prévu une soufflerie sous la tribune pour l'après-midi" confie Pierre Messmer. A 17 heures, la halle de Pantin ne peut plus contenir une seule personne et la fontaine gelée trônant devant le bâtiment sert d'estrade aux derniers arrivants !

Autour de Jacques Chirac, tous les grands leaders sont présents sur le podium. "Ils seront debout et rassemblés" affirmait un slogan de la campagne. Pour le député de la Corrèze, c'est une consécration. Lorsqu'il prend la parole, Chirac sait qu'il a gagné son pari :

"Voici un peu plus d'un an, le soir du 5 décembre 1976, nous avons créé ensemble le Rassemblement pour la République. Dans une France désorientée, frappée par la crise économique, politiquement hésitante, incertaine de son avenir, notre appel a retenti comme l'écho de l'éternel appel des peuples qui ne veulent pas mourir.

Je vous disais alors, que malgré ma détermination, malgré la foi qui m'anime, tout reposait en fin de compte sur vous. La chance de la France, c'est vous. L'espoir de la France est en vous et dans votre volonté de gagner (...)

"Comme chaque fois que dans l'histoire de notre pays, se sont annoncées des heures graves, des hommes d'honneur, des hommes d'enthousiasme, de coeur et d'action sortent du silence et de l'ombre. Ces hommes et ces femmes de France sont venus de tous les horizons pour être ici, pour crier "présent", face à nos adversaires qui les voudraient muets. Pour affirmer leur fierté d'être debout, face à ceux qui, déjà, rêvent de les voir à genoux (...)

N'oublions pas qu'il a fallu appeler le général de Gaulle pour remettre la France debout, lui donner des institutions dignes d'un grand pays, lui rendre son indépendance et son rang dans le monde, assurer la décolonisation, réaliser un développement industriel sans précédent, et permettre un progrès social sans équivalent dans notre histoire contemporaine (...)

Ce que nous voulons aujourd'hui et que nous proposons très clairement aux Françaises et aux Français, c'est une France forte et respectée pour assurer la sécurité des citoyens : c'est une politique audacieuse et novatrice pour permettre le progrès économique et social(...)

Mais si nous sommes à ce point tendus par la volonté de vaincre, si nous déployons, tous les jours et partout, une telle énergie pour convaincre, c'est qu'en notre Rassemblement renaît l'audace de la France. C'est qu'en lui résonne l'espérance des Français (...)

Vous tous rassemblés ici ce soir, vous êtes les continuateurs de ces hommes d'enthousiasme et d'action qui ont changé le visage vieillissant de la France pour que, fidèle à son génie, elle continue d'étonner le monde par sa capacité à le renouveler (...)

Citoyens et citoyennes de mon pays, vous avez le 12 mars prochain, rendez-vous avec l'Histoire. Au moment, grave entre tous, où il faudra choisir, souvenez-vous que les nations, comme les hommes, sont mortelles. Comme eux, elles peuvent mourir, de ne pas avoir su être clairvoyantes, de ne pas s'être défendues (...)

Line Renaud, militante de la première heure, entonne la Marseillaise : "Jacques m'avait demandé de chanter à la fin de la réunion. C'était émouvant de se trouver sur cette scène majestueuse dominant 100 000 personnes, avec dans mon dos les candidats aux législatives. Dès que j'ai entonné le premier couplet, un silence de plomb envahit la grande halle de Pantin, puis une puissance phénoménale se dégagea de la masse dès que je repris le refrain. Je venais de terminer la Marseillaise et devant un tel déferlement de passion et d'enthousiasme, nos regards se sont croisés avec Jacques Chirac. Tout à coup, il me fit un geste de la main pour me dire de continuer. Je n'avais pas répété avec l'orchestre, mais devant cette impressionnante communion et cette ferveur qui me saisissait, j'ai repris un couplet que peu de monde chante : "Amour sacré de la patrie, conduis, soutiens nos bras vengeurs! Liberté, liberté chérie, combats avec tes défenseurs."

Tirée par la locomotive RPR, la droite remporte, à l'arraché, les élections législatives. Avec 26,7 % des voix et 153 députés, le R.P.R. devient le premier parti de France en voix et en sièges. La majorité, avec 290 sièges, distance la gauche de 90 sièges.Elu Maire de Paris un an plus tôt, le patron du RPR se donne une stature d'homme d'Etat.

CHAPITRE IX

Accident de parcours

Chirac frôle la paralysie

A trois jours de son quarante-sixième anniversaire, le 26 novembre 1978, la CX de Jacques Chirac glisse sur une plaque de verglas et s'écrase contre un arbre. C'est le drame. L'accident a lieu à la sortie de la commune de Saint-Angel, à 6 km d'Ussel, dans le virage dit "de l'Empereur". Jacques Chirac qui a pour habitude de lire et écrire en voiture a mal encaissé le choc. Résultat : plusieurs fractures au fémur et une à la colonne vertébrale. Deux millimètres plus haut et il était paralysé. "Nous avions un programme assez chargé, avec notamment l'inauguration d'une station d'égouts et d'ordures ménagères à 10h30, se souvient Henri Belcour, son suppléant. Je lui avais téléphoné la veille pour avancer le départ. La route devait être salée afin de couvrir les épaisses couches de verglas, mais beaucoup plus tard dans la matinée." Les pompiers s'empressent autour du véhicule endommagé. Chirac n'a pas perdu connaissance: "Je ne vais quand même pas emporter toutes ces couvertures, gardez-en quelques unes car vous ne les reverrez pas." La douleur est insoutenable : "Je ne savais pas qu'on pouvait souffrir autant" confiera-t-il. Bernard Billaud, son directeur de cabinet à l'Hôtel de ville, se rend immédiatement en Corrèze : "Chirac avait le visage blême d'un homme qui venait de subir une terrible agression physique. Il a certainement dû penser à la mort à ce moment-là." Le docteur Alain Pompidou organise le transfert à l'hôpital Cochin. "Dès que le docteur Alain Pompidou a été averti de l'accident, il a pris contact avec le professeur Florian Delbarre, lequel a immédiatement demandé de confier Jacques Chirac au professeur Michel Postel qui est le meilleur chirurgien de la hanche au monde" raconte le docteur Heleu. Après quelques jours de convalescence, le Maire de Paris quitte son lit d'hôpital pour reprendre ses activités. Il marie Anne de Boissieu, la petite fille du général de Gaulle. Mais il n'est pas encore guéri. Le 15 décembre, il rejoint La Châtaigneraie, un centre de rééducation que dirige le docteur Heuleu : "A l'issue d'un séjour à Cochin, le professeur Postel qui me confie généralement ses malades m'a demandé d'accueillir Jacques Chirac. Après une première rencontre dans sa chambre de l'hôpital Cochin en présence du professeur Postel, il décida de suivre sa rééducation dans notre établissement. Il a laissé à La Châtaigneraie les souvenirs d'un homme affable, ponctuel, reconnaissant le nom de presque tous les malades. Jacques Chirac ne reçut pas de régime de faveur particulier, il eut deux kinésithérapeutes auprès de lui en raison de l'importance de la fracture. Ainsi Martine Tankéré et Jocelyne Choupac s'occupèrent avec beaucoup d'attention du Maire de Paris. En effet les radios décelaient une fracture du fémur gauche compliquée d'une douleur rotulienne, un tassement des vertèbres et même une lésion à l'une d'elles. Sa rééducation avait lieu essentiellement en fin de journée."

Le docteur Heuleu n'est pas près d'oublier le coup de fil incendiaire de Bernadette Chirac. Paris Match venait alors de publier une photo de Jacques Chirac prise lors d' une séance de rééducation. Seule la complicité d'un membre du personnel permettait de prendre une telle photo. Après avoir interrogé ses collaborateurs, le bon docteur Heuleu s'aperçut que la glace sans tain qui surplombait le gymnase avait été "transpercée" par un téléobjectif à infrarouge (!). Un photographe avait grimpé sur un arbre d'où il avait une vue plongeante sur la salle de rééducation. Protégé par un corset, Jacques Chirac prend ses repas dans sa chambre pour ne pas perturber les autres patients : "Il n'avait qu'une seule exigence : un bon vin de Bordeaux à chaque repas et toujours de la même cuvée !" Malgré son alitement, Chirac ne se départit pas de sa bonne humeur, ce qui ne cesse pas d'impressionner le personnel : "Je m'étais rendu dans le bureau du chef kiné, j'ai trouvé Jacques Chirac allongé sur une table en train de boire une coupe de champagne."

Contre l'avis du médecin, Chirac mène une activité débordante et exige l'installation d'une ligne téléphonique directe dans sa chambre. "Grâce à une volonté de fer" raconte avec admiration le professeur Heleu, son célèbre patient sa vite appris à marcher avec deux cannes bien que ce fut très difficile pour lui car ce n'était pas une simple fracture. "Tout le monde resta surpris lorsqu'il pratiqua aussi rapidement le pas simulé." Au bout de quinze jours, il ne put supporter de rester alité et il fallut toute l'énergie persuasive des médecins pour le dissuader de reprendre son bâton de pèlerin. Jacques Chirac ne tint manifestement pas rigueur à son médecin de cette incarcération forcée et l'invita à partager ses repas avec Bernadette. Quelques mois plus tard, le Maire de Paris proposa au docteur Heleu de se lancer dans la politique...

L'appel de Cochin

Le leader du RPR a-t-il réellement pris le temps de lire le texte de l'appel de Cochin, la plus grosse gaffe de toute sa carrière politique? Ses conseillers lui ont préparé une déclaration en vue des élections, qu'il n'a pu ratifier pour cause d'accident. Le temps presse. Pierre Juillet et Marie-France Garaud, auteurs principaux, font le siège de l'hôpital Cochin dont l'accès leur est interdit par Madame Chirac qui veille au repos de son mari. Profitant d'une absence de Bernadette Chirac au chevet du malade, ils parviennent à s'introduire dans la chambre de Jacques Chirac et obtiennent sa signature au bas du texte.

L'appel de Cochin est rendu public le 6 décembre 1978. Attaque outrancière contre Giscard, il fustige sa politique européenne et l' "asservissement économique" à l'étranger.

"Il est des heures graves dans l'histoire d'un peuple où sa sauvegarde tient dans toute sa capacité de discerner les menaces qu'on lui cache...(...) Tout nous pousse à penser que derrière le masque des mots et le jargon des technocrates, on prépare l'inféodation de la France, on consent à l'idée de son abaissement. En ce qui nous concerne, nous devons dire non.(...) Comme toujours quand il s'agit de l'abaissement de la France, le parti de l'étranger est à l'oeuvre avec sa voix paisible et rassurante. Français, ne l'écoutez pas. C'est l'engourdissement qui précède la paix de la mort. Mais comme toujours quand il s'agit de la France, partout des hommes vont se lever pour combattre les partisans du renoncement et les auxiliaires de la décadence."

L'appel provoque un tollé à l'UDF et dans les rangs du RPR.

Michel Debré se déclare : "beaucoup plus choqué sur la forme que sur le fond." Alexandre Sanguinetti, jamais avare de bons mots lâche : "Je n'ai pas l'impression que Chirac ait la notion de l'Etat, il aime trop le veau." Les ministres gaullistes membres du gouvernement et Alain Peyrefitte en particulier condamnent cette déclaration et réaffirment leur fidélité à Giscard. Pour sa part, le Président de la République qualifie, sans le nommer, Chirac d' "agité". Le mot lui collera à la peau pendant plus de dix ans. Le patron du RPR affirme que le "parti de l'étranger" ne visait aucunement le gouvernement. Pour autant, il n'infirme aucun de ses propos, voulant conserver l'absolue paternité du texte. Il précise même: "Rien à ajouter et rien à retrancher." Une attitude que partagent ses proches, dont Bernard Billaud, directeur de cabinet, qui assume pleinement cette déclaration :

"Une condamnation portée contre l'effort de construction européenne ? C'est absolument inexact ! Jacques Chirac a toujours été favorable à l'Union Européenne qui représente une réunion des énergies, véritables composantes de l'Europe. Cette action commune à travers le monde s'impose si nous voulons continuer à exister demain. Une nécessaire concertation qui ne doit en aucun cas avoir pour conséquence d'abolir les identités nationales. Il s'agit, en fait, de réunir les conditions de la liberté des personnes et de l'expression des cultures. Chacun d'entre nous doit participer à la symphonie européenne. Nous devons trouver le moyen de préserver les identités. Jacques Chirac a essentiellement redouté une accélération qui aille dans le sens de l'uniformisation. Tel a été l'esprit de sa campagne."

L'effet produit par l'appel de Cochin est si dévastateur que certains mettent ce faux pas sur le compte de la fatigue. Il semblerait que Jacques Chirac ait signé, alors que son état de santé restait très précaire. Le docteur Heuleu affirme que Jacques Chirac se trouvait à demi-inconscient, encore sous le choc de l'opération qu'il venait de subir. Jacques Friedmann, l'ami de la famille, estime qu'on lui a fait prendre une décision importante alors qu'il n'était pas en mesure d'apprécier le contenu." Un point de vue que partage Alain Juppé : "Je pense que l'état physique de Jacques Chirac à ce moment là ne lui a pas permis de mesurer toutes les conséquences de cette déclaration."

L'appel de Cochin aurait été préparé bien à l'avance et le texte présenté à Jacques Chirac, légèrement remanié par rapport à la version initiale. Pierre Charpy affirmera que "l'expression "parti de l'étranger" fut rajouté par Pierre Juillet lui-même le jour où Jacques Chirac fut victime de cet accident de la route. "On peut dire que cela a été ajouté à son insu puisque Jacques Chirac n'était pas au courant. Il n'a donc jamais lu la dernière mouture." Cinq personnes auraient à un titre ou à un autre, participé à la rédaction de ce texte. Outre Pierre Juillet et Marie-France Garaud, Jérôme Monod, secrétaire général du RPR, Jacques Friedmann et Bernard Billaud auraient prêté leur plume. Ce dernier prétend qu'une seule mouture, synthèse d'un travail collectif, fut présentée à Chirac : "Le groupe avec lequel nous travaillions considérait que Marie-France Garaud et Pierre Juillet représentaient la traduction de ce qu'aurait pensé le général de Gaulle. Nous avions avec eux la proximité morale et intellectuelle de la pensée du Général. Nous nous retrouvions Quai Anatole-France, chez Marie-France Garaud, à deux pas du Palais-Bourbon. Nous surplombions la piscine Deligny. Nous étions décidés à frapper un grand coup avec ce texte et chacun d'entre nous avait rédigé une première mouture. Nous proposions nos réflexions et nous mettions en commun notre travail. La préparation de cet appel a été réalisée bien avant l'accident. Pierre Juillet était au coeur du dispositif de réflexion. Différentes personnes ont étudié le texte que nous avons voulu le plus approprié à la personnalité de Jacques Chirac. Il avait tout le temps pour réfléchir, formuler des réserves, introduire des modifications ou faire un certain nombre d'objections. Il est bien difficile de dire avec précision à qui revient tel mot, telle phrase ou dire ce qui a été rajouté. L'important, c'est l'homme responsable qui au bout du compte, a décidé d'assumer ce texte. Chirac en était donc l'auteur central et le maître d'oeuvre."

L'éviction du couple Juillet-Garaud

Jacques Chirac hospitalisé à Ussel dans un premier temps, Pierre Juillet accourt immédiatement à son chevet. A son retour il se répand en critique contre Bernadette: "J'ai trouvé Jacques abandonné." Blessée dans son orgueil, l'épouse est furieuse. Leur intrusion à l'hôpital Cochin lui donne l'occasion de se venger. Elle ne pardonnera pas aux "Thénardiers du pompidolisme" d'avoir extorqué, à son insu, l'"aval" de son mari. Certains affirmeront que seul Pierre Juillet s'est rendu au chevet du malade. Pierre Charpy est formel: “J'affirme que Marie-France Garaud était présente à l'hôpital Cochin.” L'épouse du Maire de Paris, généralement en retrait, ne laisse pas passer l'affront. “J'étais auprès de Bernadette à ce moment-là” nous confie Béatrice de Andia, amie intime des Chirac. “Elle a mis tout son poids de femme pour écarter Marie-France Garaud et Pierre Juillet. Elle s'est insurgée contre l'ingérence de Marie-France Garaud et son comportement. On ne rend pas visite à un homme inconscient et sous perfusion, quelques heures après un choc opératoire, pour lui faire signer un texte dont il ne pouvait juger le contenu. Jacques n'a pas pu voir la différence des deux textes.” “C'est un femme très intelligente et pleine de charme... mais elle méprise beaucoup les gens. Elle les utilise et puis les jette” expliquera Bernadette Chirac à propos de Marie-France Garaud dans une interview au magazine “Elle”. “Moi elle me prenait pour une parfaite imbécile ... Enfin quelle importance du moment qu'on le sait ? Son tort a été de ne pas se méfier assez de moi. On ne se méfie jamais assez des bonnes femmes.”

Juillet et Garaud seront définitivement écartés à l'issue des élections européennes du 10 juin 1979. La liste D.I.F.E., Défense des Intérêts de la France en Europe conduite par Jacques Chirac ne recueille que 16,25 % des suffrages, loin derrière la liste de Simone Veil, égérie des giscardiens. Anne-Marie Dupuy, proche collaboratrice de Georges Pompidou rappelait que les différends que le couple impossible avait alors avec le Président de l'époque : “Pierre Juillet agaçait Pompidou, il repartait garder ses moutons dans la Creuse jusqu'à la fin de ses bouderies mémorables.”

Yves Guéna qui se sera dépensé sans compter au cours des deux ans qui ont suivi la démission de Jacques Chirac de Matignon souligne à quel point il était difficile de travailler : “j'étais exaspéré par l'entreprise de Pierre Juillet et de Marie-France Garaud. C'était une atmosphère de complot et d'intrigue que l'entourage ne cessait de susciter.” Jacques Chirac sait ce qu'il doit à Marie-France Garaud, mais il ne renoncera pas à sa décision. Le lendemain des élections, cette dernière lui lance : “Je ne reviendrai plus Jacques. On n'a pas la même appréciation de la ligne à suivre. Je pense qu'il faut que vous sachiez porter seul les décisions difficiles. C'est peut-être le dernier service que nous puissions vous rendre.” A Pierre Juillet, il doit presque tout.

C'est lui qui lui a mis le pied à l'étrier lorsqu'ils étaient à Matignon, l'a aidé à se faire élire en Corrèze et lui à donner les clés de l'UDR. Chirac est devenu leur chose. S'il veut exister, il lui faut s'émanciper. Jacques Chaban-Delmas, une de leurs victimes, résume d'une image l'ascendant pris par le couple : " Jacques Chirac est un émouchet - petit rapace - posé sur le doigt ganté de Marie-France Garaud. De temps à autre, Pierre Juillet tire l'anneau pour que Chirac vole une heure. Et tue."

Depuis sa "tanière" de la Creuse, Pierre Juillet, se fend d'une lettre d'adieu assassine. En février 1979, la lettre de rupture est définitive: "J'avais rêvé de vivre avec vous un grand combat pour le redressement de la grandeur de la France mais dans la force du sursaut populaire que nous avons suscité, je crains que vous n'ayez vu que la possibilité de faire carrière ..."

CHAPITRE X

La reconquête

Balladur, Juppé

L'Appel de Cochin n'empêche pas Jacques Chirac d'être réélu triomphalement par les siens à la tête du RPR avec 97% des voix, en mars 1979. Devant 30 000 compagnons réunis porte de Champerret, il tient un discours musclé contre l'Europe supranationale, le dernier inspiré par le couple Garaud-Juillet.

"L'Europe, dont la France a signé le traité et que le général de Gaulle a mise en place et conforté, n'est pas l'Europe qu'on nous prépare et dans laquelle déjà on veut nous enfermer. Cette Europe de l'impuissance, cette Europe ouverte comme une passoire à toutes les crises du monde, cette Europe non européenne mais dominée par les intérêts germano-américains, cette Europe du chômage importé, cette Europe mollusque, sans corps et sans dessein véritable, cette Europe où les sociétés multinationales dictent leurs lois aux Etats, cette Europe où la France serait engluée comme dans un marécage, je le dis avec le calme de la détermination, cette Europe-là, nous ne l'accepterons jamais(...)

Notre dessein tient en trois propositions : nous sommes les partisans d'une France forte, d'une France indépendante, d'une France largement ouverte sur le monde. La France doit être forte si elle veut survivre. Le Général de Gaulle l'a dotée d'institutions stables, solides et efficaces. La clef de voûte en est le rôle reconnu au Président de la République. Qu'on ne compte pas sur nous pour en affaiblir l'institution. Aussi bien l'avons-nous renforcée de façon décisive par l'action que nous avons menée lors de la campagne des législatives(...)

L'Europe est pour les gaullistes un mauvais sujet. Une grande partie de l'opinion publique y est favorable. Chirac en est conscient. Faute d'espérer un bon score, il teste sa capacité de mobilisation et se rôde pour une prochaine échéance, celle de 1981.

En attendant, il renouvelle l'état-major du RPR. Jérôme Monod quitte ses fonctions de secrétaire général, remplacé par Alain Devaquet. En octobre 1979, Bernard Pons lui succède. Sous son impulsion, le R.P.R. amorce une sérieuse remontée après le faux pas des européennes. Durant cinq ans, le tandem Chirac-Pons séduit, faisant du R.P.R. le moteur de la majorité puis de l'opposition, après 1981: "Ces cinq années n'ont pas connu une seule ombre. Je l'ai toujours tenu informé car il voulait tout voir mais je n'ai pas le souvenir qu'il m'ait téléphoné pour me dire de procéder autrement" se souvient Bernard Pons.

Après s'être séparé de Pierre Juillet et Marie-France Garaud, le Maire de Paris se rapproche ostensiblement d'un autre de ses conseillers : Edouard Balladur. Les deux hommes ont fait connaissance à Matignon en 1964. En 1987, Edouard Balladur évoquait ainsi l'origine de cette amitié : "Nous étions chargés de mission au cabinet de Georges Pompidou. Nous n'avons pas eu de relations privilégiées tout de suite en raison de nos tempéraments différents et de nos préoccupations bien distinctes. Nos contacts ont été beaucoup plus fréquents par la suite et beaucoup plus chaleureux. Lorsque j'ai quitté mes fonctions, j'apercevais Jacques Chirac une fois par an et nous avons accéléré la fréquence de nos rencontres en multipliant les déjeuners ensemble." Pompidou Président, Balladur est secrétaire général de l'Elysée, tandis que son cadet de trois ans collectionne les portefeuilles. Fidèles pompidoliens, Balladur est l'exécuteur testamentaire du Président, Chirac son héritier. Lorsque "Edouard" est nommé Premier ministre en 1993, cette relation inspira à Jacques Chirac une formule qui fit beaucoup jaser : " Edouard Balladur, un ami de trente ans ..."

Alain Juppé n'a que 34 ans lorsqu'il est lancé par Jacques Chirac. Adjoint aux finances du Maire de Paris depuis 1977, ce brillant énarque-normalien est l'un des organisateurs de la campagne législative de 1978. Jacques Chirac lui demande d'animer la campagne présidentielle de 1981, alors même que Juppé est hostile à une candidature du leader RPR. Edouard Balladur partage cet avis tout comme Jean de Lipkowski ou Bernard Billaud, son ancien directeur de cabinet : "Chirac n'a aucune chance, un échec serait du plus mauvais effet". Pour d'autres raisons, Chaban-Delmas et Guichard se rallient à cette opinion. Le débat est ouvert au sein du mouvement gaulliste sur l'opportunité d'une candidature Chirac. Jacques Toubon et surtout Bernard Pons poussent le Maire de Paris à rentrer dans la bataille : "Un mouvement politique comme le RPR ne pouvait pas être absent de l'élection présidentielle. Je ne pensais pas qu'il puisse gagner mais je savais qu'on ne prendrait pas de risques. Nous étions assurés qu'il ne ferait pas un score inférieur à 18% et qu'il serait majoritaire à Paris. Sa candidature lui a permis de réaffirmer son attachement à de grandes options politiques tout en suscitant une dynamique dans le pays." Le patron du RPR ne se fait aucune illusion sur ses chances de l'emporter. Il prend date pour l'avenir.

Le 3 février 1981, Jacques Chirac, 49 ans, annonce officiellement sa candidature et donne le ton : "La lassitude et le doute s'insinuent au coeur des Françaises et des Français. Il faut arrêter ce processus de dégradation." L'Elysée est directement visé. Sa campagne est tout autant anti-giscardienne qu'anti-socialiste. "Maintenant, il nous faut un homme de parole" proclame l'une de ses affiches. Plus dynamique que jamais, Chirac mobilise les foules à chacun de ses meetings. La machine RPR fonctionne à merveille. C'est un modèle d'organisation. Au terme d'une campagne menée tambour battant 50 000 militants se retrouvent pour un ultime rassemblement au parc des Princes. Chirac est plus gaullien que jamais :

"Je ne suis pas de ceux qui vous proposent la voie moyenne. La France a besoin d'une grande cause. Les défis auxquels nous sommes confrontés n'ont pas tous leur origine à l'extérieur de nos frontières. Le plus grave est en nous-mêmes. C'est le défi de la médiocrité et de la tiédeur. Dante place dans "l'enfer des tièdes" tous ceux qui n'ont pas su choisir. Le temps est venu de choisir. Il faut choisir l'ambition, l'effort, et le dépassement. La France doit faire plus. Plus que les autres. Plus que l'acceptation du cours naturel des choses. Elle doit refuser la fatalité (...)

Ce soir, dans ce temple moderne élevé à la gloire du sport, c'est-à-dire à l'effort et à la fraternité des hommes, du fond de cette gigantesque fleur de béton qui s'ouvre sur le ciel, je vous appelle donc à une ardeur nouvelle, je vous appelle au dépassement et au renouveau(...)

Cette exigence de grandeur n'est pas un rêve sorti tout armé du crâne d'un dieu mort. En un temps où la démesure des pouvoirs et des techniques écrase l'homme, il s'agit simplement de donner toute la mesure de nous-mêmes, d'accomplir complètement la mission civilisatrice qui nous incombe, parce que nous sommes Français(...)

Au prétendu réalisme de la résignation, je veux opposer le vrai réalisme de la volonté. André Malraux avait raison de dire :"L'âme de l'histoire, c'est la volonté (...)

En fin de compte la volonté de grandeur de la France se résume en deux phrases dont l'écho n'a pas fini de bouleverser le monde : les droits de l'homme et les droits des peuples (...)

Certains vous promettent de vous débarrasser de tout souci pour la durée d'un septennat. Le socialisme bureaucratique n'est, hélas, que duperie : il conduit à la mise en cause des libertés du citoyen et à l'appauvrissement de la nation. D'autres vous demandent la patience et la résignation, dans l'attente des jours où la France serait un peu moins jeune, un peu moins dynamique, un peu moins créatrice. Je vous le dis : ces jours ne seraient pas meilleurs. Il faut conjurer cette double tentation (...)

La capacité mobilisatrice de Jacques Chirac et les grands discours ne suffisent pas à rassembler au-delà de la famille gaulliste. D'autant que les divisions et les querelles internes ont provoqué deux autres candidatures, celle de Marie-France Garaud, qui profite de la campagne électorale pour régler ses comptes et celle de Michel Debré, l'ancien Premier ministre du général de Gaulle, lui aussi entré en lice. Est-il ironique lorsqu'il explique : "Chirac n'aurait pas dû se présenter contre moi. Je reste persuadé qu'il a été poussé par son entourage. Je lui avais dit sur tous les tons que les Français ne comprendraient pas qu'il se présente contre Giscard. Mais ne reparlons pas du passé, vous voulez bien ? Nous nous sommes quittés bons amis."

Michel Debré et Marie-France Garaud totalisent 3 % des voix. Autant de suffrages qui échappent à Jacques Chirac au premier tour. Le candidat du RPR obtint donc 17,99 % des voix, derrière Valéry Giscard d'Estaing 28,31 %, et François Mitterrand 25,84 %. Au soir du premier tour, Jacques Chirac, disqualifié, déclare : "Plus de cinq millions de Français m'ont apporté leurs suffrages. Je les remercie du fond du coeur. Tout d'abord parce que leur confiance me donne la force et l'espoir. Elle me sera précieuse pour continuer à défendre les idées auxquelles je crois et qui un jour, je le sais, l'emporteront."

Nous ne construisons pas en effet l'avenir les yeux tournés vers le passé. Je les remercie aussi pour notre pays. Qu'ils aient été aussi nombreux à se rassembler pour soutenir nos propositions est, d'ores et déjà, un élément nouveau et essentiel de notre vie politique. Leur vote ne pourra être ni négligé, ni ignoré, et cela quelle que soit l'issue du prochain scrutin. Grâce à eux rien ne sera plus comme avant."

Le lendemain l'ancien Premier ministre de Giscard annonce : "Il n'y a pas lieu à désistement. Le 10 mai, chacun devra voter selon sa conscience (...) A titre personnel, dans l'esprit que je viens de rappeler et dans la ligne de l'action politique que j'ai toujours menée en faveur d'un certain type de société, je ne puis que voter pour Monsieur Giscard d'Estaing. La parole est désormais au peuple français ..."

"Il rend un peu la monnaie de sa pièce à Valéry Giscard d'Estaing qui, en 1969, en se prononçant pour le "non" au référendum, avait précipité la chute du Général de Gaulle, dont il avait été pourtant le ministre" commente un journaliste de la revue "Référendum." François Mitterrand élu, Chirac souhaite se poser en recours. Avec Charles Pasqua, l'artisan de la défaite giscardienne, ils misent sur un échec prématuré de Mitterrand. Selon eux , l'expérience socialiste n'ira pas à son terme. Mauvais calcul.

Chef de l'opposition

L'après 1981 place Jacques Chirac dans une situation beaucoup plus confortable. Comme prévu, il devient la figure de proue d'une opposition résolue aux socialo-communistes. Bon gré mal gré, les giscardiens et libéraux se rangent derrière lui.

Les 23 et 24 janvier 1982, à Toulouse, 20 000 militants se mobilisent pour les Assises nationales. Jacques Chirac, qui avait abandonné la présidence du mouvement le 3 février 1981 en annonçant sa candidature, est réélu avec 99,10 % des suffrages. Le thème choisit pour ces Assises est explicite : "Rassemblement de ceux qui, face au socialisme marxiste, sont prêts à participer au combat pour la liberté républicaine." Encore sous le choc de l'arrivée de la gauche au pouvoir, l'assistance attend de son leader un discours musclé . Chirac ne les déçoit pas :

"Non ! L'opposition ne doit pas avoir de complexe. Ne nous laissons pas prendre au piège de l'esprit de revanche. Nous devons repousser la tentation de tenir pour nul et non avenu ce qui s'est passé en mai. Le suffrage universel a révélé une authentique volonté d'évolution et de renouveau. Il s'est produit un changement réel dans le comportement des Français qui souhaitent une manière de gouverner différente et une participation plus directe à la démocratie du quotidien (...)

Devant les nuages qui s'amoncellent sur notre avenir, l'opposition doit prendre ses responsabilités. Sa mission la plus urgente est de proposer un idéal qui redonne confiance et exhorte l'enthousiasme. Cet idéal, nous l'avons. C'est l'idéal républicain. Il tient en un seul mot : liberté (...)

Nous, républicains, nous devons nous préparer au combat pour la liberté. Nous le devons d'autant plus que, malgré la menace, l'apathie des démocraties s'aggrave chaque jour. Il nous faut une défense qui soit à la hauteur de nos ambitions. Nous devons donner l'exemple. Nous ne pourrons plus éluder le problème de notre participation à la défense de l'Europe (...)

La liberté ne peut pas s'épanouir dans un climat d'affrontement et de violence verbale. Il nous faut ramener la vie politique française à plus de mesure et plus de tolérance. Certains jeunes ont cru trouver chez les socialistes la générosité et la justice. Aujourd'hui, il leur faut ouvrir les yeux. La faillite du socialisme est universelle. Justice et fraternité sont au coeur même de notre idéal républicain, qui peut seul, en outre, sauver la liberté. Le véritable choix, désormais, c'est la liberté ou la contrainte (...)

La bataille des municipales redonne espoir à la droite qui espère un premier succès. Le 23 janvier 1983, plusieurs milliers de personnes assistent à la grand messe du RPR. Les Français semblent s'être résolus à voir la gauche au pouvoir. Contre le fatalisme ambiant, le Maire de Paris, sonne la charge : "Nous ne voulons en France ni marxisme, ni restauration. Nous ne voulons pas que de "socialisme à la française" en "communisme à visage humain", notre pays se laisse peu à peu étatiser, endoctriner et finalement priver de ses libertés démocratiques."

Le résultat des élections municipales de mars 1983 est sans

appel. La droite remporte 31 villes de plus de 30 000 habitants.

Le RPR, cette redoutable machine à gagner des élections, doit se transformer en futur parti de gouvernement. Aux Assises de Grenoble en novembre 1984, Jacques Chirac propose plus qu'il ne critique : "L'objectif est clair, nous devons être à l'avant-garde de l'opposition, les plus ardents, les plus dynamiques, les plus porteurs d'optimisme dans la grande oeuvre de redressement de la France." A cette occasion, Bernard Pons, secrétaire général du mouvement est remercié après un brillant éloge du Maire de Paris: "Un dirigeant infatigable, partout présent, galvanisant nos militants et les conduisant à la victoire. Les succès que nous avons obtenus, ce sont les siens. Du fond du coeur, merci." Le nouveau secrétaire général du RPR est un "jeune" : "J'ai décidé d'appeler un militant exemplaire, un parlementaire dont la pugnacité est reconnue par tous, un homme dont j'ai pu apprécier depuis près de quinze ans la solidité et le dévouement et qui, je le sais, aura d'emblée votre confiance. Je nomme au poste de secrétaire général du R.P.R. notre compagnon, Jacques Toubon." L'arrivée du tombeur de Paul Quilès, lors des municipales dans le XIIIème arrondissement de Paris, donne une impulsion nouvelle au RPR. Mousquetaire de l'opposition à l'Assemblée nationale, il sera à partir de 1984, la voix de Chirac.

Dans la perspective des élections législatives de 1986, Jacques Chirac se prépare à une éventuelle cohabitation. Raymond Barre, son seul rival déclare prématurément qu'il est hostile à toute cohabitation. Edouard Balladur saisit cette opportunité pour publier dans les colonnes du "Monde" du 16 septembre 1983 un article où il se déclare favorable à une telle expérience. Le "théoricien" de la cohabitation flaire la fin de l'état de grâce socialiste et explique comment un Président de gauche peut "cohabiter" avec un gouvernement de droite sans changer ni la Constitution ni la loi électorale. Mentor de Chirac, il peaufine l'image de premier ministrable de celui-ci. Mais c'est Laurent Fabius, alors Premier ministre et dauphin du Président, qui offre à Jacques Chirac sa meilleure prestation télévisée. Le dimanche 27 octobre 1985, Fabius, 39 ans, affronte Chirac, 52 ans, qui fait figure de vieux challenger. Pour Chirac, le débat débute mal : Fabius refuse de lui serrer la main avant l'émission, puis il attaque, interrompant sans cesse son interlocuteur. Le vieux routier de la politique saisit l'occasion pour décocher à son adversaire une formule devenu célèbre : "Cessez d'intervenir incessamment, un peu comme un roquet." Fabius est déstabilisé, ses nerfs lâchent. Et sur un ton péremptoire qui frise le ridicule, répond : "Vous parlez au Premier Ministre de la France ....". L'"agité" cette fois ci est Laurent Fabius.

Le Premier ministre vient de perdre le combat. Rencontre prémonitoire ? Moins de six mois plus tard, le 20 mars 1986, Chirac lui succède à Matignon.

Le RPR de 1976 à 1986

Au soir du 6 décembre 1986, date de son dixième anniversaire, le R.P.R. compte dans ses rangs 158 députés, 77 sénateurs, 373 conseillers généraux, 5 429 Maires, dont 167 de villes de plus de 9 000 habitants, 6 présidents de Conseils Régionaux, 24 présidents de Conseils Généraux, 20 députés européens et 855 729 adhérents.

Le RPR accepta pour la première fois en France qu'un institut de sondage, extérieur et indépendant, interroge ses adhérents. Paris-Match publia les résultats de cette enquête le 28 novembre 1986. Un sondage révélateur qui permit de tirer des enseignements intéressants.

A la question "Parmi les éléments suivants, quels sont ceux qui ont joué un rôle important lors de votre adhésion au RPR ?" :

- La personnalité de Jacques Chirac	pour 62%
- La volonté de combattre la gauche	pour 60%
- La personnalité du Général de Gaulle	pour 57%
- Le souci de faire triompher votre conception de la société	pour 32%

A la question "Quels sont, parmi les qualificatifs suivants, ceux qui, selon vous, s'appliquent le mieux à Jacques Chirac ?":

- Intelligent	(65)
- Ambitieux	(38)
- Compétent	(63)
- Proche des préoccupations des gens	(35)

- Dynamique	(62)
- Autoritaire	(26)
- Sympathique	(57)
- Froid	(7)
- Trop à gauche	(4)
- Ouvert sur le monde Extérieur	(44)
- Trop à droite	(2)
- Ne se prononcent pas	(1)
- Moderne	(42)
- Habile	(39)

CHAPITRE XI

Paris gagné

Victoire à la Hussarde

"Monsieur le Président, ne croyez-vous pas dangereux de créer un contre-pouvoir ?" demande Jacques Chirac à Valéry Giscard d'Estaing qui souhaite faire de Paris "une ville comme les autres". Adopté par l'Assemblée nationale en décembre 1975, le projet de loi défendu par Michel Poniatowski instaure l'élection du Maire de Paris au suffrage universel. Giscard caresse alors le rêve de voir l'un des siens à l'Hôtel de ville afin d'en faire un bastion de la "majorité présidentielle." Aux municipales de 1977, pour la première fois, les parisiens vont élire le Maire de la capitale. Chez les giscardiens, deux noms circulent : Jacques Dominati, qui a convaincu Giscard et Poniatowski de réformer le statut de Paris et Pierre-Christian Taittinger, qui a l'avantage d'avoir d'excellents contacts avec l'UDR. Chez les gaullistes, Christian de la Malène est favori. Après moult tractations, l'Elysée jette son dévolu sur Michel d'Ornano. Déjà Maire de Deauville, le dévoué serviteur de la cause giscardienne cède son écharpe municipale à son épouse Anne de Contades, dans l'espoir de briguer la mairie de Paris. Michel d'Ornano, se déclare officiellement candidat le 12 décembre 1976 depuis le perron de l'Elysée. Lorsque Jacques Chirac a appris la nouvelle depuis son fief corrézien "il s'est précipité sur le téléphone le plus proche en me disant : continuez sans moi, je pars à Paris tout de suite !" se souvient Henri Belcour, Maire d'Ussel. Le gaulliste Pierre Bas, Président de "Paris-Majorité" ne mâche pas ses mots : "Nous sommes extrêmement surpris de la désignation imprévue de Michel d'Ornano, qui est une personnalité respectable, mais qui semblait avoir encore une belle carrière à faire en Basse-Normandie. En tout cas mon groupe se déterminera en faveur du candidat le plus à même de défendre les intérêts des parisiens."

Le choix de Michel d'Ornano, giscardien du premier cercle, est perçu par les gaullistes comme un provocation. Jacques Chirac quant à lui considère cette candidature comme un affront personnel. Lapidaire, il déclare : " On ne négocie pas le Maire de Paris, on l'élit !"

Parisien de naissance, corrézien dans le sang, Chirac ne souhaitait pas se présenter. Il considérait qu'un mandat à Paris porterait préjudice à son implantation en Corrèze. Depuis des mois, Marie-France Garaud flanquée de Pierre Juillet tentait vainement de convaincre Chirac de partir à l'assaut de la capitale. La candidature surprise de Michel d'Ornano leur facilite le travail. Chirac relève le défi. L'Hôtel de ville ne sera pas une annexe de l'Elysée ! Pour le leader du RPR, c'est un nouveau coup de poker. S'il perd, il hypothèque son avenir politique. Giscard jette tout son poids dans la bataille et met à la disposition de son candidat la puissante machine élyséenne. Favorisé dans les sondages, soigné par les médias d'Etat, d'Ornano est donné gagnant.

Chirac transpose dans la capitale son savoir faire d'élu corrézien. Il se livre à un exercice qu'il affectionne particulièrement, la campagne sur le terrain : poignées de mains, discussions sur les marchés, apéritifs dans les cafés... Un Chirac simple, pragmatique, conquérant, authentique. Les Parisiens n'en demandent pas plus. Ils souhaitent un homme d'envergure nationale, à l'écoute de leurs préoccupations quotidiennes et très dynamique. Le rouleau compresseur du RPR écrase l'adversaire. A la hussarde, Jacques Chirac s'empare de la mairie. La gauche enlève six arrondissements. Chirac gagne les quatorze autres. Pour les gaullistes, c'est Austerlitz. Pour Giscard, c'est une gifle.

Le gestionnaire

Le nouveau Maire entend démontrer qu'il n'est pas seulement une "bête politique" mais également un bon gestionnaire. Il donne une nouvelle impulsion à la capitale en réalisant une refonte totale de l'administration : réforme des institutions municipales, réorganisation des services, mise en place des commissions d'arrondissements. De sa ville, Chirac veut faire un modèle. Elu à l'issu d'une confrontation politique, il sait qu'il sera jugé sur son bilan. Sa première allocution est celle d'un Maire et non celle d'un chef de parti :

" Avec les parisiens, je veux instaurer le dialogue et la concertation permanente. On a souvent reproché à l'administration et aux conseillers de Paris, sous l'ancien statut, d'être fermés aux revendications des associations et des groupements divers qui défendent certains intérêts collectifs. Je suis persuadé que nous devons changer de méthode. Pour moi, toute décision doit être prise en commun avec ceux qu'elle concerne, au cours d'une concertation réunissant d'un côté les représentants de la municipalité et de l'autre les organisations représentatives des intérêts en cause.

Dans les arrondissements, la loi a prévu la création d'une commission consultative qui regroupera les conseillers élus de l'arrondissement et, en nombre égal, les officiers municipaux désignés par le Maire ainsi que les représentants des activités de l'arrondissement élus par le Conseil. La loi confie à cette commission un rôle assez limité. Mon intention est de l'élargir au maximum de façon à donner à ces organismes la pleine efficacité pour l'expression des habitants de chaque quartier et pour l'application des mesures prises par la municipalité. Mais il ne faut pas se méprendre. La commune de Paris est une. Le Maire est le Maire de tous les parisiens, le Conseil est celui de Paris tout entier. D'ailleurs le législateur n'a pas voulu créer de municipalités d'arrondissement. Sa volonté à cet égard a été clairement exprimée.

A partir d'aujourd'hui, nous avons Paris en charge : c'est un grand honneur et une lourde tâche. Dans beaucoup de domaines, nous allons innover, créer des habitudes et inventer des traditions. Que l'on sache bien que je ne souffrirai ni la négligence, ni la faiblesse chez ceux que j'investirai de responsabilités. A la confiance que nous font les Parisiens, nous répondrons par l'honneur de les servir (...)

Paris devient un immense chantier : aménagement du trou des Halles, construction du Palais Omnisports de Paris-Bercy (POPB), transformation des berges et des quais de la Seine, augmentation des zones vertes avec cinquante hectares de jardins supplémentaires...

Bien avant que François Mitterrand n'assouvisse sa passion pour les grands travaux, le Maire de Paris souhaite redonner à la ville sa vocation de capitale culturelle. "Jacques Chirac a fait des questions culturelles une de ses priorités. Il est arrivé avec une équipe restreinte et très peu au fait des problèmes de la ville. Son action a été très éclectique mais il s'est beaucoup intéressé, en particulier, à la musique en dotant chaque arrondissement d'un conservatoire municipal" raconte Camille Cabana, alors directeur de cabinet du Préfet de Paris.

Contre l'avis de certains de ses collaborateurs, Jacques Chirac s'implique personnellement dans le dossier du Châtelet. Sa transformation en théâtre musical provoque bien des remous. Le projet est défendu par Marcel Landowski, directeur des affaires culturelles, alors que Christian de la Malène, premier adjoint, chargé des finances y est résolument hostile.

- "Christian, qu'en penses-tu ? demande Jacques Chirac au cours d'une réunion houleuse.
- Monsieur le Maire, c'est de la folie ! " répond la Malène.
- Et vous Marcel ? " interroge Chirac
- Je m'en porte garant , monsieur le Maire
- Et bien en avant, conclut Jacques Chirac.

En matière sociale, le Maire de Paris procède dès son élection, à l'augmentation des allocations aux plus démunis, qui passent de 1340 francs en 1977 à 3475 francs en 1983. Les impôts locaux sont en baisse : - 2,7 % en 1984 , - 4 % en 1985.

En 1980, un sondage Louis Harris-Paris Hebdo démontre que Jacques Chirac n'a pas déçu les parisiens : 51% le trouvent plutôt sympathique, 72% d'allure plutôt moderne, 43% jugent son action positive contre 14% d'opinions négatives. Seuls 28% estiment que rien n'a changé. Interrogé sur les progrès accomplis dans la capitale depuis 1977, les parisiens mettent en tête, l'animation de la vie culturelle (34%). Viennent ensuite : les transports en commun (31%), l'information des parisiens (29%), l'embellissement de la ville (28 %) , l'agrément des piétons (26%), l'aide sociale (25%), les espaces verts (21%) et la propreté des rues (18%).

Entre les parisiens et leur Maire, l'idylle ne fait que commencer. Loin de s'isoler dans une tour d'ivoire, Chirac instaure un vrai dialogue avec les habitants de la capitale. Comme dans une petite ville de province, on l'appelle "Monsieur le Maire". "Mon attachement à Paris est quasi charnel, comme celui que je porte au département de la Corrèze" confie un jour Jacques Chirac à Guy Maillard, alors secrétaire général de la Ville de Paris.

"Il écoute les gens en s'intéressant à leurs problèmes. Il lui arrive de retenir les noms des personnes rencontrées sur les marchés" raconte admiratif, Henri Cuq, chef de cabinet du Maire de 1979 à 1984, "et trois jours plus tard il me rappelait en me demandant si le dossier de x ou y était réglé. Pour lui il n'y a pas de "petits dossiers". A ses yeux le moindre détail a son importance". A force de bouquets de fleurs, de cartes de voeux, de petits services rendus, Chirac conquiert le coeur de parisiens, trop souvent habitués à l'indifférence de leurs concitoyens."Combien de fois Jacques Chirac m'a-t-il téléphoné au milieu de la nuit pour me dire : "Il faut loger le frère d'une concierge ..." raconte Daniel Naftalski, un temps directeur de cabinet: "Un jour, Jacques Chirac Premier ministre, m'appelle en urgence alors qu'il est en plein sommet franco-britannique avec Margaret Thatcher. Avec empressement il m'explique : "Il faut organiser une visite de l'Hôtel de ville, j'ai un groupe de jeunes qui vient vers 16 heures ...". Chaque année, Daniel Naftalski adressait jusqu'à trois cent notes au Maire de Paris : "Jamais Jacques Chirac n'a gardé une note plus de 24 heures" affirme-t-il. Présent sur tous les fronts, Chirac a fait son chemin, mettant sa qualité d'écoute, sa disponibilité, sa courtoisie, au service de "ses sujets". Placé stratégiquement entre Matignon et l'Elysée, la mairie dérange l'un et l'autre. Chirac semble inexpugnable.

Le défi du corréziens de Paris

Après Valéry Giscard d'Estaing et son ministre de l'Intérieur, Michel Poniatowski, voilà que François Mitterrand et son ministre Gaston Defferre se lancent à leur tour à l'assaut de la mairie. Le nouveau pouvoir socialiste ne peut tolérer ce "contre-pouvoir" qui les nargue. En 1982, Gaston Defferre décide d'abattre les murailles de la capitale en transformant chaque arrondissement en commune autonome. Le projet baptisé "P.L.M." doit, en principe, s'appliquer aux trois grandes villes Paris, Lyon, Marseille, mais en réalité, seule la capitale est visée. En effet, l'objectif est de retirer au Maire de Paris ses prérogatives au profit de vingt Maires élus par chacune des nouvelles communes. "Nous avons fait parvenir à Jacques Chirac, qui était en réunion, le télex sur la loi P.L.M.. Il a interrompu la réunion sur le champ et annulé tous ses rendez-vous. Croyez moi ça n'a pas traîné. Un dispositif de crise a immédiatement été mis en place, suivi d'une réunion d'adjoints. A 20 heures, tout était prêt pour la contre-attaque" se souvient Robert Pandraud, ancien directeur de cabinet. Chirac mobilise ses troupes et fait recouvrir la capitale d'immenses panneaux d'affichage pour alerter les parisiens. "Il s'agit là d'un attentat inouï contre la liberté locale" clame-t-il. A quelques mois des municipales, la manipulation est grossière. Les socialistes ont sous-estimé la popularité de Jacques Chirac. Les parisiens dans leur très grande majorité lui apportent leur soutien. Defferre fait marche arrière. Cette tentative de charcutage ne trompe personne et surtout pas les électeurs. Aux municipales de 1983, Jacques Chirac remporte dix-huit arrondissements sur vingt, dès le premier tour. Au deuxième : grand chelem, 20/20. En 1989, il réitère l'exploit, même si au premier tour sept arrondissements sont en ballottage.

Entre l'Elysée et la mairie de Paris, les rapports sont tendus. François Mitterrand ne manque pas une occasion de croiser le fer avec Jacques Chirac. Au début de son premier septennat, le Président tente d'imposer un projet qu'il sait irréaliste : à l'occasion des cérémonies de commémoration du bicentenaire de la Révolution française, il suggère de planter au coeur de Paris l'exposition universelle de 1989. Soucieux d'équilibrer les comptes de la ville de Paris, Jacques Chirac doit réfréner ce rêve de Pharaon. Jacques Chirac et Michel Giraud, Président du Conseil Régional d'Ile-de-France, tentent vainement d'expliquer au Président qu'une telle manifestation, dans le périmètre parisien, engendrera des coûts astronomiques:

"J'étais en contact quasi quotidien avec Jacques Chirac dont je partageais les craintes, écrit Michel Giraud. Lui aussi en avait fait part au Président de la République et, sur ma suggestion, lui avait proposé le site de Bercy-Marne-la-Vallée. Constatant l'entêtement de François Mitterrand, en dépit de l'évidente impossibilité de trouver des solutions raisonnables aux multiples problèmes techniques et financiers que posait le projet de réalisation intra-muros, nous décidâmes, Jacques Chirac et moi, de solliciter auprès de lui un entretien commun pour lui confirmer les multiples avantages de notre proposition et lui demander de faire voter par le Parlement une loi de programmation financière en même temps que la création de l'établissement public de l'exposition qui devait être soumise à l'Assemblée nationale... Cette fois, nous trou-

vâmes un François Mitterrand fermé, bloqué, comme curieusement absent. L'Expo 89 ne semblait plus être au coeur de ses préoccupations(...)
("Notre Ile-de-France, Demain, les Franciliens" éditions J.C. Lattès).

Dès lors le Président n'aura de cesse d'expliquer que Jacques Chirac a refusé d'accueillir l'exposition universelle. Chirac, lui, n'aura de cesse de réfréner les lubies architecturales de François Mitterrand. Mais on sait que pour réaliser ses "Grands Travaux", aux frais du contribuable, François Mitterrand ne mégote pas sur les dépenses.

La citadelle

"La Ville de Paris est, en fait, un grand ministère avec ses 40000 fonctionnaires" se plaît à rappeler modestement Robert Pandraud. Car Paris est bien davantage qu'un ministère, c'est un Etat dans l'Etat qui s'appuie sur une administration allant du balayeur aux hauts fonctionnaires. Chirac ne gère pas, il gouverne Paris. Le fief du Maire de la capitale tient en quelques chiffres : 2 millions d'habitants et environ 35 milliards de budget. En devenant Maire de Paris, Jacques Chirac s'est donné une stature d'homme d'Etat. Pas un Roi, une Reine, un Président, un Chef de gouvernement, un leader spirituel qui ne se rende dans la ville lumière sans être reçu par le Maire de Paris : Ronald Reagan, Leonid Brejnev, Mikael Gorbatchev, Raoul Alfonsin, Juan Carlos, Hassan II, le Pape Jean-Paul II, le Dalaï Lama, Madonna... En créant "l'Association Internationale des Maires Francophones", Jacques Chirac se dote d'une diplomatie qui lui permet de nouer des relations officielles avec Toronto, Beyrouth, Bruxelles et bon nombre de capitales de pays africains.

L'Hôtel de ville n'est pas seulement une vitrine du chiraquisme, c'est un laboratoire. Tous les postes clés sont confiés à des hommes sûrs et dévoués. Seuls deux Adjoints au Maire possédaient, jusqu'aux présidentielles de 1995, une délégation de signature : Jean Tiberi, premier adjoint et Alain Juppé, adjoint chargé des finances. Jacques Chirac fait venir à ses côtés des anciens de Matignon, du temps où il était Premier ministre de 1974 à 1976 : Bernard Billaud et Michel Boutinard-Rouelle. Après la cohabitation, il intègre Maurice Ulrich,

Robert Pandraud, Bernard Pons, Michel Roussins... Anciens ministres, ils y trouvent un point de chute. Pour les futurs ministres, la mairie fait figure d'école. Alain Juppé devenu Premier ministre en est l'exemple le plus éclatant. Rien d'étonnant alors que le successeur de Jacques Chirac à l'Hôtel de Ville soit un homme d'appareil. Dévoué second-couteau, Jean Tiberi, 60 ans, voit son rêve se réaliser : Maître du Palais. Sa discrétion, sa fidélité et sa connaissance des dossiers ont toujours été déterminants pour Jacques Chirac. Dans le Vème arrondissement, Jean Tiberi, s'est constitué un fief dans le fief, “équipé à 100%” en crèches, gymnases, cantines, squares...

Au fil des ans, Tiberi est devenu l'homme orchestre de la mairie. Et lorsque Jacques Chirac entre à Matignon en 1986, c'est au “Corse” qu'il confie les clés de la ville. Tiberi Maire, Chirac peut présider en toute confiance.

CHAPITRE XII

La cohabitation (1986-1988)

Matignon II

“ Si vous allez à Matignon et que vous échouez, vous ne serez pas Président. Mais si vous n’y allez pas, vous ne le serez jamais !”, prédit Edouard Balladur à Jacques Chirac quelques semaines avant les élections législatives de 1986. Voilà le pire conseil qu’on n'ait jamais donné à Chirac. Echaudé par son expérience de Premier ministre de 1974 à 1976 sous Valéry Giscard d’Estaing, Jacques Chirac s’interroge sur l’opportunité que lui offre la victoire de la coalition RPR-UDF, en mars 1986. Leader de la nouvelle majorité, il lui est difficile de se dérober. A l’Assemblée, le RPR, l’UDF et les centristes totalisent 290 sièges contre 213 au PS et divers gauches. Le PC compte 35 députés tout comme le Front national. En instaurant la proportionnelle, les socialistes permettent l’entrée de l’extrême-droite au Palais Bourbon dont elle était absente depuis la seconde guerre mondiale. Jacques Chirac dispose alors d’une majorité fragile dont la cohésion ne lui fera jamais défaut.

En 1974, il fut le Premier ministre qui détenait le moins de pouvoir sous la Vème République. En 1986, il sera le plus puissant des Premiers ministres. Mais Chirac n’a pas de chance, il est toujours chapeauté par un Président avec lequel il ne s’entend pas. Pourtant, tout semblait avoir bien commencé. François Mitterrand laisse entendre qu’il pourrait nommer à Matignon Jacques Chaban-Delmas, voire Alain Peyrefitte si Jacques Chirac se désistait. Hypothèses de pure forme. A aucun moment, il ne conteste à Jacques Chirac le poste qui lui revient.

La journée du 18 mars 1986 est sans surprise :

09 h 10	Jacques Chaban-Delmas arrive dans la cour d'honneur de l'Hôtel de ville pour s'entretenir avec Jacques Chirac.
10 h 15	Jacques Chirac raccompagne le Maire de Bordeaux jus qu'à sa voiture et déclare d'un ton badin : "Nous n'avons pas seulement évoqué les mérites respectifs des grands crus de Bordeaux, mais nous avons procédé à un large tour d'horizon de la situation politique."
11 h 10	Le Maire de Paris convie dans son bureau Edouard Balladur, Alain Juppé, Jacques Toubon et Roger Romani pour une réunion de travail.
13 h 10	Alain Juppé quitte le bureau du Maire, suivi de Jacques Toubon 5 minutes après ainsi que Roger Romani.
13 h 15	Jacques Chirac et Edouard Balladur déjeunent dans les appartements privés du Maire de Paris.
15 h 15	Roger Romani et Edouard Balladur accompagnent Jacques Chirac à l'Hôtel Intercontinental pour la réunion des députés R.P.R.
17 h 00	La R25 du Maire quitte la rue de Castiglione et fonce vers l'Hôtel de ville pour en repartir aussitôt.
17 h 30	Jacques Chirac se rend à l'Elysée, pour un tête- à- tête avec François Mitterrand.

"La tradition républicaine... m'oblige à vous demander de devenir Premier ministre" déclare d'entrée de jeu François Mitterrand. "Monsieur le Président, je suis tout à fait prêt à accepter dans la mesure où vous êtes d'accord avec moi pour penser qu'il faut respecter la

Constitution au pied de la lettre" répond Jacques Chirac qui se voit déjà en Président bis. Accord conclu. Et pour lever les éventuelles ambiguïtés, François Mitterrand déclarera publiquement : "La Constitution, toute la Constitution, rien que la Constitution."
Le Président se réfère à deux articles bien précis :

Article 5 : "Il - le Président- assure par son arbitrage le fonctionnement régulier des pouvoirs publics ainsi que la continuité de l'Etat. Il est le garant de l'indépendance nationale, de l'intégrité du territoire, du respect des accords de Communauté et des traités."

Article 20: "Le gouvernement détermine et conduit la politique de la nation. Il dispose de l'administration et de la force armée."

19 h 47 — Après 2 h 17 de tête-à-tête, on apprend que Jean-Louis Bianco, secrétaire général de l'Elysée s'apprête à faire une déclaration.

20 h 04 — "Le Président de la République a appelé Monsieur Jacques Chirac pour procéder à un tour d'horizon au sujet de la formation du gouvernement. Monsieur Chirac apportera sa réponse au Président de la République dans les meilleurs délais."

20 h 05 — Jacques Chirac arrive à l'Hôtel de ville et déclare : "J'ai été appelé par le Président de la République pour procéder à un tour d'horizon au sujet de la formation du gouvernement de la République. J'ai dit au Président de la République que je lui apporterai ma réponse dans les meilleurs délais ".

Le 20 mars, Jacques Chirac devient le premier Premier ministre d'une cohabitation. Décriés par les uns, acceptés par les autres, soutenus en fait par la majorité, les députés s'exprimeront à leur manière sur la cohabitation. Certains d'une manière originale comme le regretté Hector Rolland, qui était le député-Maire de Moulins :

Le Sultan — Le peuple a choisi et semble avoir tranché
Comme le bon Salomon, cherchant la vérité

Il faudra bien que chaque moitié se dise
"Le travail bien fait ne souffre pas de bêtise !"
"Voilà que le passé se heurte au présent
C'est moi le Sultan, je suis le Président
Vous ne pouvez le nier, mais enfin négocions
Puisque vous désirez changer d'orientation."

Le Vizir — Je veux bien jouer le jeu qui est le vôtre
J'apprends tant de choses à vivre à vos côtés
Il deviendrait ainsi à tous les deux, le nôtre
Pour briller le temps qu'il me faut pour gagner.

Le Sultan tout bas :
"Ciel, je crois que je l'ai convaincu !"

Le grand Vizir :
"Je le croyais plus fort, le voilà vaincu !"

Le Sultan, les yeux mi-clos :
"Comment pourrais-je faire avec ma dague aigüe !"

Le Grand Vizir murmure, à peine audible :
"Je refuse le poignard, pourquoi pas la ciguë ?"

Un témoin :
"Voilà l'étoile de l'Ours et celle du Berger
Ensemble sur la voie de la constellation
Plus rien à mon avis ne peut les arrêter
Vont-ils se souvenir qu'il y a là, la nation ?"

"Jacques Chirac a commencé le cross de sa vie !" s'exclame le député RPR Pierre de Bénouville. Jacques Chirac et François Mitterrand se connaissent à peine. A priori, ils ne s'apprécient guère. Il semble que leur première rencontre remonte en octobre 1980 au domicile d'Edith Cresson. Depuis, ils n'ont jamais eu l'occasion ni même peut être l'envie d'approfondir leurs relations. Ils apprendront à se détester. En deux ans de partage de pouvoir, pas une seule fois ils ne déjeuneront en tête à tête. De mars 1986 à mai 1988, François Mitterrand et Jacques Chirac se sont vus cent deux fois... en Conseil des ministres. Tous les mercredis, avant le Conseil, les deux hommes se rencontrent pour faire le point dans le bureau du chef de l'Etat. Petite faveur, Jacques Chirac est autorisé à fumer. Il revient exténué de ces entretiens, mais jamais il ne fait le moindre commentaire. Comme si ces rencontres étaient de pure forme.

A l'issue du premier Conseil des ministres, François Mitterrand lâche : "Ce fut atroce". Il refusera de figurer sur la photo officielle du nouveau gouvernement. Les hostilités entre Matignon et l'Elysée s'ouvrent dès le second Conseil des ministres. Mitterrand fait savoir qu'il ne signera pas les ordonnances sur l'autorisation administrative de licenciement. Lors du traditionnel entretien du 14 juillet, il récidive en annonçant qu'il ne signera pas davantage les ordonnances sur la privatisation. Jacques Chirac hésite sur la conduite à tenir. Doit-il démissionner puisqu'il ne possède plus les moyens nécessaires pour gouverner ? Le Premier ministre prend son téléphone :

-"Monsieur le Président, la majorité de mes amis souhaite la crise . La plupart d'entre eux veulent une élection présidentielle anticipée ...

- Ah bon ! En seraient-ils maîtres ? Vous avez raison. Il y aura bien une élection présidentielle anticipée. En 1988 ! Parlons d'autre chose si vous voulez bien" rétorque François Mitterrand.

Chirac préfère ne pas rééditer le scénario de la démission pour cause de désaccord avec le chef de l'Etat comme en 1976.

Faux-pas

La malchance et quelques erreurs du gouvernement Chirac facilitent le travail de sape de François Mitterrand. "Le Président attend le faux pas..." murmure-t-on à l'Elysée.

Les révolutionnaires de 1789 avaient aboli la "gabelle". En 1981, la gauche avait instauré l'impôt sur les grandes fortunes. Il y a des décisions symboliques sur lesquels on ne doit pas revenir. Poussé par Edouard Balladur, Jacques Chirac supprime l'IGF. "Une énorme maladresse, catastrophique sur le plan psychologique" reconnaîtra

Chirac quelques années plus tard.

Les lois Pasqua sur l'immigration et les contrôles d'identité, puis la réforme Devaquet finissent par rendre son gouvernement impopulaire. Le projet sur l'université et les lycées déclenchent en novembre 1986 d'importantes grèves. Par milliers, les étudiants et lycéens manifestent quotidiennement contre la loi Devaquet. Soutenu par Philippe Séguin et Alain Juppé, Chirac refuse son retrait: "Le gouvernement doit gouverner" tonne la Premier ministre en guise de justification. Dans la nuit du 5 au 6 décembre 1986, au cours d'une manifestation au Quartier latin, un jeune étudiant, Malik Oussekine est frappé à mort par des policiers du peloton des brigades volantes. Son décès provoque un tollé. François Mitterrand se rend dans la famille de l'étudiant. Quarante huit heures plus tard, Chirac bat en retraite et retire le projet. Alain Devaquet, ministre des Universités, est sacrifié. Il démissionne. D'aucuns estiment que la révolte étudiante aura été fatale à la popularité de Jacques Chirac. Sa marge de manoeuvre se trouve dès lors considérablement diminuée. Mais ayant décidé de rester coûte que coûte, il ne lui reste plus qu'une solution : coller au Président. Un an après son accession à Matignon, il déclare à "L'Heure de Vérité" : "La cohabitation était inévitable, elle a permis de gagner deux ans et d'éviter une crise de régime. Le gouvernement gouverne, il n'a pas été empêché de gouverner et d'engager ce pour quoi il avait été élu. La cohabitation comporte des aspects négatifs et positifs, mais dans les deux cas nous les assumerons." Chirac tente de sauver les apparences car sur le terrain, François Mitterrand lui mène la vie dure.

En juin 1987, Jacques Chirac, pressé de rentrer à Paris à l'issue d'un sommet européen à Bruxelles, bondit dans son Mystère 20. Une demi-heure après le décollage, le pilote s'adresse à son passager : "Désolé , monsieur le Premier ministre, mais je viens de recevoir un ordre officiel. Nous devons ralentir. Je dois laisser passer l'avion présidentiel. Nous devons rester derrière. C'est le protocole qui veut ça". Les gazettes se régalent.

Comme convenu, le Président à la haute main sur la Défense et les Affaires étrangères. Si l'article 52 attribue au Président de la République la négociation et la ratification des traités, en vérité celui-ci partage ses pouvoirs avec le Premier ministre et le gouvernement puisque la ratification est soumise à contre-seing. Cette répartition vaut également pour la Défense, car si le Président est "responsable de la Défense nationale" avec le Premier ministre, le gouvernement "dispose de la force armée." Dans les domaines réservés au chef de l'exécutif, Mitterrand n'épargne aucune vexation à Jacques Chirac. Au sommet des pays industrialisés à Tokyo en 1986, le Premier ministre n'a droit qu'à un strapontin, ravalé au rang d'accompagnateur. "Un piège à con" dira-t-il. Ce que François Bujon de l'Estang, son conseiller pour les affaires diplomatiques, traduit en ces termes : "Nous avons eu de nombreux contacts avec l'équipe du Président au sujet de la déclaration finale. Jacques Chirac s'est montré très courtois car il a un grand respect pour la fonction et pour l'homme. Il est très sensible à la hiérarchie qu'impose l'âge."

En mars 1987, lors d'un voyage à Lyon, las de tenter l'apaisement, Chirac hausse le ton et met sur la place publique la mésentente: "Nous avons une espèce de goût masochiste pour nous créer des difficultés là ou il n'y en a pas. Notre pays est la seule grande nation démocratique à avoir un consensus national à propos de notre politique de Défense. Cela nous donne vis-à-vis du monde entier une force considérable. Ne la gâchons pas en polémiquant sur ce sujet. Un débat d'opinion publique ne pourrait pas éclairer les choses mais, en revanche, dégénérerait fatalement en une bataille politicienne."

La France refuse aux appareils américains l'autorisation de survoler son territoire pour aller bombarder la Libye. Le Premier ministre et le Président s'attribuent mutuellement la paternité de la décision. La discordance est totale.

L'équipe

Rue de Varenne, Jacques Chirac dispose d'une équipe soudée qui lui permet de contrer les attaques du "Château". Vu de l'intérieur, l'Hôtel Matignon n'a rien d'une citadelle assiégée. Chirac gouverne, depuis le bureau qu'occupait Georges Pompidou. Ses collaborateurs sont des fidèles qui viennent, pour la plupart, de la mairie de Paris. Les deux piliers : Maurice Ulrich, son directeur de cabinet, un temps PDG d'Antenne 2. Michel Roussin, son chef de cabinet, est un ancien gendarme que Chirac a rencontré lors de son premier séjour à Matignon en

1974. Roussin est craint: il impressionne son entourage par son ancienne appartenance aux services secrets français, le SDECE. Homme des missions sensibles, il joue un rôle capital dans la libération des otages détenus au Liban. De l'équipe de Matignon, il sera l'un des rares premiers couteaux à trahir Chirac pour Balladur en 1995. Lydie Gerbaud, chiraquienne de la première heure, forme avec sa fille Frédérique, le duo de choc et de charme du service de presse. Mission, ô combien délicate quand on connaît les rapports tendus que Chirac entretient avec la presse. Denis Baudouin, l'ancien chef du service de presse de Pompidou, est à la fois le conseiller de Jacques Chirac et son porte parole. Jacques Foccart chargé des affaires africaines sous de Gaulle et Pompidou, a su se rendre incontournable dans sa spécialité. C'est tout naturellement que Chirac fait appel à lui en mars 1986. Georges Pompidou lui avait d'ailleurs un jour confié : "Ce Chirac possède des qualités exceptionnelles." Foccart ne sera nullement déçu: "Jacques Chirac possède des contacts d'une extrême cordialité avec les chefs d'Etat africains... Un jour il m'a dit : "Il faut rendre hommage à l'Afrique et lui porter un témoignage de coeur. Je tiens à manifester l'intérêt que je porte à ce continent en allant rencontrer son doyen Houphouët-Boigny (Président de la Côte d'Ivoire)". Chirac fit un aller et retour à Yamousoukro malgré son emploi du temps surchargé. Le côté intuitif et sensible de Jacques Chirac a beaucoup touché le peuple africain."

Cohabitation oblige, le Premier ministre confie à François Bujon de l'Estang, la mission de surveiller la diplomatie française. Enarque, façonné à l'école du Quai d'Orsay, raffiné, un brin précieux, cet ancien collaborateur du Général de Gaulle a été impressionné par la capacité de travail du Premier ministre, à une époque où ses relations avec l'Elysée avaient de quoi le dérouter : "Jacques Chirac est un homme qui possède une faculté d'assimilation exceptionnelle. Il est en par ailleurs très réceptif, chaleureux et sympathique. J'éprouvais une grande joie à travailler avec lui car lorsqu'il créditait quelqu'un de sa confiance, il se montrait ouvert et très à l'écoute. Il relisait les discours que lui avait préparé la cellule diplomatique, y apportait des modifications en demandant des précisions aux collaborateurs présents."

Autour de ce "noyau dur" d'hommes et de femmes de Matignon, Jacques Chirac a constitué un gouvernement solidaire de personnalités dévouées.

"Je n'ai jamais su dire non à Chirac !" se plaît à répéter Robert Pandraud qui avec Charles Pasqua occupa le ministère de l'Intérieur à une époque où le terrorisme frappait l'Hexagone. Jacques Boyon, secrétaire d'Etat à la Défense découvre les qualités de gouvernant de son ancien camarade de l'ENA : "Il n'hésite jamais dans ses analyses. Il possède une vision très claire de la façon dont les problèmes doivent être posés et des directions dans lesquelles il faut chercher une solution..."

Une telle cohésion gouvernementale a sans doute influencé Jacques Chirac dans sa décision de demeurer à Matignon, soutenu par deux de ses ministres les plus en vue. En avril 1987, Philippe Séguin, ministre des Affaires sociales, l'encourage publiquement lors d'un déplacement en Lorraine : "C'est tout à votre honneur d'avoir accepté de relever ce difficile défi et c'est la chance de la France d'avoir pu compter dans de telles circonstances sur un homme d'Etat de votre dimension. Vous auriez pu rester en réserve de la République et préparer prudemment d'autres échéances. Mais, conscient de l'immensité des difficultés, vous avez choisi de gouverner, persuadé que c'était l'intérêt du pays (...) J'ai la conviction qu'ainsi, vous n'avez pas sacrifié votre destin mais que, au contraire, vous l'avez conforté." Quant à Alain Juppé, ministre délégué au Budget, il estimait, un an avant la fin de la cohabitation, que Jacques Chirac s'était bonifié : "Il a acquis une dimension internationale, qu'il n'avait pas en 1974. Il a appris à bien connaître les chefs d'Etat et a énormément investi dans la réflexion sur les problèmes diplomatiques, internationaux, géopolitiques, stratégiques. Jacques Chirac est fin prêt alors qu'il ne l'était peut-être pas en 1981. Il peut franchir une étape supplémentaire ayant acquis une dimension d'homme d'Etat. Jacques Chirac est disposé à accéder à la magistrature suprême."

Vers un second échec

Jacques Chirac est sans doute mûr pour accéder à la Présidence. Il n'a pas à rougir du bilan de son gouvernement. Mais à l'Elysée, François Mitterrand nourrit d'autres projets. A l'encontre de

Chirac, il distille son venin : "Ce type est vide, en fait complètement vide. Et quelle instabilité ! Je croyais, pendant les premiers mois, qu'il se contredirait seulement d'une semaine à l'autre. J'ai fini par m'apercevoir qu'il pouvait même se contredire du matin au soir" glisse le Président à son vieil ami Maurice Faure. Les confidences sont habilement diffusées dans la presse. Mitterrand aurait confié à son entourage que Jacques Chirac serait victime des "4 V" : "Voyou, Vulgaire, Velléitaire, Versatile". Bien évidemment lorsque les deux hommes se rencontrent, le chef de l'Etat se fait conciliant, onctueux même. "Il m'a menti. Je n'aurais jamais dû croire un mot de ce que raconte ce type, il ne songeait qu'à me mener en bateau" s'emporte Chirac après les élections de 1988.

François Mitterrand et Jacques Chirac se retrouvent face à face lors du duel télévisé, entre les deux tours de l'élection présidentielle. Les téléspectateurs découvrent avec stupeur toute la haine et le mépris que les deux hommes nourrissent l'un pour l'autre. "Dans les yeux", Mitterrand conteste à Chirac sa version de l'affaire Gordji, du nom d'un diplomate iranien soupçonné d'avoir prêté main forte à des actions terroristes en France. "Pour moi, déclarera Chirac, tout s'est éclairé lors du face à face télévisé... C'est là que j'ai compris que, pendant tous ces mois, il avait dû éprouver une sorte de haine contre moi."

En mai 1988, François Mitterrand est réélu. On comprend mieux alors pourquoi Pierre de Bénouville, proche ami des deux rivaux, déclarait dès le début de la cohabitation : "Mitterrand est très heureux au fond de lui-même d'avoir un Premier ministre comme Jacques Chirac."

2

2

3 Jacques Chirac en tête de la manifestation de soutien au Général de Gaulle, au côté de Raymond Marcellin (Mai 1968).
Photo: (Sipa Press)

2 (haut) Conseil des Ministres, présidé par Georges Pompidou.
Photo: (Sipa Press)

2 (bas) Jacques Chirac, Ministre de l'Agriculture (6 juillet 1972).
Photo: (Gamma)

4 Bernadette et Jacques Chirac, viennent d'accomplir leur devoir électoral à la Mairie de Sarran.
Photo:(Gamma)

5 Jacques Chirac, week-end en Corrèze
Photo: (Sipa Press)

7

8

9

7 Jacques Chirac pratique la natation pendant ses vacances (Août 1986). Photo: (Sygma)

8 Jacques Chirac en famille dans le canton de Berne (Août 1986). Photo: (Sygma)

9 Jacques Chirac surpris en pleine séance de gymnastique, dans les jardins de l'hôtel de Ville. Photo: (Figaro Magazine)

10 Edouard Balladur et Jacques Chirac, « Amis de trente ans ». Photo: (Sipa Press)

11 Le premier Conseil des Ministres présidé par Jacques Chirac. Photo: (Sipa Press)

12

13

12 Jacques Chirac au milieu des artisans de la Victoire : Jean-Louis Debré, Philippe Seguin, Alain Juppé et Alain Madelin.

Photo: (Sipa Press)

13 Investiture de Jacques Chirac à l'Elysée. (17 mai 1995)

Photo: (Sipa Press)

CHAPITRE XIII

Les conséquences d'un échec

Le Premier ministre candidat

Jacques Chirac n'ignore pas que la fonction de Premier ministre est très exposée surtout en période de cohabitation : "L'image que je souhaite donner aux Français est celle de quelqu'un qui aura sérieusement et efficacement participé à une action de redressement" prend soin de déclarer, en juin 1987, le futur candidat à la présidence lors d'un Grand Jury RTL-Le Monde. Sa marge de manoeuvre est très étroite et la situation difficile à gérer. Dans sa propre majorité une poignée de jeunes élus, dont Michel Noir et François Léotard, tente de s'émanciper de l'hégémonie chiraquienne. A l'Elysée, François Mitterrand refuse de signer les ordonnances. Respectueux des institutions, l'hôte de Matignon évite de polémiquer avec ses détracteurs ou de provoquer une crise au sommet de l'appareil d'Etat. Prisonnier de sa fonction, il ne peut s'engager trop tôt dans la campagne présidentielle sans apparaître comme un Premier ministre partisan: "Je n'ai pas la vocation pour expédier les affaires courantes mais à redresser un pays qui était en déclin. Je gouverne" déclare Jacques Chirac qui veut se donner une stature d'homme d'Etat.

Le "redressement", "l'effort collectif", "le refus de la rupture d'une politique gouvernementale pragmatique", Jacques Chirac égrène les formules d'un guerrier en mal de combat. Que faire pour poursuivre l'effort engagé ? Continuer l'action du futur candidat de la majorité.

C'est à Taroudant, au Maroc, à la Farelle d'or pour de courtes vacances de Noël que Jacques Chirac a mûri sa décision de ne plus attendre. D'ailleurs le photographe François Lorieux rejoindra le Premier ministre pour faire les photos des affiches de sa campagne.

Cent jours presque jour pour jour avant le premier tour, Jacques Chirac va lever le voile sur ses intentions présidentielles ; Le 13 janvier 1988, il confie à Christine Ockrent: “on n'est pas candidat avec gourmandise ou à l'inverse avec résignation, on est candidat parce que l'on pense que l'on a quelque chose à apporter à son pays (...) Trois jours plus tard, le Premier ministre se déclare candidat depuis son bureau de l'Hôtel de Matignon:

“Comme vous je suis ambitieux pour la France. Une France qui donne espoir à sa jeunesse. Une France plus attentive à ceux qui souffrent de la misère, de la solitude ou d'être sans emploi; Une France dynamique, audacieuse, créative, prête à saisir la chance du grand marché européen de 1992; Une France forte, rayonnante, généreuse qui assure son indépendance et son rang dans le monde.

Cette France là, ce n'est pas celle des idéologies, c'est la France fidèle à son passé et confiante dans son avenir de grande puissance. C'est la France du courage et de l'action.”

Jacques Chirac est dans une position très inconfortable. Il doit défendre son bilan tout en critiquant l’action du Président de la République avec qui il a partagé l’exercice du pouvoir pendant deux ans. Exercice d’autant plus délicat que François Mitterrand aura l’habileté d’entretenir le suspense sur son éventuelle candidature. Au centre-droit, Raymond Barre semble avoir oublié que le principal adversaire est le Président sortant, réservant ses seules critiques au Premier ministre. Enfin, l’Elysée n’a pas ménagé sa peine pour favoriser l’émergence du Front national. Jacques Chirac essaie vainement de séduire l’électorat jeune et les centristes. Il affirme qu’il faut “exorciser le démon de l'intolérance” et à propos de l'intégration, il évoque “un droit légitime à une complète intégration dans notre société.” Son discours n’est pas entendu. François Mitterrand réussit une formidable OPA sur la jeunesse grâce à des organisations telles que SOS Racisme. Ultime trouvaille de Jacques Séguéla: “ La Génération Mitterrand ” qui rajeunit un chef de l’Etat septuagénaire.

Histoire d’une image

Jacques Chirac avait un bilan à défendre. Il a préféré vendre une image. Dans l'opinion, l'image du Premier ministre est totalement brouillée. Sa vivacité s'apparente à de l'agressivité et à de la précipitation. De même, sa générosité et sa cordialité ne transparaissent pas à la télévision. Les publicitaires Bernard Brochand et Jean-Michel Goudard mettront en place une campagne en trois vagues à l'aide de panneaux d'affichage et d'encarts dans la presse. La France a découvert le plan rapproché de Jacques Chirac, bronzé, souriant, col ouvert, sur les affiches à fond vert de la première campagne. Jacques Chirac en polo Lacoste et en pull-over, sans lunettes, c'est: “l'ardeur”, “le courage”, “la volonté”. Le candidat devient Président et apparaît pour la deuxième fois en costume cravate avec comme slogan : “il écoute”, “il construit”, “il rassemble”. Le fond reste vert afin d'accentuer l'atmosphère d'intimité. Le troisième acte de cette campagne présente un portrait de Jacques Chirac en gros plan, toujours en costume cravate, c'est “ensemble, nous irons plus loin”; Le tout ponctué par “oui, c'est Chirac”. Les thèmes déclinés dans cette campagne visent à présenter le candidat comme un responsable, un homme de gouvernement, de décision, d'autorité, bref, un homme actif avec une haute ambition.

Jean-Michel Goudard et Bernard Brochand respectivement Président de RSCG, et d'Eurocom assistés d'Olivier Bensimon et d'Eric Dudan s'expliquent: “Jacques Chirac n'avait pas dans les médias l'image de sa réalité. Aussi avons nous choisi les plans rapprochés, qui mettent en évidence l'élément le plus révélateur de sa personnalité : le regard. Nous voulions monter sa gaieté, sa chaleur humaine, son amour de la vie, son optimisme, dont témoignent tous ceux qui l'ont approché, qu'ils soient ses amis ou ses adversaires politiques. Aux noms qui constituent les légendes des affiches de la première vague (“volonté”, “courage”,“ardeur”), succèdent dans la deuxième vague des verbes (“il écoute”, "”l rassemble”,”il construit") qui mettent en lumière le bâtisseur qu'il est.

Derrière l'épreuve de séduction de l'homme se cache l'image du candidat. Les qualités de l'homme deviennent ainsi celles du candidat. L'objectif recherché est donc que l'électeur fasse l'amalgame entre l'homme et le candidat. L'homme lui plaît, le candidat est le même, donc le candidat doit lui plaire... “Construire” et “entreprendre” s'apparentent à une idée d'action dominante rattachée à une espérance et à un projet. Le verbe “rassembler” traduit l'image du candidat de tous les français au delà des clivages. Le verbe "écouter" atteste des dispositions d'un homme qui tient compte des dires et des désirs des autres. "Rassembler" démontre l'existence d'une authentique adéquation entre les idées défendues par les partisans du Rassemblement pour la République et les sympathisants. Enfin, la troisième option de cette campagne se situe très près de la décision finale. L'énonciation véritable de la prétention au pouvoir se cristallise avec le slogan "Nous irons plus loin, ensemble".

Les artifices éclipsent le débat

La campagne de 1988 de Jacques Chirac fait figure d'exemple dans les annales de la Vème République. Cette véritable opération de marketing n'était elle pas trop positive et trop savamment étudiée ?La principale erreur de Jacques Chirac est de mener la campagne sur un terrain publicitaire et non electoral.

On a découvert un Jacques Chirac séduisant, bronzé façon Club-Med, un peu éloigné des préoccupations des français. Le portrait de Chirac lui conférait une image de star. Edouard Balladur, Président du Comité de Soutien à la candidature n'avait il pas livré comme première impression: "on dirait Gary Cooper".

On n'a pas assez privilégié la politique électorale en donnant une importance démesurée à l'image. Si la campagne de Jacques Chirac n'est pas seule à l'origine de son échec, elle apparaît comme contenir en germes la défaite pour de multiples raisons :

- vanter le dynamisme et l'action dans un électorat conservateur représentait un réel danger,
- la campagne d'affichage a été trop proche des techniques du marketing politique au détriment d'éventuelles opérations sur le terrain proches de l'attente des français,
- le Premier ministre candidat s'est enfermé dans un schéma restrictif, illustré par des attaques sur la cohabitation avec le Président. Le thème du courage a été affaibli,
- la cohabitation a alimenté la confusion sur le partage des

rôles. Il a été difficile de distinguer les réelles différences entre le programme du Président candidat et celui du Premier ministre candidat, alors que sur de nombreux problèmes de fond, il existait un consensus entre l'Elysée et Matignon,

François Mitterrand est encore apparu comme “la force tranquille” de 1981 à laquelle s'ajoutait le slogan de “Génération Mitterrand” qui lui donnait une image d'exemple. “Le courage” de Jacques Chirac le positionnait avec une plus grande acuité comme l'éternel challenger qui ose sans réellement croire à son étoile. Le Président sortant se déclare le 22 mars 1988 alors que Jacques Chirac l'a fait le 16 janvier. François Mitterrand renforce sa légitimité institutionnelle en restant à l'abri du jeu destructeur de la campagne électorale. “L'échec de Jacques Chirac ne peut pas être seulement imputé à un problème dans le choix et la pluralité des thèmes de campagne, mais aussi à une redéfinition de l'image des hommes politiques” précise Thierry Saussez.

Dans l'entourage de Jacques Chirac, la primaire avec Raymond Barre était devenue une obsession. La crainte du scénario de 1981 hantait le Premier ministre. Raymond Barre a été distancé dans les sondages assez rapidement mais l'écart restait précaire. Deux événements vont semble-t-il porter un coup fatal à la popularité du Premier ministre. A quelques jours du premier tour, la France obtient la libération des otages détenus au Liban. Cette opération menée en pleine période électorale, loin d’être portée à l’actif du gouvernement apparaît comme une manoeuvre bassement électoraliste. Quelques semaines plus tard, l’assaut de la grotte d’Ouvéa, en Nouvelle Calédonie, au cours duquel quinze indépendantistes canaques et deux officiers français sont tués, font perdre au gouvernement toute sa crédibilité.

Jacques Chirac tente de donner du relief à son message en lançant son programme ambitieux baptisé “la décennie du renouveau”. Le Premier ministre veut rassembler les français autour de six idées-forces: une même idée de la nation, une même exigence de solidarité et de justice, une même confiance dans l'intelligence et la formation, une même volonté de réussite économique, une même ambition de liberté et d'indépendance, une même idée de l'homme. Le Chirac du “renouveau” parvient à séduire mais ne fascine pas. Pourtant, le 25 mars 1988, 61 % des français interrogés par la SOFRES pour le Figaro déclarent que Jacques Chirac a été un bon Premier ministre contre 29%. 58 % donnent raison à Jacques Chirac d'avoir accepté de "jouer le jeu de la cohabitation" contre 24 %. Preuve que les français ont dissocié le Premier ministre du candidat.

Le grand chelem pour rebondir

"Il n'y a pas de défaite injuste" répond Jacques Chirac à ceux qui cherchent des boucs émissaires ou des explications à sa défaite. Sa courte traversée du désert, il la fera en se tournant vers le voyage.
C'est son ami Michel François-Poncet qui l'a accompagné pour un périple de près de cinq semaines en Californie puis à Naples. Un scénario identique avait suivi la démission de Jacques Chirac de Matignon en 1976. Première priorité, reprendre en main le RPR. La nomination d'Alain Juppé au poste de secrétaire général répondait à cette nécessité de préparer l'avenir. Déjà on voyait poindre quelques discours nuancés chez les quadras du mouvement. Le premier congrès du RPR depuis sa défaite, le 29 janvier 1989, marquera le processus de la reconquête. Le Président du RPR sait qu'il devra vivre avec cet échec en essayant de l'assumer pour rebondir au plus vite. Comme l'écrivait Balzac : "il y a des douleurs muettes d'une éloquence despotique."

La mairie de Paris a toujours été le fer de lance des combats de Jacques Chirac. Elle lui a toujours permis d'effacer des échecs. On se souvient de son triomphe en 1977 quelques mois après sa démission de Matignon. Le Maire de Paris affiche bien vite ses prétentions pour la bataille des municipales: il vise le grand chelem, la victoire dans les vingt arrondissements. Il sait que la réhabilitation passe par un sans faute pour redorer son blason. Derrière cette élection, l'enjeu est triple : redevenir un "gagneur" aux yeux des français, dissiper les turbulences au sein du RPR et empêcher les socialistes de lézarder son pouvoir parisien. La mairie de Paris n'est pas qu'un piédestal mais un symbole de prestige et surtout une tribune où il sera le seul à être l'alter égo du Président de la République.Fort d'une campagne sur le terrain efficace, le Maire de Paris obtient le grand chelem en conservant une majorité municipale intacte. Après le calme et la sérénité qu'inspire une telle victoire, viendra à nouveau la tempête...

CHAPITRE XIV

La révolte des fantassins

La fronde des rénovateurs

Au lendemain de la défaite, les deux grands partis, le RPR et l'UDF sont menacés d'éclatement. Dès le printemps 1989, un groupe de jeunes élus, les rénovateurs, tente d'évincer les états majors en place. En fait de rénovation, il s'agit ni plus ni moins pour la jeune garde que d'une prise de contrôle des appareils politiques. L'opération n'aura été qu'un feu de paille. Pour certains c'est l'occasion d' une percée médiatique. Figure de proue de cette "fronde", le très télégénique Michel Noir alors au faîte de sa gloire. Rattrapé par les "affaires", sa brillante ascension se transformera en 1993 en une spectaculaire descente aux enfers : mis en examen dans l'affaire Botton, il renoncera en 1995 à briguer un nouveau mandat à la mairie de Lyon. Son principal soutien est Alain Carignon, Maire de Grenoble, lui aussi rattrapé par les "affaires", éphémère promoteur d'un parti unique d'opposition tout comme Dominique Baudis qui se rêve leader de cette grande formation. Pour faire contrepoids à Charles Millon, Président du groupe UDF à l'Assemblée nationale qui a rejoint la meute, Philippe Séguin se déclare hostile au parti unique mais se fait le chantre du renouvellement des générations. Avec lui il entraîne trois autres élus RPR, François Fillon, Etienne Pinte, Michel Barnier.

Les rénovateurs transcendent les clivages UDF et RPR. Le gaulliste Michel Noir s'allie avec François Léotard et Gérard Longuet du Parti Républicain. Ils sont bientôt rejoints par Michèle Barzach, en disgrâce au RPR. Pour récupérer le mouvement de contestation, le CDS François Bayrou, inspiré par Valéry Giscard d'Estaing, développe l'idée d'une confédération réunissant tous les partis d'opposition. Une initiative sans lendemain. Le débat d'idées est occulté par les ambitions personnelles des uns et des autres. Divisés, les contestataires ne résistent pas à la contre-offensive de Jacques Chirac qui apparaît plus que jamais comme le fédérateur. Il peut compter sur Bernard Pons, Président du groupe RPR à l'Assemblée nationale et surtout Charles Pasqua, son alter ego au Sénat, farouche adversaire des rénovateurs qu'il accuse d'être les "responsables d'un possible éclatement du mouvement gaulliste." Le sénateur des Hauts-de-Seine, tente de constituer un groupe de "contre-rénovateurs" mené par deux forts en gueule: Pierre Mazeaud et Franck Borotra. Alain Juppé, nouveau secrétaire général du RPR, doit concilier les aspirations de la jeune génération et les acquis de la vieille garde pour éviter la fracture du parti. Il entreprend de réformer l'organisation gaulliste en appelant à ses côtés Nicolas Sarkozy, Michèle Alliot-Marie et Dominique Perben. Les partisans de la fidélité à Jacques Chirac, dont Jean-Yves Chamard et Nicole Catala, organisent un groupe de travail de quatorze députés pour "redonner des vitamines à l'opposition." Toujours en vue de contrer les "rénovateurs", les "reconstructeurs" s'organisent autour de Jacques Toubon, Alain Devaquet et Antoine Ruffenacht. Leur objectif : réformer le RPR de l'intérieur et non le fractionner.

Comment analyser les réelles intentions des uns et des autres dans ce débat d'idées qui n'en finit pas de susciter de nouvelles vocations de leader. Jacques Chirac reste malgré tout le fédérateur d'un système dont il n'a jamais perdu le contrôle. Chaban le gaullien, Balladur le pompidolien se préparent à un éventuel contre-feu pour brandir l'étendard de l'union.

Le duo Pasqua-Séguin

Le RPR est désormais traversé par trois grands courants : les "réformateurs" conduits par Alain Juppé, plus que jamais inféodé à Jacques Chirac. Les "rénovateurs" emmenés par le duo Noir-Carignon, sont les plus contestataires. Enfin, la vieille garde, dont la figure emblématique est Charles Pasqua, vit dans la crainte d'une mise à l'écart au profit des jeunes générations. Nombre de militants imputent la responsabilité de l'échec de 1988 au sénateur des Hauts-de-Seine. Depuis cet échec son influence auprès du Maire de Paris n'est plus la même. Contre les nouvelles éminences grises que sont Alain Juppé et

Edouard Balladur, Charles Pasqua ne ménage pas ses critiques. Il exhorte Jacques Chirac à "sortir de son bunker de la mairie de Paris et qu'il cesse d'avoir autour de lui une cour qui lui cache la vérité." Dans ce débat interne, Philippe Séguin prend à son tour l'initiative en rejoignant Charles Pasqua. C'est la naissance d'un tandem atypique symbole d'un gaullisme populaire. Rébellion ou contestation ? Ni l'une, ni l'autre ; contribution au débat interne, rétorquent Pasqua et Séguin.Les deux hommes engagent un bras de fer en proposant leur propre motion aux Assises nationales du mouvement le 11 février 1990. Chirac-Juppé face à Pasqua-Séguin, la motion "le Rassemblement dans l'union" face à "un nouveau Rassemblement." Le 9 janvier 1990, Jacques Chirac reçoit la lettre de son ami Charles juste avant l'annonce du "coup". Le Maire de Paris confie à ses proches : "Mais pourquoi Charles a-t-il fait ça ?" La méthode n'était pas sans rappeler celui d'un tandem désormais célèbre qui régnait autrefois sur la chiraquie : Juillet-Garaud.La démarche de Charles Pasqua et de Philippe Séguin s'apparente à un "coup d'Etat" qui aurait pu faire des émules puisque Michel Noir préparait son offensive.

Ambiance : Charles Pasqua, invité du jury RTL-Le Monde le 28 janvier 1990, lançait : "je n'accepte pas que Monsieur Chirac mette en doute notre sincérité. Nous ne mettons pas en doute la sienne(...)"Nul n'est propriétaire du mouvement gaulliste."

Pour les adhérents du RPR, le choix est clair. C'est maintenant. Il faut se remettre en cause. Nous voulons créer un nouveau rassemblement. Pourquoi ? Pour que des gens qui nous ont quittés puissent revenir, pour que d'autres qui ont envie de nous rejoindre puissent le faire. Si ce rassemblement se constitue, si nous faisons éclater les structures actuelles, nous verrons beaucoup de français et de françaises nous rejoindre." Et Jacques Chirac de répondre: Avec la démarche de Charles Pasqua et Philippe Seguin, c'est tout autre chose qui est en jeu. Il s'agit d'une attaque -en règle et en force- contre la direction du mouvement. D'une tentative de prise de contrôle du RPR. Vis à vis des militants, il faut être franc(...)
"'Je reproche à Charles Pasqua et à Philippe Séguin de cacher la vérité. Quand ils disent: "On n'en veut pas à Chirac mais à la direction du mouvement" ils ne sont pas sincères. Il savent bien que le Président est responsable de la nomination du secrétaire général et du choix de la

ligne politique du mouvement. Qu'on s'en prenne à moi, je l'admets tout à fait, mais qu'on le dise clairement, sans chercher à duper personne."

Cette initiative accentue le désordre de l'opposition et, plus spécialement le discrédit qui frappe la politique. Elle affaiblit le RPR au moment où il sortait de ses difficultés. Elle renforce nos adversaires. Enfin, elle désespère nos militants qui ne méritaient vraiment pas cela. Cette initiative est condamnable."Le Président du RPR ajoute : "Je verrai si l'on me donne les moyens de ma politique. Je mets donc en garde nos militants : ne vous laissez pas tromper par ceux qui vous disent de voter Chirac pour la présidence et Pasqua-Séguin pour la ligne politique. Ou vous me faites confiance et vous votez pour le rapport de synthèse, ou vous faites un choix différent et nul ne s'étonnera que j'en tire les conséquences."

Evoquons ce qui se cache derrière "la constitution d'un nouveau rassemblement" préconisé par Charles Pasqua et Philippe Séguin. Revenons seize ans en arrière pour comprendre les réelles motivations du tandem Pasqua/Séguin. Nous sommes le 16 décembre 1974. Au lendemain de l'élection de Valéry Giscard d'Estaing à la présidence de la République en mai 1974, l'UDR, le mouvement gaulliste ne se relève pas de l'échec de Jacques Chaban-Delmas et reste divisé par ce que les barons ont appelé la "trahison" de Jacques Chirac qui avait choisi de soutenir Giscard avec son groupe des 43. L'UDR ne parvient plus à trouver son identité. Le parti gaulliste est ballotté entre un soutien sans concession à Giscard et surtout au gouvernement Chirac et rendre une certaine cohérence à l'UDR. Les "barons" du gaullisme Michel Debré, Jacques Chaban-Delmas et Olivier Guichard envisagent de remplacer le secrétaire général de l'époque Alexandre Sanguinetti, anti-giscardien viscéral. Jacques Chirac participera à un déjeuner dans les appartements de Roger Frey, Président du Conseil Constitutionnel autour de deux anciens Premiers ministres MM. Couve de Murville et Pierre Messmer.

Après un tour d'horizon et un dialogue "stérile" et "sans intérêt", Jacques Chirac interrompra le dîner en décidant de se présenter lui-même au secrétariat général. Charles Pasqua rentrera alors en scène en orchestrant ce que Robert-André Vivien, le député du Val de Marne a appelé le "18 brumaire". Charles Pasqua expédie aux 117 membres du Comité central de l'UDR un télégramme de convocation pour le lendemain matin. Alexandre Sanguinetti démissionne de son poste de secrétaire général de l'UDR à l'insu des barons. Jacques Chaban-Delmas parle d'"un coup de force". Charles Pasqua fait ses comptes pour assurer l'élection de Chirac au poste de secrétaire général. Il lance René Tomasini, secrétaire d'Etat chargé des relations avec le parlement pour aller à la pêche aux voix. Le futur ministre de l'Intérieur use de son talent de "rabatteur" et tranquillise Jacques Chirac. Ce dernier sera élu et s'emparera définitivement de l'appareil gaulliste indispensable tremplin pour accéder à la magistrature suprême.

Motion et émotion

La préparation de ce "coup de force", n'est pas sans rappeler celui qui permit vingt ans plus tôt à Jacques Chirac de s'emparer de l'UDR, ancêtre du RPR, et dont l'artisan n'était autre que Charles Pasqua, alors patron des fédérations.

En 1990, le complot "Pasqua-Séguin" est élaboré dans les mêmes conditions. L'ex-ministre de l'Intérieur dispose de son propre QG de campagne, boulevard de Latour Maubourg à Paris, d'où il organise le ratissage de toutes les fédérations RPR. Chacune d'elles aura droit à la visite des émissaires de Pasqua chargés de s'assurer les suffrages des secrétaires départementaux dans la perspective des Assises nationales. Les réseaux de Charles Pasqua fonctionnent à merveille. D'autant que nombre de vieux militants, "sonnés" par le second échec de Chirac, se sont mis à douter sur les réelles capacités de leur leader. L'équipe de Charles Pasqua, l'homme orchestre d'antan des fédérations, a propulsé sa garde rapprochée pour écumer les chefs-lieux départementaux et s'assurer d'un maximum de suffrages. Pasqua verrouille le système de désignation des mandataires qui voteront lors des assises. En effet ces porteurs de mandats ne sont pas élus par les militants mais désignés par le secrétaire général qui n'est autre qu'Alain Juppé. Jusqu'au jour du scrutin, Juppé pouvait donc remplacer n'importe lequel de ces mandataires favorable à la motion Pasqua-Séguin. Pour parer à la manoeuvre, le patron des Hauts-de-Seine déclare publiquement : “Il ne faut pas changer les mandataires.” Il accuse même l’équipe de Juppé de vouloir changer la société d’informatique qui gérait les fichiers. “Un émissaire de l'ancien ministre de l'Intérieur n'était-il pas venu sur le terrain pour battre la campagne dans la région Provence-Alpes-Côte d'Azur” assure un secrétaire de circonscription. “Charles Pasqua visait la présidence du RPR et devait nommer ensuite Philippe Séguin secrétaire général.”

A ce petit jeu là les “pasquaïens” avaient eu vite fait de tisser leur toile en rentrant en contact avec des amis à la tête de leur département depuis près de vingt ans. ““De vieilles connaissances” en proie au doute qui avaient sombré dans l'oubli et qui n'avaient pas exclu que le salut du mouvement gaulliste passait par le tandem Pasqua-Séguin. Au siège du RPR, rue de Lille, on ne sous-estime pas le pouvoir de séduction d'un Pasqua auprès des Fédérations et sa connaissance des rouages du mouvement. Alors on dénonce la “manip” dans le camp Pasqua-Séguin. “L'alliance entre la carpe et le lapin” évoquée par Alain Juppé pousse Philippe Séguin à justifier ses axes de convergences avec Charles Pasqua : “il incarne une fibre populaire intrinsèque au mouvement gaulliste.” Il condamne avec détermination ceux qui prétendent qu'il pouvait y avoir une arrière-pensée d'un accord avec le Front National.

Avec 68,62%, la motion Chirac/Juppé l'emporte sur celle Pasqua/Séguin 31,38%. “Le débat a eu lieu et vous l'avez tranché ; le moment est venu de se rassembler pour combattre et gagner” conclut Jacques Chirac devant 20 000 personnes. Les conjurés ont fait un beau score. Philippe Séguin recadrera le débat en insistant sur sa vrai nature, il interpelle Chirac: “Pourquoi nous laisser accuser d'ourdir un complot, alors que pour nous tu es le champion de notre idéal ? Tu ne peux prendre ombrage d'une volonté de renouveau alors que tu as réclamé toi-même notre révolution culturelle.”

Et Charles Pasqua de regretter: “Chirac a refusé le débat de fond, pour mieux le limiter au problème de sa légitimité qui ne se posait pas.” Quant au Président du RPR, il est convaincu que “Pasqua pensait emporter la partie dans une charge de hussard.” Et Jacques Chirac de poursuivre, “il a sous-estimé ma réaction.” Quelques jours plus tard, le Maire de Paris évoquera le nom de Charles Pasqua en lançant: “C'était un ami...”

Maastricht: le grand écart

La crise du Golfe et l'invasion du Koweït par l'Irak de Saddam Hussein vont défrayer la chronique, ce dernier trimestre 1990. Le Président du RPR devra faire face à ce conflit en apportant sa contribution au débat national et à la position de la France. Jacques Chirac préconise l'amplification du blocus international en souhaitant une ligne consensuelle entre la majorité et l'opposition.

Les rendez-vous électoraux ont du mal à reprendre le dessus. Les élections régionales et cantonales sont au centre du débat ; l'occasion pour Jacques Chirac de dénoncer "un gouvernement sans projet, sans foi, et sans volonté, un Président de la République dépassé par le rythme de l'histoire ..." Et puis, le débat sur le traité de Maastricht et la préparation du référendum aurait pu réveiller les douleurs du passé et ouvrir les cicatrices. Afin de préserver l'unité du mouvement sur le dossier épineux de la monnaie unique européenne, Jacques Chirac annonce qu'il votera "oui" à Maastricht. Il l'annonce au cours d'un rassemblement national le 4 juillet 1992: "En toute lucidité, sans enthousiasme, mais sans état d'âme, car, lorsqu'il s'agit de la France et de sa place dans l'Europe, l'ambiguïté ne peut être de mise."

Charles Pasqua et Philippe Séguin eux, ont choisi le "non", autant par conviction que par calcul précise l'entourage de Jacques Chirac. En septembre 1992, à quelques jours du scrutin, Philippe Séguin est choisi pour apporter la contradiction à François Mitterrand dans le grand amphithéâtre de la Sorbonne, lors du débat télévisé animé par Guillaume Durand . C'est pour lui une consécration.
La courte victoire du "oui" 51,01% a donné des ailes aux partisans du "non". Derrière la nouvelle estocade du "couple impossible", Charles Pasqua esquive le duel tant attendu par les médias et se borne à recentrer sa déclaration au soir des résultats en souhaitant que "Jacques Chirac soit porteur d'une grande ambition"; et de poursuivre, en s'adressant à ses amis qu'ils "seraient bien inspirés de prendre en considération cette nouvelle aspiration, de montrer que l'opposition a changé." Pourtant quelques minutes auparavant, "Philippe et Charles" s'étaient longuement enfermés pour analyser la courte défaite du

"non". "Ils avaient prévu de lancer une nouvelle offensive" confie un militant présent à l'état- major des partisans du "non".

"Philippe Séguin est un pyromane qui sait éteindre ses propres incendies. Pasqua allume les mèches et Séguin les attise en coulisse mais il est toujours prêt à mettre le pied dessus si quelqu'un s'aperçoit quelles pourraient être les conséquences de l'incendie." explique un député RPR. Le Président de l'Assemblés nationale passe pour un colérique qui peut se muer en père protecteur seulement quelques minutes après avoir balancé un parapheur à la tête d'un de ses collaborateurs. C'est très certainement un des plus doués de sa génération et le meilleur orateur de nos hommes politiques. Il convoite une position d'arbitre qui pourrait le conduire un jour au plus haut sommet de l'Etat.

CHAPITRE XV

Balladur, joker ou rival ?

L'ami de 30 ans

Nous sommes en 1963, Jacques Chirac est chargé de mission de Georges Pompidou, Balladur en est le conseiller social. A des degrés différents, les deux hommes vivent une même passion et un même idéal : une fidélité sans faille à un authentique homme d'Etat. Ils se croisent mais ne se fréquentent pas jusqu'à que les événements les propulsent en 1968 dans la garde rapprochée de Georges Pompidou. Les accords de Grenelle les réuniront autour de la table des négociations avec les syndicats. L'élection de Valéry Giscard d'Estaing les sépare. Chirac devient Premier ministre alors qu'Edouard Balladur se voit proposer par le nouveau Président l'ambassade du Vatican. Un poste qu'il refuse. "L'ami de 30 ans" a disparu dans les brumes de l'anonymat, le destin et la vie trépidante de la carrière gouvernementale du jeune premier a laissé sur le quai le haut fonctionnaire.

Cette incompatibilité naturelle entre l'élu et le grand commis de l'Etat s'est compliquée par une artificielle complicité entre deux hommes que rien ne peut unir. Onze ans de désert et de silence entre Chirac et Balladur qui ne se croiseront que pour des réceptions officielles ou pour pleurer des amis communs. Comment imaginer ce mélange des genres et la fréquentation dominicale de deux couples que tout sépare. Jacques et Bernadette ont des goûts simples et ne choisissent pas forcément leur sortie. Une bonne bouffe chez Joe Allen, le restaurant américain peut être improvisée au dernier moment pour l'anniversaire de Jacques. Claude, sa fille, ne craint pas de convier des gens aussi différents que Jean-Luc Lahaye, Serge Lama, Jacques Toubon ou Jacques Friedmann. Les blagues de corps de garde ne sont pas proscrites autour de la tablée où la nourriture n'a rien de particulièrement noble. Les Balladur n'ont jamais fait partie des proches amis du couple

Chirac. Ce dernier aime le peuple et la foule, tutoie son entourage et tape sur l'épaule des maquignons des marchés aux bestiaux de la Corrèze. Bernadette a l'aisance et la simplicité des aristocrates qui n'ont rien à prouver. Edouard et Marie-Josèphe s'échappent du boulevard Delessert pour des dîners organisés précédés d'une soirée à l'opéra ou des escapades dans le chalet familial de Chamonix.

Jacques Chirac ne peut pas évoluer sans repère affectif. C'est le moteur de sa carrière politique. Sa filiation avec Georges Pompidou, il doit la retrouver pour poursuivre sa route et retrouver la caution pompidolienne, véritable fil conducteur de son action. En 1979, Garaud-Juillet sont congédiés après les conséquences catastrophiques de l'appel de Cochin ; Chirac les aura gardés jusqu' au bout. Contraint et forcé, il se sépare du duo pompidolien qui lui a mis le pied à l'étrier et lui a fait gagner la mairie de Paris. Soulagé mais orphelin, il ouvre les yeux et peut enfin se libérer du carcan qui l'isolait de son entourage.

Edouard Balladur, devenu PDG d'une filiale de la CGE, décide de rencontrer le Maire de Paris pour une visite de courtoisie douze ans après. L'ancien secrétaire général de l'Elysée ne s'épanouit pas dans son travail au dire de Madame Pompidou ; il aurait pu bénéficier d'une responsabilité plus prestigieuse. De cet entretien à l'Hôtel de ville où le Maire de Paris achève sa convalescence naîtra une solide amitié. Chirac a retrouvé ce jour là une nouvelle motivation, bref l'onction pompidolienne qui lui faisait défaut après le retrait du tandem Garaud-Juillet. En quelques jours, Edouard Balladur était devenu l'ami de 30 ans, le confident puis le conseiller le plus écouté du Maire de Paris.

"Vivement demain"

Quelques annnées plus tard, les "amis de trente ans" organiseront la reconquête du pouvoir avec comme priorité la victoire aux législatives de 1993. La perspective d'une deuxième cohabitation se profilait. L'image subliminale des présidentielles apparaissait déjà au soir de la victoire écrasante de la droite, la plus forte majorité depuis 1958. Alain Juppé, le secrétaire général du RPR rendait hommage à "l'artisan numéro un" de ce succès et confiait en coulisse que Jacques Chirac venait de gagner la demi-finale présidentielle. L'Union pour la France, la bannière unitaire de la droite, propulsait à l'Assemblée nationale une nouvelle génération d'hommes et de femmes. En expliquant ce succès, Jacques Chirac précisait: “nous n'avons pas gagné seulement parce que nous avons su incarner l'esprit de réforme.” Les leçons du scrutin tiennent en quelques mots: “Vérité, sens du bien public, rigueur, pragmatisme, modération, cohérence et détermination.”

En 1986, Jacques Chirac décide d'aller à Matignon en faisant d'Edouard Balladur le seul ministre d'Etat du gouvernement, bref, un vice-Premier ministre. A Balladur la mise au point de la stratégie, à Chirac la concrétisation et l'application des réformes. Balladur fait figure de modérateur, fort de son calme légendaire. Sa sérénité freine le Premier ministre et colmate les brèches entre l'Elysée et Matignon. En 1993, Chirac refuse le poste de Premier ministre prétextant qu'il “a épuisé les charmes de la fonction.”

Malgré les avertissements d'Alain Juppé à l'adresse du Maire de Paris sur l'éventualité d'offrir Matignon à Edouard Balladur (“Méfiez vous, il pensera à l'Elysée”) et les conseils de Charles Pasqua (“La victoire à l'élection présidentielle de 1995 passe par Matignon”), Jacques Chirac a pris sa décision : Edouard Balladur deviendra le Premier ministre de la deuxième cohabitation. L'installation du nouveau gouvernement marqué par une présence centriste bien surprenante démontre que les consignes de Jacques Chirac ont été peu suivies. “Certains ministrables qui avaient pourtant eu la bénédiction de Jacques Chirac sont restés en carafe” précise un député.

L'épisode de “l'interministériel” fait des vagues. Ce réseau téléphonique qui relie les autorités de l'Etat - présidence de la République, Premier ministre, ministres, présidents de l'Assemblée nationale et du Sénat ont été étendus jusqu'à l'Hôtel de ville. Le Maire de Paris peut donc appeler directement le Premier ministre et les membres de gouvernement. L'accès à l'interministériel représente un des symboles de l'exercice du pouvoir. L'Hôtel Matignon justifiera cette attribution par “des nécessités de sécurité dans la capitale.” Certains ministres UDF qualifient de “scandaleux” ce raccordement et parlent d'ingérence dans le fonctionnement du gouvernement. Les mois passent, l'hôte de Matignon s'installe dans l'opinion et fait preuve d'indépendance. Les collaborateurs du Maire de Paris évoquent même des “coups de fil de plus en plus espacés entre Matignon et l'Hôtel de ville."

Pourtant Jacques Chirac ne veut se départir du scénario qu'il a écrit précisément à la veille des élections législatives. Il a tout misé sur Edouard Balladur et sur la présence d'un Premier ministre plus gestionnaire qui tiendrait la Maison. L'ami de trente ans est parti avec les clefs de Matignon en oubliant scénario et mot de passe. Chirac lui, voulait prendre du recul et engager une véritable réflexion avec les français en visitant un maximum de départements. Enfin, il avait prévu de se consacrer aux parlementaires RPR en les associant étroitement à son action.

La déchirure

"Redresser la France" tel était la maxime d'Edouard Balladur avant de prendre ses fonctions à Matignon. Personne n'avait imaginé une seconde qu'il puisse entamer la sérénité de celui qui se préparait à l'échéance présidentielle. Sondage après sondage, le Premier ministre s'affirmait comme le chef de la majorité. Dans les rangs du RPR et de l'UDF, on pressait Jacques Chirac de réaffirmer son soutien au gouvernement. Il le fit quelques jours plus tard afin de dissiper le doute: "Edouard Balladur et moi ne serons jamais en concurrence, je tiens à ce qu'on le sache dans la classe politique et l'opinion publique: ce sont des raisons simples qui tiennent à l'amitié, à la droiture, à un socle commun de convictions forgées depuis longtemps et à notre sens commun de l'intérêt de l'Etat et de la nation."

Semaines après semaines, Chirac se crispe et ne parvient plus à faire passer un seul message tellement les médias s'intéressent au Premier ministre et à son hégémonie sur la majorité. Moins de trois mois après la nomination du gouvernement, le Président de l'Assemblée nationale, qui a refusé un maroquin, se fait entendre du haut de son perchoir. Il appelle à "un renversement complet des valeurs et des choix fondamentaux" en fustigeant la politique économique du gouvernement. Philippe Séguin dénonce le spectre d'un "véritable Munich social" et préconise une autre politique. Jacques Chirac reste muet préférant laisser une certaine autonomie au Plan anti-Maastricht du RPR. Le Premier ministre téléphone à Jacques

Chirac et lui fait part sur un ton très ferme de sa déception qu'il n'ait pas condamné les propos de Philippe Séguin. Quelques mois plus tard, ce sera au tour du Maire de Paris de reprocher au Premier ministre d'avoir cédé sur le nucléaire. Et de préciser dans les colonnes du Figaro : "Il faut à tout le moins que le gouvernement indique clairement que la France ne signera pas le traité portant l'interdiction des essais nucléaires tant qu'elle n'aura pas accédé à la technologie des essais simulés." Le GATT sera l'occasion de lancer une nouvelle escarmouche contre le gouvernement. Chirac prévient Balladur qu'un accord ne s'imposera pas à une date donnée si le gouvernement ne réunit pas toutes les conditions pour défendre les intérêts français. Philippe Séguin accentue ses critiques et parle d'un "gouvernement de transition". Il sera relayé par Jacques Chirac qui souligne que "le vrai changement interviendra en 1995."

Le divorce est consommé. Les journées parlementaires du RPR à la Rochelle, en septembre 1993, démontrent à quel point les deux hommes se sont éloignés l'un de l'autre. A la tribune, le regard complice d'hier a laissé place à des regards méfiants qui ne parviennent même plus à s'entrecroiser. La presse assiste à une rupture qu'elle rêve de relater. Jacques Chirac craint que les conséquences de cet épisode ne soient désastreux et demande au Premier ministre de l'accompagner sur le quai pour que les photographes fixent l'image d'une complicité subrepticement retrouvée. Cette comédie est pathétique. Les photographes ont à peine rangé leur matériel que les deux hommes se séparent précipitamment pour rentrer sur Paris, chacun dans leur avion respectif.

Les conséquences de cette rupture menacent la cohésion du gouvernement. Les ministres chiraquiens sont écartelés entre leur fidélité au Président du RPR et celle qu'ils doivent à leur Premier ministre. Trahisons, ralliements, suspicion, l'atmosphère devient exécrable. Pressions, promesses, les ministres passent autant de temps, si ce n'est plus, à négocier leur soutien qu'à gérer les affaires du pays.

Déjà, certains députés soupçonnent le ministre de l'Intérieur, Charles Pasqua de cultiver l'ambiguïté. Alain Juppé, ministre des Affaires Etrangères exprime sa fidélité au Maire de Paris en respectant un devoir de réserve comme ministre du gouvernement. La vigilance de ce dernier s'explique par le changement brutal des alliances. Au lendemain du référendum de Maastricht, les couples Balladur/Chirac et Pasqua/Séguin s'étaient constitués. La cohabitation a brouillé les cartes. On assistait à une nouvelle distribution des rôles avec d'un côté le duo Balladur/Pasqua et de l'autre Chirac/Séguin.

Edouard Balladur écoute ses ministres et les défend avec beaucoup de compréhension. Dominique Perben, le ministre des DOM-TOM sait ce qu'il doit à Chirac. Il l'a aidé à conquérir sa ville de Châlon sur Saône en 1983. Son Premier ministre symbolise "une synthèse inédite de l'homme politique." Il s'explique: "C'est un modéré, un homme de tradition qui refuse l'immobilisme et, par son style incarne la modernité. Il a une vraie capacité à prendre du recul et de la perspective."

Président virtuel et Président légitime

Edouard Balladur est-il candidat à l'Elysée ou bien fait-il semblant de l'être ? "Mon seul but est le redressement de la France, le reste ne m'intéresse pas !" répète-t-il aux journalistes qui s'aventurent sur ce terrain. "Ceux qui m'en parlent ne sont pas ceux qui y pensent le moins" avait-il déclaré au cours d'un point presse. Le doute subsiste alors, lorsqu'il fixe des objectifs à long terme, se transportant au delà de 1995 en évoquant la France de l'an 2000.

L'équipe de Balladur se montre tellement active et tellement performante à l'égard des députés que de sérieux soupçons pèsent sur les réelles motivations du Premier ministre. Philippe Goujon, député suppléant du Premier ministre dans le XVème arrondissement de Paris et Georges Tron, député de l'Essonne, un ami du fils du Premier ministre créent une structure au service des parlementaires. Nombreux sont ceux qui défilent à Matignon pour des petits déjeuners ou des repas au cours desquels le tout puissant directeur du cabinet, Nicolas Bazire, va s'enquérir des difficultés ou des problèmes que rencontrent les parlementaires dans leur circonscription. Edouard Balladur préside lui-même certains déjeuners. Certains parlementaires se voient confier des rapports d'études. Edouard Balladur veille sur son gouvernement et se montre particulièrement disponible pour ses ministres. Il sait déjà que les centristes et l'UDF lui sont acquis tant par le dosage initial qu'il a imposé dans son gouvernement que par la tolérance et l'esprit d'ouverture qu'il s'evertue à démontrer. Côté RPR, les résultats positifs du gouvernement avec en particulier le GATT, et le bon comportement du Premier ministre dans les sondages sont de sérieux atouts pour attirer définitivement les parlementaires. Pasqua, Sarkozy, Giraud, Perben et Roussin ont choisi Balladur alors que Toubon et Romani soutiennent Chirac. Juppé reste en réserve mais marque sa solidarité comme secrétaire général de RPR lorsque son Président le lui fait sentir. Au siège du RPR, on allume des contre-feux et Jean-Louis Debré, secrétaire général adjoint multiplie les interventions et les mises au point. Jacques Chirac réactive sa cellule présidentielle. Tous les lundis, une dizaine de personnes se réunissent dans les bureaux du Boulevard Saint-Germain juste au dessus du Café de Flore. On y retrouve Claude Chirac, sa fille ; Jean-Pierre Denis, directeur adjoint du cabinet du Maire de Paris ; Patrick Stefanini, directeur du cabinet d'Alain Juppé, secrétaire général du RPR ; François Baroin, député de l'Aube ; Christine Albanel, directeur adjoint du cabinet du Maire de Paris. Nicolas Sarkozy était à l'origine de la constitution de ce groupe.

Afin de mobiliser les parlementaires, Jacques Chirac adjoint à cette époque une douzaine de groupes d'experts et trente et un groupes de travail baptisés des “binômes” et composés essentiellement de parlementaires. Deux députés chiraquiens “pur sucre” ont la responsabilité d'encadrer d'autres parlementaires hésitants et moins engagés. Parmi les “inconditionnels” on trouve, Elisabeth Hubert, Renaud Muselier, Pierre Lellouche et Jacques Boyon. Au total, l'appareil chiraquien aura sensibilisé plus de 300 parlementaires. Edouard Balladur poursuit son opération de séduction auprès des parlementaires en les conviant à la Maison de la Chimie. Il demande à son équipe de passer la vitesse supérieure. On assiste alors à un règlement de problèmes instantanés dans les circonscriptions. “Même Nicolas Bazire, le Directeur de Cabinet prend son téléphone et nous appelle à la permanence, du jamais vu !” s'exclame un député. Autant dire que beaucoup de députés et de sénateurs se rangent du côté du Premier ministre.

Au RPR, les parlementaires essayent de positiver. Cette primaire avant l'heure garantira la victoire dans le camp des gaullistes. La compétition chiraco-balladurienne exclut une candidature UDF.”

Le ralliement de Charles Pasqua à Edouard Balladur s'est fait avec une mise en scène médiatique exemplaire. “C'est la cerise sur le gâteau” commente un membre de l'état-major du Premier ministre. “C'est le côté affectif des gaullistes de la première heure, le chouchou des meetings, et celui qui décomplexe les provinciaux.” Le ministre de l'Intérieur s'est déclaré plus tardivement car il avait envisagé un retour de Chirac... Il pense qu'il ne peut plus rien arriver à Edouard Balladur. Il sait que Matignon lui reviendra en cas de victoire du Premier ministre, alors... Sa position d'attente lui avait permis d'enfourcher son dada favori, “les primaires à la française” pour départager les deux candidats à la candidature. Il pourrait réaliser un deuxième objectif, la naissance d'une grande formation unique. Une stratégie bien échafaudée qui éliminait le candidat naturel du RPR, Jacques Chirac, et qui propulsait son favori Edouard Balladur. Le Président Mitterrand utilise Jacques Delors pour raviver les tensions entre Balladur et Chirac, et conseille au Président de la commission européenne d'annoncer sa décision début 1995.

Le Premier ministre se balade dans les sondages. Il atteint selon les enquêtes des scores au premier tour qui laisseront des traces dans le camp des chiraquiens. En janvier 1994, on enregistre un Balladur à 41 % et un Chirac à 17 % au premier tour. Au deuxième tour le face à face Balladur-Chirac affiche 74 % pour le premier et 26 % pour le second ! Dans le camp chiraquien, les langues se délient et on annonce l'existence d'un pacte entre les deux hommes qui interdisait au Premier ministre de se porter candidat à l'élection présidentielle. Les balladuriens ironisent. Au fil des mois le conservatisme et la sérénité du Premier ministre semblaient mieux correspondre à l'attente des français qui délaissaient peu à peu l'activisme et les thèses modernistes de Jacques Chirac.

Pourtant, en décembre 1993, Jacques Chirac avait révélé “je serai candidat à l'élection présidentielle de 1995, et je serai élu ... et d'ajouter “c'est curieux, on ne croit jamais ce que je dis , même si c'est la vérité... ”

CHAPITRE XVI

Le triomphe de l'éternel séducteur

La "pomme" de discorde

Les cérémonies du cinquantenaire du débarquement ont imposé une certaine réserve dans le comportement du Premier ministre et du Président du RPR. A Bayeux, l'anniversaire de la première visite du général de Gaulle sur le sol de la métropole libérée a donné l'occasion aux deux hommes de prononcer un discours appelant en commun au rassemblement. La famille gaulliste se devait de se montrer unie. Certains membres éminents de la majorité, supporters impuissants du duel à distance que se livrent les deux hommes depuis plusieurs semaines, se prennent à rêver. Edouard Balladur et Jacques Chirac venaient, pour la première fois depuis bien longtemps, de prendre le même hélicoptère pour regagner Paris.

Les observateurs avertis n'attendront que quelques jours pour apercevoir une nouvelle rechute du "thermomètre de l'union". Du service de presse de Matignon, on laisse échapper que le Premier ministre travaille au redressement de la France et résoud les problèmes les plus urgents des français... D'autres s'agitent et laissent dire que les grandes lignes du projet présidentiel de Jacques Chirac sont arrêtées... L'entourage du Premier ministre s'organise pour accentuer la pression et parer à toute annonce brutale de Jacques Chirac à la candidature.

Le Premier ministre lance son premier carré de fidèles à l'offensive. Nicolas Sarkozy, son ministre du budget et porte-parole du gouvernement, inconditionnel pilier du balladurisme, et qui fut figure de proue de la cellule de réflexion de Jacques Chirac ; Nicolas Bazire, Directeur de Cabinet du Premier ministre et ancien officier de Marine, s'occupe de diriger le navire; Jean-Paul Davin, conseiller technique chargé des relations avec le Parlement, poursuit son opération de charme en choyant les députés. Il est aidé par Georges Tron, député de l'Essonne ainsi que des trois députés des Hauts de Seine : Jacques Baumel, Partrick Devedjian et Patrick Balkany. C'est l'heure de l'escalade et de la surenchère. Les deux camps déguisent l'initiative de l'adversaire en agressions et polémiques en tous genres. L'abbé Pierre jette un pavé dans la mare et profite de l'enjeu du débat pour clamer son indignation au sujet des sans-logis. Le Premier ministre dépêche le protocole et la presse pour accueillir l'abbé Pierre et lui promettre que les occupants illégaux ne seront pas expulsés par la police. Le Maire de Paris réagira le lendemain en demandant à l'Etat d'appliquer dans la capitale l'ordonnance de 1945 prévoyant la réquisition des locaux vides en raison de la crise du logement.

Jacques Chirac veut donner de lui l'image d'un homme serein et résolu. Il connaît la situation et juge avec beaucoup de gravité les résultats des sondages qui propulsent son rival de Matignon au plus haut sommet. Nicolas Sarkozy, converti au balladurisme, évoque même que son champion de Matignon pourrait l'emporter dès le premier tour. Le Maire de Paris est conscient qu'un grand coup médiatique lui permettrait de faire la différence. L'engagement d'Alain Juppé et de Philippe Séguin, le lancement du premier livre du candidat Chirac n'ont provoqué aucun frémissement dans les sondages. Jacques Chirac envisage d'affronter le chef du gouvernement dans un face -à- face télévisé. Edouard Balladur s'y oppose catégoriquement ce qui n'empêchera pas son premier lieutenant, Nicolas Sarkozy, de le demander quelques semaines plus tard lorsque le Premier ministre se trouvera en délicatesse avec les sondages.

L'un se défend de “manquer de courage” pour répondre aux accusations des partisans de Jacques Chirac, l'autre se veut le chantre d'un projet présidentiel rompant avec “l'immobilisme”. Les critiques sévères du clan de Jacques Chirac seront bien relayées par Valéry Giscard d'Estaing: “je n'ai pas vu, dans ce que vous avez présenté, d'actes forts du gouvernement.” Raymond Barre voit dans son successeur “un homme de scénario” et précise que “la passivité” est aussi coupable que l'erreur. Le décor était planté et la guerre déclarée.

Charles Pasqua, le ministre de l'Intérieur, avait profité de la première quinzaine de janvier pour adresser une lettre manuscrite à Jacques Chirac pour lui préciser que "le plus à même de défendre les idées gaullistes et de sauvegarder l'unité et l'avenir du RPR avait pour nom Edouard Balladur."

En Corrèze, les guides touristiques évoquent le rôle de l'arbre dans les paysages verdoyants à proximité du plateau des Millevaches. Les arbres de toutes les variétés reprennent petit à petit possession de parcelles en friches et occupent près d'un tiers du territoire. Un arbre deviendra le symbole de la campagne de Jacques Chirac : le pommier. Dans le camp chiraquien, on estime déjà qu'Edouard Balladur a "croqué" le fruit défendu, la "pomme de discorde !"

Dénoncer la fracture sociale

En lançant le coup d'envoi de sa plus longue campagne de candidat à l'élection présidentielle dans les colonnes de "La Voix du Nord", le 4 novembre, jour de la Saint-Charles, Jacques Chirac démontre, s'il en était besoin, son attachement à une terre de tradition gaulliste, puisque le Général naquit à Lille en 1890. Ce geste dans le Nord donnera une authentique volonté d'engager un dialogue avec la province et les régions françaises. Comme en 1981 et en 1988, sa position de challenger ne lui permettait pas d'attendre plus longtemps pour se déclarer ; il l'annonce dans une déclaration d'un nouveau style :

"Les français vont effectivement élire un nouveau Président de la République. Ils ont le droit de savoir qui orientera leur destin et vers quels horizons. L'hypocrisie qui affecte le débat politique actuel offense leur civisme et entretient un climat malsain.

J'ai donc décidé de clarifier la situation en annonçant dès aujourd'hui que je suis candidat lors de la prochaine élection présidentielle. Personne n'en doutait vraiment, mais je pense que les choses doivent être dites nettement.

Le choix de nos compatriotes sera décisif : dans un monde aux équilibres bouleversés, le retour de la croissance ne résoudra pas le problème de l'emploi qui menace la société de désagrégation. Entre les risques d'une politique de rupture qui sèmerait le désordre, et le confort d'une tiédeur qui enliserait notre pays dans un déclin léthargique, la nécessité du changement s'impose à la raison.

Armés d'une éthique rigoureuse, nous devrons d'abord conduire en quelques mois les réformes les plus urgentes, celles que les français attendent avec impatience et pour lesquelles le temps nous sera compté. Nous devrons ensuite, par la concertation, adapter notre pays aux transformations que connaît le monde contemporain. A ce prix seulement, l'Etat républicain pourra relever les défis et restaurer l'espérance."

Les collaborateurs de Jacques Chirac à la mairie de Paris, Alain Juppé et les proches du Maire de Paris ont pris la décision d'anticiper la date de cette déclaration le jour où Edouard Balladur avait déclaré au Figaro le 24 octobre 1994 : "Jacques, depuis longtemps, est réfugié dans son Paris comme dans une citadelle. Est-ce bien l'esprit de la Vème République ?" Depuis le 2 septembre 1994, rien ne pouvait arrêter la marche en avant de Jacques Chirac. Alain Juppé, Philippe Séguin et Bernard Pons lui avaient demandé avec détermination de "montrer le chemin" aux universités d'été à Bordeaux.

Son livre, "Une nouvelle France" était le manifeste d'un homme rassembleur qui souhaitait réunir le plus grand nombre de la majorité bien au-delà du mouvement gaulliste. Les félicitations de Charles Millon à son initiative de rassemblement, et l'invitation de Jacques Chirac par Alain Madelin à son club Idées-Actions étaient une preuve que son appel avait été entendu. Dans son livre, le Président du RPR optait pour une politique sociale inspirée par Philippe Séguin, où le chômage et la lutte contre l'exclusion occupaient une grande partie. Un programme qui n'était pas sans nous rappeler celui de François Mitterrand en 1988, qui, pour rassurer les Français, s'était fait le défenseur et le garant de la préservation des acquis sociaux. Il met ainsi un terme à un long silence, et isole Edouard Balladur mis à mal par la démission de son ministre de l'Industrie Gérard Longuet et l'incarcération d'Alain Carignon, ministre de la Communication. Jacques Chirac enterre ainsi définitivement les primaires qui auraient pu annihiler ses efforts et lui faire courir des risques. Enfin, il s'agissait de créer un électrochoc pour mettre fin à une chute dans les sondages qui soulignaient la prééminence de Jacques Delors et celle d'Edouard Balladur. Cette troisième campagne de Jacques Chirac n'a rien à voir avec les précédentes. Les circonstances ont changé et l'homme a beaucoup réfléchi et évolué au contact des français.

Il le dit avec conviction : "ma candidature a été beaucoup plus une candidature de réflexion et de conviction. C'est un objectif plus fort et plus clair qui s'est imposé à moi" et de poursuivre "il y a parmi les hommes, des idéologues et des pragmatiques. J'appartiens à la seconde catégorie."

Le Maire de Paris a bâti sa traversée du désert en s'imposant une remise en question fondée sur une certaine introspection. Cela ne l'a pas empêché de découvrir sur le terrain, deux ans durant, que "la France est coupée en deux"; c'est le constat d'une "fracture sociale" qui sera l'épine dorsale de sa campagne "LA FRANCE POUR TOUS".

Le nouveau Chirac

Détendu, souriant, enthousiaste, résolu et fonceur, Jacques Chirac cultive sa propre définition du pompidolisme : "le pompidolisme, c'est tout sauf la résignation devant la fatalité bref, c'est l'audace." C'est le nouveau Chirac. Les circonstances ont beaucoup changé, l'âge et l'expérience ont gommé les aspérités qui empêchent l'homme de forcer les portes de son propre destin politique. "Je travaille, j'écoute, je réfléchis et j'attends" dit-il aux abords de la soixantaine.

Loin des caméras et des photographes, il chemine en solitaire dans la France profonde à la rencontre des lycéens, des infirmières, des drogués, des chefs d'entreprise, des sidéens et des exclus. Il est "triomphalement" seul, sans aréopage ni contraintes d'emploi du temps. "Une entreprise citoyenne a des droits et des devoirs", poursuit-il. Il est convaincu que tout homme politique responsable doit affronter la "peur" de la réalité en se rendant compte sur le terrain de la situation. Une démarche qui se veut la mise en pratique de ses propositions contenues dans son ouvrage publié en 1994 "une nouvelle France". "Mon objectif, à partir de quelques exemples, est de faire partager ma conviction que, dans un environnement qui change, il n'y a pas de plus grand risque que de rester immobile. (...) Que l'on doit avant tout combattre l'exclusion et réhabiliter la citoyenneté."

Depuis la nomination d'Edouard Balladur à Matignon, Chirac a choisi de privilégier les déplacements à l'étranger, de Beyrouth à Londres en passant par Berlin, la Corée du Sud et le Japon. En novembre 1993, à Tokyo, une cinquantaine de patrons et d'industriels ont accepté de débattre avec Jacques Chirac durant deux jours sur les problèmes de l'emploi. Le Maire de Paris les a écoutés sur leur façon d'administrer la crise. Et si les japonais n'avaient pas des recettes miracles dont les prochains gouvernements pourraient s'inspire ... Eux qui, par tradition historique ont limité les licenciements en réduisant les revenus.

Force de dynamisme et de volonté, Chirac a vaincu Chirac. Il s'est cherché et s'est enfin trouvé. La légende le poursuivait. Sa tendance naturelle le portait à se laisser influencer. L'avis du dernier interlocuteur primait toujours sur celui du précédent. Déjà en 1981, il était hésitant sur des décisions aussi importantes que sa candidature aux présidentielles. Il partait le matin de ses appartements de l'Hôtel de ville convaincu par sa femme Bernadette qu'il ne devait pas se présenter, il revenait le soir convaincu par Pasqua qu'il fallait être candidat.

Jacques Chirac a appris à braver la solitude. Il s'est volontairement installé dans un mutisme constructif qui a servi son pouvoir de concentration. Plus méfiant à l'égard de ses conseillers qu'il ne consulte pratiquement plus. Edouard Balladur, dernière éminence grise de la longue liste, lui a très certainement rendu service en allant au clash. Chirac doit un peu sa victoire à son "ami de trente ans". Cette séparation brutale a forcé le Président du RPR à se métamorphoser. Même ses plus fidèles publicitaires, comme Jean-Michel Goudard, se réjouissent que "Chirac ait fini par prendre une certaine distance avec la politique." Franz Olivier Giesbert, directeur de la rédaction du Figaro, observateur attentif de la vie politique confirme cette mutation : "Jacques Chirac se fait beaucoup plus confiance. Il est devenu lui même, tant sur le fond que sur la forme. Il a pris davantage de recul et n'a pas cherché à plaire. André Malraux ne disait-il pas : soixante ans sont nécessaires pour faire un homme." Chirac se retrouve à l'âge où Mitterrand, après deux échecs présidentiels, avait forcé les portes du destin.

On aperçoit les contours de l'authentique personnalité du Chirac privé. Un homme chaleureux, pudique et attentionné jusqu'à l'excès. Toujours aussi résistant à la fatigue, il est resté cet éternel combattant qui conjugue ardeur et pugnacité pour parvenir à ses objectifs, avec comme ligne directrice, son besoin de servir.

L'homme survolté d'hier a laissé place à un homme plus paisible, plus pondéré et plus ouvert. Il brasse toujours autant, mais sa propension à la réflexion et à l'écoute s'est affirmée.

Rustique autant dans ses goûts que dans son comportement de la vie quotidienne, la nature de Jacques Chirac est restée riche, indépendante, mais toujours sans nuance. Un tempérament qui ne fait face qu'à des aspirations ou à ses besoins au nom d'un certain réalisme. Son discours a évolué au gré des circonstances, mélange de trémolos gaulliens et d'intonations pompidoliennes. Sur les plateaux de télévision, c'est un autre débateur qui se présente devant les journalistes. Les symptômes de l'homme pressé ont presque tous disparu. Exit les tressautements "rotuliens", les rictus dédaigneux, et les tirades à l'emporte-pièce.

Derrière l'apparente certitude de l'être qui cherche à s'affirmer, se cachent des doutes et des remises en question. "Mais pourquoi donc Pierre Juillet a-t-il voulu faire de moi un Premier ministre ?" Instant de découragement qui contraste avec l'assurance du Premier ministre en 1974. Un de ses intimes confiait: "Ce n'est pas un homme heureux, malgré les apparences. C'est un anxieux permanent qui pour tenir l'équilibre applique la technique de la bicyclette : il ne trouve son équilibre que dans le mouvement."

L'éternel gagneur a-t-il vraiment douté de son destin malgré les vicissitudes de la vie politique ? Incontestablement, il a ajouté à sa panoplie des qualités indiscutables d'homme d'Etat. Désormais, il sait attendre et apprivoise le temps, il cultive l'imagination et appréhende avec réalisme sa vision de l'avenir.

En 1972, Alexandre Sanguinetti, un des fidèles compagnons du général de Gaulle, ne comparait-il pas Jacques Chirac à un officier de cavalerie : "Jacques a tout de l'officier de cavalerie. On lui donne un ordre, on croit qu'il a compris. Il part à fond de train, et puis il revient parce qu'il a oublié l'ordre et le cheval !"

Désormais Chirac a amnistié son passé. Il a su donner du temps au temps. A l'écoute des français, il tient compte de leurs priorités en cherchant à connaître le fondement du malaise social qui hante leur vie quotidienne. "Il ne fait pas rêver que le peuple de Corrèze" dit une commerçante parisienne. Chirac, l'inconditionnel en amitié peut vous sauter au cou dès sa première rencontre comme si vous étiez un ami d'enfance... Non, ce n'est pas du clientélisme mais de la spontanéité et de la sensibilité qui pourraient s'apparenter à celles d'un écorché vif.

Ce charisme est à l'origine d'une authentique ferveur de la part des français. Qui connaît ce Chirac là ?

"On gagne à vous connaître. Mais qui vous connaît ?" disait Bernard Rideau. Son analyse démontrait déjà, il y a dix ans, la mutation de Jacques Chirac. "L'opinion vous observe avec une drôle de curiosité. Avant 1974, vous étiez un "cadet" téméraire et impatient. A Matignon, vous représentiez l'élève appliqué. Après 1976, vous avez incarné un prétendant un peu trop pressé. Sous le régime socialiste, votre personnage est tombé dans les conventions de l'opposant classique. Aux yeux des français, cela fait trop de rôles joués différemment dans un registre identique..."

Aujourd'hui, il est en harmonie avec ses propres convictions, une sensibilité populaire qui le positionne comme un ennemi d'un certain conservatisme. Il a séduit individuellement en incarnant aux yeux des français trois valeurs symboliques pour parvenir à l'adhésion de tous : "une espérance, une image et un témoignage". Humaniste, libéral, jacobin, bonapartiste, rad-soc., l'homme est devenu inclassable car aucune étiquette ne peut réellement lui coller à la peau. Chirac a accompli son ultime mutation. Le leader politique venait de devenir homme d'Etat.

La campagne

Jacques Chirac sait depuis longtemps quelles seront les conséquences de la cohabitation si son ami Edouard se porte candidat et s'il n'évite pas les pièges de 1988. La cohabitation de 1986 à 1988 a appris à Jacques Chirac les méfaits de l'activisme. Un député RPR rapporte: "Il a bossé dix-huit heures par jour pendant que le Président jouait au golf. Résultat le dilettante a fait 54% et le stakhanoviste 46%..."

Comment isoler Edouard Balladur et convaincre l'opinion publique que derrière le discours légitimiste du Premier ministre se cache une politique conservatrice sans grand dessein ? Alors qu'au même moment, du côté des balladuriens, on se borne à précipiter les partisans du Maire de Paris dans un populisme exacerbé. La longue réflexion de deux ans a permis à Jacques Chirac de proposer une solution différente, largement inspirée par Philippe Séguin et puisée dans des rencontres avec des intellectuels y compris de gauche. Des dîners réguliers ont réuni Guy Sorman, Denis Tillinac, Jean-Edern Hallier, Rony Brauman et Régis Debray. Il rencontre Emmanuel Todd et s'inspire d'une note de ce dernier sur la coupure entre les peuples et les élites. Ses partisans ne le reconnaissent plus car ce qui était secondaire hier est devenu prioritaire aujourd'hui. Un député RPR lui avait demandé de veiller sur un de ses amis pour une investiture aux municipales, il a répondu d'un ton désabusé "voyez le secrétaire général !" Un autre parviendra à lui glisser un mot sur la situation difficile d'un centre handicapés dans sa circonscription et voilà qu'il s'attardera pour noter sur son calepin tous les détails, comme au temps de ses premières armes en terre corrézienne.

Lorsque Chirac et Balladur vont entrer dans le vif du sujet, on assistera à un grand déballage. Côté Chirac, Matignon lance la grande "cavalerie" avec des attaques contre le Maire de Paris sur ses revirements et l'amorce de grands virages à la corde sur l'Europe et les accords de Schengen. Des documents mettront même en cause la famille de Jacques Chirac. Edouard Balladur aura, lui, à faire face à une sale histoire d'écoutes téléphoniques, c'est l'affaire Schuller-Maréchal. L'affaire GSI finira de ternir l'image du Premier ministre et provoquera une déclaration de patrimoine de l'ensemble des candidats. Dans l'entourage de Jacques Chirac, on accuse le ministre du Budget Nicolas Sarkozy, dans celui du Premier Ministre, on dénonce une manoeuvre du ministre de l'Industrie Alain Madelin. Ce début de campagne sent le soufre, Charles Pasqua la qualifie de "dégueulasse" pendant qu'Alain Juppé rappelle que doit exister entre les deux candidats un code de bonne conduite. On croit rêver ! C'était bien mal parti. Même si les deux protagonistes feignent d'ignorer les sondages, la campagne s'animera en fonction du verdict bi-hebdomadaire des chiffres. Pour Chirac, la cause était désespérée. Dans le duel Balladur/Chirac, le rapport de force se maintenait en faveur du premier avec des pointes qui transformaient le duel en un véritable plébiscite pour l'hôte de Matignon:

Janvier 1994 : Balladur 38 %-Chirac 13 %
Juillet 1994 : Balladur 32 %-Chirac 19 %
Septembre 1994 : Balladur 31 %-Chirac 17 %
Décembre 1994 : Balladur 32 %-Chirac 19%
Janvier 1995 : Balladur 27 %-Chirac 20 %

Candidat, Balladur voit sa cote de popularité s'effondrer :

Début février 1995 : Chirac et Balladur sont à égalité : 22 %

Fin février 1995 : Chirac 26 %-Balladur 20 %

Mars 1995 : Chirac 27 %-Balladur 20 %

Edouard Balladur était en train de payer les conséquences d'affaires en tous genres qui ont éclaboussé le gouvernement, la médiatisation à outrance du dossier de ses revenus de 1993 lorsqu'il était à GSI, des déclarations à contre-courant de ses principaux lieutenants, Pasqua, Léotard et Sarkozy. Enfin, le Premier ministre s'était obstinément trompé de débat en s'inscrivant avant l'heure dans un duel de second tour. En moins de trois semaines la cote de confiance exceptionnelle du Premier ministre s'effrite en raison d'une erreur de stratégie. Edouard Balladur a poursuivi sa route de Premier ministre en faisant une totale abstraction de son image de candidat. Cette dernière a rattrapé le Premier ministre, inexorablement. Il est tombé dans le même piège que Chirac en 1988.

Il était écrit que tout finirait par sourire à Chirac dit un proche d'Edouard Balladur: “Qui a voté toutes les lois du gouvernement Balladur ? Qui s'est permis d'évoquer le travaillisme à la française, qui donnait des leçons sur le libéralisme triomphant...” Pendant que Balladur baisse dans les sondages, Chirac poursuit sa route en pourfendeur du rassemblement et du consensus. Les cartes sont distribuées. A Séguin le modernisme social, à Juppé la sagesse et la modération, à Madelin l'indépendance et la caution de l'UDF. Pour Chirac et les siens, la partition du libéralisme a trop été jouée. Elle est devenue synonyme de conservatisme. A Balladur de finir de l'exploiter. Jacques Chirac entame un virage à gauche et s'engouffre dans le registre du changement pragmatique.

Tout au long de ses meetings, on écoute le même credo : celui de la fracture sociale, les effets dramatiques d'une politique dont le seul objectif serait la lutte contre l'inflation au détriment de l'emploi, la condamnation des placements sans risque et de la spéculation... Mais que préconise Docteur Chirac : l'augmentation des salaires, l'incitation à l'embauche, la diminution des impôts... C'est dans son discours fondateur du 17 février 1995 que Jacques Chirac a donné le ton à sa campagne en exprimant des idées nouvelles, inspirées notamment par Philippe Séguin et Alain Madelin, mais surtout par une longue et fructueuse "traversée du désert" de deux années. Le candidat Chirac le proclame en terme de constat : "Oui, il existe aujourd'hui une France vulnérable, une France blessée, qui paie par le chômage et l'exclusion la facture de nos conservatismes. Et l'autre France ne peut pas l'accepter. Les deux France sont solidaires. Elles le seront dans la difficulté. Elles peuvent l'être demain dans le renouveau (...)

En s'appuyant sur des mesures concrètes, fondement du "pacte républicain", Jacques Chirac s'est employé à opérer un "retour au peuple" qu'il précise à l'occasion de ses nombreux déplacements en province comme à Nancy, le 19 janvier 1995 : "Si j'ai choisi de m'éloigner des ors de la République, si j'ai pris le risque d'une certaine solitude, c'est parce que je veux aujourd'hui me tourner vers la France et non vers le pouvoir."

Jacques Chirac a banalisé l'effet Balladur et volé une partie du programme de Jospin. De quoi tomber dans les ... pommes ! "Et en plus, il est en passe de devenir un des meilleurs à la télévision", confirme Jean-Michel Goudard, le publicitaire préféré de Jacques Chirac. Le Président du RPR avoue lui même qu'il est moins crispé et que son message passe mieux. Le face-à-face avec Lionel Jospin confirmera cette impression. Ce débat pourtant très prisé a rompu avec la tradition. Il s'inscrivait dans la logique d'une campagne new-look où l'on a découvert Jacques Chirac plus serein et plus souriant.

Désormais Chirac incarne la volonté et le renouveau en se taillant une réputation exceptionnelle auprès des jeunes. On ne tient plus compte de ce qu'il a été mais de ce qu'il est. La France avait besoin d'un autre discours. A l'étranger on le perçoit comme tel ; témoin le journal anglais "The Economist": "Il est un radical au sens français du terme, un homme du centre, de la tolérance et de la modernisation."

Les fruits de la passion

Jacques Chirac en a usé des "communicateurs" zélés, spécialistes de l'image, faiseurs de miracles, magiciens de l'art de sourire à la télévision. Mal perçu par le public, l'objectif principal des conseillers en communication était de corriger l'image trop droitière et trop militante de Jacques Chirac, due à l'impatience de sa détermination et au martèlement de sa conviction. Jacques Chirac se juge lui même: "la télévision déforme et accélère. Si on ne fait pas attention, on passe vite pour un excité. J'ai eu le tort, au début, de ne pas m'en préoccuper et j'ai donné de moi une image caricaturale." Caricature, le mot est lâché. Derrière les marionnettes du "Bébête show" ou des "Guignols", il y a des génies qui s'ignorent. Ils n'ont pas seulement le talent de faire rire mais celui de détenir les clefs de la réussite du marketing politique. Ces marionnettes traduisent de façon caricaturale une réalité tangible. Après la pomme clin d'oeil symbole de la campagne de Jacques Chirac, les "Guignols" apparaissent comme le "fruit de la passion" des français pour la politique. Les "Guignols de l'info" ont réconcilié les français avec la politique, phénomène encore plus sensible chez les jeunes. Canal + a réellement façonné l'image de Jacques Chirac durant la campagne de 1995.

Grâce à un trio surdoué composé de Benoît Delépine, Bruno Gaccio et Jean-François Halin, Jacques Chirac est devenu un personnage attachant et finalement séduisant. La démarche de ces talentueux créateurs est saine et sans arrière-pensées. Ils le disent eux-mêmes "le seul fait d'avoir une marionnette à son effigie rend sympathique". C'est dans ce sens qu'ils précisent que l'absence de Le Pen n'est pas du tout un oubli. Afin de monter son impatience et d'accentuer une oisiveté factice dans l'attente de l'élection présidentielle, la marionnette de Jacques Chirac lâchera un pathétique: "Putain deux ans, qu'est-ce que je m'emmerde !" La chevauchée solitaire d'Edouard Balladur au sommet des sondages transformera Chirac en un loser qui deviendra bien vite une victime expiatoire. Le Maire de Paris apparaît alors à l'écran avec sept ou huit couteaux dans le dos.

La précision du vocabulaire et des intonations étonnent les observateurs et l'entourage de Jacques Chirac. L'expression "pilpoil" appartient au langage réel du Maire de Paris. En privé ou avec des proches, ce dernier ne se gêne pas pour lâcher quelques locutions aussi grasses que paillardes qui feraient retourner dans la rue des bigotes du XVIe arrondissement.

Il a bien fallu qu'un observateur rapporte ces détails si croustillants pour que la copie soit aussi vraie que nature. Jacques Chirac a eu l'occasion d'évoquer les Guignols, "une ancienne tradition culturelle française et une forme d'art qui a toujours existé".No comment !

Pourtant, les coulisses du pouvoir ont soufflé le chaud et le froid, tant et si bien qu'une menace de disparition des "Guignols" était dans l'air. La cellule de communication du Maire de Paris n'a pas vraiment analysé les bienfaits de la marionnette de Jacques Chirac sur l'opinion, se bornant à dégager une image au premier degré. Même Claude Chirac ne comprendra pas tout de suite l'impact réel et interpellera les responsables de Canal + sur les conséquences que pourraient avoir la marionnette de son père sur l'opinion. Sa maîtrise de la communication et son sens du relationnel lui interdiront d'aller au clash lorsque la polémique envahira les médias. Plus tard, Claude demandera un best-off en cassette vidéo de la marionnette de son père, pour le lui offrir le jour de son anniversaire.

Dans l'entourage du Maire de Paris, on reconnaît que Jacques Chirac était positionné clairement par les "Guignols" comme le prochain Président de la République en renforçant l'idée que c'était enfin son tour et en marquant l'impatience de ce dernier depuis 1993 avec le fameux "Putain deux ans !" La marionnette de Jacques Chirac rattrape même son illustre personnage. A l'occasion d'un de ses voyages en province, le Maire de Paris a visité une usine de charcuterie. Il a demandé au directeur de l'établissement, combien de temps fallait-il pour faire une bonne andouille ? Le directeur a répondu instantanément : "deux ans !" Incontestablement les "Guignols" ont contribué au succès de Jacques Chirac à l'élection présidentielle.

Le rôle éducatif des "Guignols" peut paraître paradoxal, pourtant des dossiers d'actualité comme le GATT ont donné lieu à un nouvel éclairage pour les adolescents qui, à travers un dialogue désopilant, ont compris les enjeux français de ce dossier brûlant, extrait :

Patrick Poivre d'Arvor (PPD) :
Sans transition, je reçois Edouard Balladur et Jacques Chirac.

Edouard Balladur et Jacques Chirac (en choeur) : Bonsoir !

PPD : Alors, Monsieur Balladur, comment évolue le dossier du GATT ?

Edouard : Nous nous acheminons vers un accord équilibré. Les choses évoluent favorablement pour ce qui est de l'exception culturelle ...

Jacques : Très bien, très bien, ... Bon, bon : l'exception. Les films-tout ça, la culture machin, bravo, bravo !

Edouard : ... Et pour ce qui concerne le dossier agricole, un peu de souplesse dans notre position serait ...

Jacques : Non, non, non, non et non ! Pour les agriculteurs, il faut que tu sois ferme, Edouard ! Les Américains, tu leur rentres dans le mou. Plein pot.

Edouard : Jâââcques ! Une telle intransigeance risque de bloquer le commerce mondial ...

Jacques : Mais quel égoïste celui-là (s'adressant vers PPD) Vous avez vu comment il est, il ne pense qu'à son commerce mondial à lui ! (en direction d'Edouard) Rien du tout, tu ne lâches rien du tout !

Edouard : Mais enfin, Jâââcques pourquoi ?

PPD : Oui Monsieur Chirac pourquoi ? (il paraphrase Edouard) Se bloquer sur le volet agricole risque de nous mettre à l'écart du monde ...

Jacques : Mais putain ! le reste du monde on ne le voit jamais ! tandis que les agriculteurs, on les voit tous les week-ends. (Vers PPD) C'est que c'est teigneux les paysans. Moi, j'ai une maison là bas si on les énerve, ils sont capables de déverser leur lisier dans ma piscine ...

Edouard : Jâââcques !

Jacques : Ah ! je ne me suis tout de même pas fait chier tout l'été à me taper 20 000 kilomètres au cul des vaches pour qu'on me foute tout en l'air ... (Vers PPD) J'ai fait tous les bleds, la France est truffée de ploucs, je leur ai tous serré la main. En plus, il m'ont fait bouffer de ces trucs ! Inouïs ... Tout ce qui peut se manger dans un cochon je l'ai mangé : le sabot, les dents, les cheveux tout ! ... (Effondré) J'ai même mangé du pis de truie ! Ah ! Ah ! Ah ! ...

PPD : Monsieur Chirac, calmez vous.

Jacques :..j'en ai même repris deux fois. Et j'ai bu des trucs insensés ! Ils font de la liqueur avec tout : mirabelles, patates, oignons, tout ! (prenant PPD à témoin) Ils font même de la liqueur de cochon. Avec des morceaux de groin dedans ! Des verres comme ça que j'en ai bus ! Ras bord ! C'est inouï ce que j'en ai chié. Inouï. Ah...

PPD : Monsieur Chirac...

Jacques : Résultat, j'en ai chié ... Mais les agriculteurs, ils m'ont proposé un boulot dans deux ans. (agressif vers Edouard) Alors tu vas tout me foutre en l'air avec ton commerce mondial de rien du tout, hein ? Egoïste !

Edouard : Jâââcques, gardons la tête froide, évitons la démagogie.

Jacques : Edouard, c'est pas compliqué. Ou tu fais comme je te dis ou tu brises notre amitié de trente ans.

Edouard : Jâââcques ! ...

Jacques : Quoi ! tu veux briser une amitié de trente ans ?

Edouard : Je ne sais pas ... Vous savez Monsieur le Maire de Paris, cette amitié de trente ans pour moi, c'est tellement nouveau ...

PPD : Messieurs, je vous remercie.

Jacques (en aparté) : Putain ! Qu'est ce qu'il m'emmerde !

La victoire

L'art consommé de séduire les électeurs a enfin payé. Démontrer aux français que son combat engagé voici vingt ans n'était pas vain. Chirac a poursuivi son chemin en tenant compte des échecs qui l'ont fait toujours rebondir. Il a mûri et s'est assagi. Le message est enfin passé. La surprise du premier tour avait pourtant bien failli rompre le bel élan de la campagne. Les sondages avaient donné une avance confortable pour Jacques Chirac, alors qu'une incertitude pesait sur l'issue du second et sur la présence du candidat socialiste.

Avec 20,84 % des voix, Jacques Chirac distançait de justesse EdouardBalladur, 18,58 % alors que Lionel Jospin venait en tête avec 23,30 %. L'appel au rassemblement de la majorité et l'engagement des partisans d'Edouard Balladur pour le second tour suffiront à Jacques Chirac pour l'emporter avec 52,64 % des suffrages. Il devenait le cinquième Président de la Vème République.

Il est 18 H 35, Jacques Chirac connaît les premières estimations mais reste prudent. Flanqué de ses proches, Jacques Toubon, Alain Juppé, Philippe Séguin, Roger Romani, François Baroin, Jean-Louis Debré, Hervé de Charette, Charles Millon et Alain Madelin,

Jacques Chirac est en train de vivre les heures les plus importantes de sa carrière. Ils sont tous là, debout dans son bureau de l'Hôtel de ville, en chemise et cravate autour de leur champion pour savourer les premiers moments de la victoire. Une heure plus tard, Chirac sait qu'il a gagné et sidère son entourage : "il est impassible", confie un des témoins de la soirée. A 20 H 49, Claude sa fille lui ouvre la voie, le nouveau Président va faire sa déclaration dans la salle des fêtes de l'Hôtel de ville. Roger Romani le questeur de la mairie de Paris et Bernard Bled, secrétaire général du Conseil de Paris et futur directeur du cabinet du nouveau Maire Jean Tiberi emboîtent le pas d'un homme calme et ému qui va s'adresser à la nation.

Au quartier général de l'avenue d'Iéna, c'est l'extase, les amis du Maire de Paris se pressent pour féliciter celui qui a porté toutes les espérances de la majorité. Place de la Concorde, les jeunes de la "génération Chirac" ont envahi le macadam et participeront à un gigantesque concert qui se prolongera tard dans la nuit. De l'émotion mais beaucoup de sobriété. Beaucoup d'images aussi qui resteront longtemps gravées dans les mémoires. Les larmes de joie d'hommes d'Etat fragilisés soudainement par une forte émotion, ceux là même si souvent habitués à la rigueur et l'ingratitude des combats électoraux. Le nouveau Président exprime sa joie sans excès comme pour en réserver une parcelle à son intimité. Sa première déclaration démontre s'il en était besoin sa réserve et son stoïcisme face à l'engouement de ses partisans. Il pense déjà à l'avenir :

"Je mesure la gravité des responsabilités qui vont être les miennes. Je mesure la difficulté de la tâche qui nous attend.
Comme vous, je veux un Etat vigoureux, impartial, exigeant pour lui-même et soucieux de la bonne utilisation des deniers publics, un Etat qui n'isole pas ceux qui gouvernent du peuple qui les a choisis. Notre bataille principale a un nom : la lutte contre le chômage(...) Ce soir je pense à mes parents. Je pense aux patriotes simples et droits dont nous sommes tous issus. J'aurai accompli mon devoir si je suis digne de leur mémoire. Soyons unis, mes chers compatriotes, soyons tolérants et fraternels. Mais soyons aussi inventifs, audacieux, conquérants. Alors la France redeviendra un phare pour tous les peuples du monde et c'est sa vocation."

Le nouveau Président va se démarquer considérablement de

son prédécesseur en changeant le style et les artifices extérieurs de la fonction présidentielle.

Dès le soir de son élection, il précise à son fidèle chauffeur Jean-Claude Laumond: “Préparez la CX pour ce soir !” Ce véhicule n’est en fait que le “mulet”. Jacques Chirac ne cache pas avoir un faible pour ce véhicule pourtant moins confortable que sa voiture de fonction. En fait, à travers ce choix, le Maire de Paris donne une première tendance à ce que sera son style.

A 22 h 06 , Jacques Chirac quitte son QG de campagne à bord de sa CX immatriculée en Corrèze, et entame une randonnée triomphale dans les rues de Paris. Fenêtre ouverte et sourire complice, il est escorté par une meute de journalistes à moto. Se rendra-t-il place de la Concorde ? La voiture présidentielle fait un détour par la rue de Tournon. Bernadette Chirac descend. On apprendra le lendemain qu’elle s’est rendue chez l’homme d’affaire François Pinault, ami des Chirac. Finalement, le nouveau Président rentre à l’Hôtel de ville. Il a le triomphe modeste. Mais surtout il est désormais le Président de tous les français. Le lendemain, le nouveau chef de l’Etat , qui n’est pas encore investi, prend place sur la tribune présidentielle aux côtés de François Mitterrand pour la commémoration de l’Armistice du 8 mai 1945. Les deux adversaires d’hier apparaissent comme deux vieux complices. Galant, Chirac se baisse pour ramasser le foulard que Danielle Mitterrand a laissé tomber.

Le 17 mai 1995 date de la passation des pouvoirs, Jacques Chirac se rend aux aurores à Colombey-les-Deux-Eglises. A 7h00 du matin Chirac s’incline sur la tombe du général de Gaulle, son panthéon à lui. A 10h59, Jacques Chirac arrive à l’Elysée. Il est reçu sur le perron par son prédécesseur avec qui il s’entretient pendant une heure. François Mitterrand lui transmet le code secret de la force de frappe nucléaire et quelques autres secrets d’Etat . Dans la grande salle des fêtes, le Président du Conseil constitutionnel, Roland Dumas - lui aussi limousin - proclame officiellement les résultats de l’élection présidentielle. C’est en présence de son épouse et de ses deux filles Laurence et Claude que Jacques Chirac reçoit des mains du général Forray, chancelier de l’Ordre de la Légion d’honneur, le collier de Grand-Croix de la Légion d’honneur. Au même moment quatre chars AMX 30 situés aux Invalides tirent vingt et un coup de canons comme le veut la tradition. Jacques René Chirac est le vingt-deuxième Président de la République, le cinquième Président de la Vème République.

Dans l'après midi, Jacques Chirac remonte les Champs-Elysées, debout dans une SM décapotable, acclamé par 50 000 parisiens. Sous l'Arc de Triomphe, il rallume la flamme du soldat inconnu. En violation de toutes les règles de sécurité il ne résiste pas au plaisir d'un dernier bain de foule avant de devenir prisonnier de sa fonction. Jacques Chirac, Président de la République et Bernadette son épouse, première dame de France, venaient d'inaugurer un nouveau style, plus dépouillé et plus en harmonie avec la volonté de renouveau exprimée par les français.

Le nouveau Président nommera Alain Juppé comme Premier ministre et un gouvernement véritable commando pour combattre le chômage. Parmi les premières mesures du Président, on remarquera la suppression des artifices de la République avec la disparition du GLAM et des mesures importantes sur le ralentissement du train de vie de l'Etat. Enfin, Jacques Chirac souhaitera remettre "le législatif" à sa vraie place et il soumettra une loi constitutionnelle pour étendre le champ d'application du référendum et organiser une session unique des assemblées. Alain Juppé, ce fidèle parmi les fidèles, défenseur inconditionnel du "code de bonne conduite" entre chiraquiens et balladuriens durant la campagne, symbolise la réussite d'une nouvelle génération d'hommes politiques. Il évoque sa première rencontre avec le nouveau Président: "Je suis arrivé dans son équipe en 1976 lorsqu'il était Premier ministre. C'était Jérôme Monod, son directeur de Cabinet qui m'avait alors recruté.

"Jacques Chirac m'a un jour demandé si je ne voulais pas me lancer en politique. C'est dans les Landes qu'il m'a véritablement mis le pied à l'étrier. Je me souviens que nous étions allés faire des essais de TGV sur la ligne de Bordeaux."

Il confirme la mutation de Jacques Chirac au cours de ces dernières années : "Les discours de Jacques Chirac depuis plus de 10 ans m'inspirent une grande continuité dans la pensée. La liberté économique reste le meilleur garant du progrès économique et du progrès social. Il en va de même pour ses positions en matière de construction européenne et de solidarité des pays européens sur le plan de la défense et de la sécurité. Il n'a pas varié sur ses sujets aussi essentiels depuis plus de 10 ans. Ce sont des convictions profondes."

Et il conclut : "Jacques Chirac a une personnalité très complexe, ce n'est ni un homme superficiel, ni un homme autoritaire et brutal qu'une certaine presse a voulu nous dépeindre. Ce n'est pas non plus l'homme affable et sans épaisseur que certains veulent nous décrire. C'est un homme qui a une personnalité très riche, excessivement dense et à plusieurs facettes. Sa qualité première, le sens du contact et son attention aux problèmes d'autrui."

CHAPITRE XVII

Chirac intime

Lui

"Je ne tiens pas à montrer la couleur de mes chaussettes à toute la France" répond Jacques Chirac à Anne Sinclair qui souhaitait tourner "Questions à domicile" dans les appartements de l'Hôtel de ville ou en Corrèze. La journaliste insiste. Mais le Premier ministre ne cède pas: "Ecoutez, j'ai toujours eu pour habitude de mettre une frontière entre ma vie privée et ma vie publique." Le journaliste Pierre Jouve et le psychanalyste Ali Magoudi qui réalisent un "Portrait total" de Jacques Chirac pour TF1, se heurteront aux mêmes difficultées. Ils harcèlent le Maire de Paris de questions très personnelles. Jacques Chirac s'impatiente et fini par lâcher : "Ecoutez mon vieux, j'ai horreur d'emmerder les gens. Je ne suis pas indiscret de nature. Je demande donc la même chose pour moi. Je demande qu'on me foute la paix." Les deux interviewers s'obstinent: "François Mitterrand montrait sa salle de bain à qui voulait. Parce que Jacques Chirac n'a pas voulu nous montrer la sienne, nous avons été obligé de le pourchasser jusque dans ses appartements (...) Chaque fois que nous repartions tard le soir après le tournage, Jacques Chirac nous saluait au bas de l'escalier de son appartement et nous insistions pour venir mais il faisait semblant de ne pas nous entendre en nous disant : Bon retour !".

L'homme puise au plus profond de lui-même une force spirituelle qui semble guider ses pulsions. Pour les décisions importantes, la gestion de son environnement personnel, il se réfugie dans une solitude rigoureuse et à la fois mystérieuse. L'homme se veut secret et veille jalousement sur son "patrimoine affectif". Il a des côtés très mystiques qui s'expliquent sans aucun doute par sa passion des phénomènes religieux. Catholique, et particulièrement assidu à la pratique religieuse lorsque ses contraintes de responsable politique le lui permettent, il s'intéresse de très près aux croyances et aux idées. La venue du Dalaï Lama à l'Hôtel de ville illustre bien cette passion de Jacques Chirac. On retrouve ce même phénomène dans son attachement à des objets, statues, ou gravures qui trônent dans son bureau. Il se tourne alors vers une sorte d'animisme. Soucieux de réaliser ses plus grands desseins, il reste très vigilant sur sa personne. Il respecte les règles fondamentales de l'équilibre et d'une hygiène de vie qu'il se fabrique en fonction de son emploi du temps. Quelques séances de gymnastique, une nourriture riche et abondante aux heures des repas et des minutes précieuses de récupération durant la journée afin de pallier les courtes nuits de sommeil.

Depuis son entrée en politique, Jacques Chirac est, de fait, exposé aux objectifs des photographes et des caméras, traqués par les journalistes à l'affût de la moindre indiscrétion. En choisissant l'existence de ceux qui briguent les suffrages des électeurs, il en a accepté les contraintes inhérentes. Du Chirac intime, on ne connaît que l'homme pressé et la bête de travail. Couché à trois heures du matin, levé à sept heures. Un sommeil court mais parfaitement dosé. "Je vis trente-six heures sur vingt-quatre" aime-t-il à répéter à ceux qui s'interrogent sur sa résistance. Il pratique le "micro-sleep" lors de ses déplacements en voiture ou en avion. Un masque sur les yeux, il ne lui faut pas plus de quelques minutes d'un sommeil réparateur pour être en forme. Sa santé, il ne l'évoque même pas car il ne connaît aucun problème particulier. Aucune séquelles de son accident en Corrèze de 1978. Il ne fume plus depuis plusieurs années. Juste un check-up par an et ... des caries ! Rien ne peut perturber ce sagittaire qui peut enchaîner la dégustation de son plat favori, la tête de veau sauce gribiche après un cervelas. Une telle nourriture paysanne ne parvient même pas à inquiéter sa ligne. Dans sa salle de bain, il a fait installer trois radios pour écouter les dernières nouvelles et les commentaires des éditorialistes. Le plateau du petit déjeuner est installé sur une table roulante qu'il promène aux quatre coins de ses appartements : une tasse de café noir allongé d'une crème liquide importé des Etats-Unis et un assortiment de gâteaux au chocolat. En même temps, il parcourt la revue de presse qu'on lui a préparé et commence à passer ses coups de fils ... toujours urgents. Maniaque du combiné, il lui arrive souvent d'utiliser deux lignes à la fois sans que ses interlocuteurs s'en aperçoivent.

Pour sa garde-robe, il fait confiance à sa femme Bernadette ou à sa fille Claude. N'ayant ni le goût ni le temps d'aller faire du shopping chez les couturiers, les séances d'essayage ont lieu à l'Hôtel de ville. Guy Laroche, aujourd'hui décédé, était un habitué des lieux : "Monsieur Chirac est toujours pressé et arrive à chaque fois un dossier à la main. Il se détend au bout de quelques instants en s'adressant au coupeur avec bonne humeur." Stressé, il arrive au couturier de commettre quelques impairs. "A son retour d'un voyage aux Antilles", racontait Guy Laroche, "il m'a appelé pour me dire que son pantalon était un peu long. Lorsqu'on me l'apporta, j'étais stupéfait. L'ourlet n'avait pas été retouché. Je pestais d'autant plus sur les séances d'essayage trop expéditives!" Pour tous les jours, le célèbre couturier conseillait au Maire de Paris des ensembles très classiques : "Un pantalon en flanelle gris foncé, une chemise bleu ciel, une cravate ornée de motifs bordeaux et des blazers marine." Par fidélité à son ami défunt, Jacques Chirac s'habille toujours chez Guy Laroche, mais reconnaît lui faire quelques infidélités avec Pierre Cardin, Christian Dior et Christian Lacroix. Sa couleur préférée, le bleu. Il a une passion pour les chaussures de marque Weston qui n'a de britannique que le nom puisqu'elles sont fabriquées en Limousin. En week-end, Jacques Chirac quitte avec empressement sa tenue de ville et enfile une grosse veste en laine beige, un jean, et ses précieux mocassins indiens en peau, offert par Max Groslouis, chef de la tribu des Hurons de Montréal.

Si Jacques Chirac part en tournée électorale ou en voyage, Bernadette procède à la sacro-sainte préparation des valises. A quelques minutes du départ, il défait systématiquement les sangles des bagages pour modifier le choix des cravates ou glisser une chemise "porte-bonheur". Quatre à quatre, il dévale les escaliers de l'Hôtel de ville et s'engouffre dans sa voiture conduite depuis trente ans par son dévoué chauffeur, le truculent Jean-Claude Laumond. As du volant, il s'entraîne régulièrement comme un pilote professionnel sur le circuit du Mans et pratique la condiute sur glace à Chamonix. Suivre la voiture de Chirac relève de la performance. Le soir de la victoire, le dimanche 7 mai 1995, les motos de France 2 qui retransmettaient en direct le parcours du nouveau Président dans Paris en liesse ont réussi l'exploit de ne pas se faire semer.

Sur Jacques Chirac, sur ses joies et ses peines, ses caprices et ses lubies, Laumond sait tout. Il est sans doute l'une des deux ou trois personnes, en dehors de sa famille, à connaître aussi bien Chirac. Inutile d'essayer de lui arracher la moindre indiscrétion. Laumond est une tombe. Pourtant ses confidences vaudraient de l'or. Que d'intrigues politiques se sont nouées sur la banquette arrière de la Renault 25 du futur Président? En voiture, Jacques Chirac passe son temps à batailler avec ses téléphones de plus en plus sophistiqués : “Laumond expliquez moi à quoi servent tous ces boutons.” Les conversations du Maire de Paris ne relèvent pas toujours du secret d'Etat. Il lui est arrivé de téléphoner au directeur de la propreté de Paris pour signaler des graffitis sur un monument de la capitale. Ou encore d'appeler les pompiers parce qu'il avait aperçu un canard coincé dans une gouttière. Se plier aux contraintes de l'emploi du temps du Maire de Paris tient de l'exploit. Quand Chirac est pressé, il lance un “A cheval !”. Laumond a compris, il va falloir foncer et éviter à tout prix les embouteillages. “Il m'est arrivé d'être bloqué dans la circulation, mais nous étions presque arrivés. Jacques Chirac, alors Premier ministre, est descendu de la voiture et a continué à pied jusqu'à la rue de Varenne”. Coincé au milieu d'une cohorte de lycéens qui fêtaient mardi gras dans une débauche de farines et de confettis, Chirac ouvrit sa fenêtre et s'adressa aux joyeux fêtards: “Nous venons de bien nous amuser. Soyez gentils de me laisser passer et continuez sans moi !” Avec Chirac, il faut être totalement disponible. Les changements de programme sont fréquents. En route pour la gare d'Austerlitz, Chirac prévient son chauffeur :

- “Laumond, finalement, j'ai décidé que nous partirons en voiture.
- Interloqué il se tourne vers son patron :
- Mais Monsieur le Premier ministre, je n'ai aucune affaire avec moi.
- Tenez voilà de l'argent, achetez-vous un rasoir et une brosse à dents et partons au plus vite.
- C'est ça la vie avec Chirac”, conclu le fidèle collaborateur.

La voiture est aussi un lieu de détente. Chirac en profite pour lire ou écouter un cassette de Boulez. Ses longues jambes étendues, il s'assoupit.

Ses rares vacances, Jacques Chirac les a longtemps passées en Corrèze dans son château de Bity. Là, il se retrouve en famille aux côtés de ses filles et de son épouse. L'acquisition de cette propriété fit couler beaucoup d'encre, tant elle stigmatisait la réussite sociale de Jacques Chirac. Perchée sur une colline, le repaire du député de la Corrèze est une demeure XVIIème. En 1606, le château appartenait à un certain Johan Dupuy, juge de la Roche-Canillac. En compulsant les archives de la bibliothèque de Bity, on retrouve la liste de nombreux propriétaires, dont un mousquetaire du roi, Jean Gabriel, un Maire de Sarran, la commune voisine, un commandeur de l'Ordre de Malte ... En 1925, le château fut racheté par le consul de Grande-Bretagne, William-Noël Lucas Shadwell qui y accueuillit le fondateur de l'Armée Rouge, Léon Trotsky. Hélas, les séjours de Chirac en Corrèze ressemblent trop souvent à des "devoirs de vacances". Ses coordonnées figurent dans l'annuaire des P et T, et les corréziens profitent de sa présence pour le solliciter. A tel point que Jacques Chirac est contraint de partir à l'étranger lorsqu'il souhaite vraiment se reposer: Maroc, Tunisie, Suisse, Etats-Unis, Sultanat d'Oman... Loin des remous de la vie politique française, Chirac peut enfin se retrouver en famille, avec ses deux filles Laurence, 37 ans et Claude 32 ans... Il lui arrive de les écouter beaucoup et de jouer aux cartes avec elles certains dimanches. Il adore le gin-rummy, mais Laurence et Claude préfèrent jouer à la belote ou à la Canasta.

Personne ne peut ignorer le penchant de Jacques Chirac pour la gastronomie et la cuisine, il l'évoquait au cours d'une émission sur Europe 1 il y a 10 ans: "J'ai pris des leçons de cuisine très jeune à l'école du Cordon Bleu. Mon talent était modeste. Je vous livre certainement un "scoopinet". Sachez tout de même que j'ai un certain orgueil à l'égard de mon pot au feu." Côté cuisine, Jacques Chirac a la réputation de posséder un bon coup de fourchette mais la diversité de ses mets favoris ne le classe pas parmi les "fines gueules". La tête de veau a plus nourri la légende que satisfait pleinement le prétendu gastronome. Epicurien peut-être, mais aussi iconoclaste lorsqu'il préfère dévorer ses sandwiches au pâté, arrosés d'une bonne 1664 de Kronenbourg alors qu'il vient de quitter Bordeaux. Le Maire de Paris peut enchaîner la dégustation d'une fumante potée auvergnate accompagnée d'un dessert pyramidal dégoulinant de sucre et de caramel.Le chou farci appartient aux classiques, tout comme le jambon d'Auvergne ou la queue de boeuf en daube. La cuisine exotique ne lui déplaît pas non plus. Ses nombreux voyages lui ont permis d'apprécier les spécialités d'outre-

Atlantique. Depuis quelques années, il organise des déjeuners dans les restaurants américains de la capitale. Il connaît les Etats-Unis depuis sa jeunesse et ses différentes incursions lui donnent envie de renouer avec son passé. Il y a un peu plus d'un an, sa fille Claude accompagnait son père aux Etats-Unis pour un voyage au cours duquel était programmée une visite symbolique à l'Université d'Harvard. L'occasion de déguster des hamburgers et des milk-shakes. Quant à la nouvelle passion de Chirac pour la pomme, elle ne date pas d'aujourd'hui. Combien de fois le Maire de Paris n'a-t-il pas croqué une pomme au cours de voyages où il avait quelques moments de répit, entre deux transferts en voiture !

Du côté de son entourage, outre les relations amicales qu'il cultive avec Michel François-Poncet le parrain de sa fille Claude, Jacques Friedmann le Président de l'U.A.P. et Jérôme Monod celui de la Lyonnaise des Eaux, Jacques Chirac s'est rapproché d'un certain nombre de patrons qu'il rencontre fréquemment. François Pinault, le patron du groupe Pinault-Printemps-La Redoute fait partie de ce cercle très fermé de décideurs qui ont “l'oreille” de Chirac. Le nouveau Président prend bien souvent le pouls de l'économie française en sollicitant ses “copains” pour avoir un avis sur tel ou tel sujet - Didier Pineau Valencienne, le patron de Schneider, Jean François Dehecq celui de Sanofi, Henri Lachmann de Strafor et bien entendu Pierre Dauzier d'Havas.

Première dame de France

Si Mademoiselle Bernadette Chodron de Courcel avait respecté les usages de son milieu, elle ne serait jamais devenue l'épouse du vingt deuxième Président de la République française. Lorsqu'à dix-sept ans, elle rencontre un certain Jacques Chirac dans les couloirs de Sciences-Po, il n'est qu'un simple étudiant aux origines sociales modestes. Chirac a décidé de conquérir cette jolie blonde timide et très “bcbg”. Bernadette se laisse séduire. Trois ans d'idylle, deux ans et demi de fiançailles avant de se marier en mars 1956.

Le sous-lieutenant Chirac vient à peine de convoler en justes noces, le voilà parti en Algérie pour faire la guerre. Ce départ préfigure toute l'existence du couple. Un Chirac fonceur et une épouse solide qu'on surnomme la "tortue", son animal fétiche. "Obéir et exister" pourrait être la devise de cette femme qui a su admirablement seconder son énergique mari. Elle est pour Jacques Chirac un point d'ancrage. Bien qu'il ait choisi une carrière de battant, souvent par monts et par vaux, il a toujours eu besoin de puiser auprès de Bernadette réconfort et assurance.

En tout point, elle partage ses opinions politiques étant ellemême cousine d'un célèbre compagnon de route du général de Gaulle, Geoffroy de Courcel qui a rejoint l'homme de Londres dès 1940. En revanche, ses options religieuses sont beaucoup plus tranchées que celle de Jacques Chirac. Catholique, elle est pratiquante pour deux. On l'a même dit adepte de la messe en latin et hostile à l'avortement. En 1979, elle intervient en faveur des traditionalistes de l'église Saint-Nicolas du Chardonnet à Paris menacés d'expulsion. Ils y officient toujours.

Dès 1965, lors de la première campagne électorale de son mari en Corrèze, elle est à ses côtés. Malgré le rythme infernal imposé par "Jacquou-le-croquant" et une navette incessante entre Paris et la province, Bernadette ne lui fait jamais défaut. Ce qui ne l'empêche pas, par ailleurs, de se consacrer à ses passions. Alors que Jacques Chirac est ministre de l'Agriculture, plus que jamais happé par ses fonctions, Bernadette se retrouve sur les bancs de l'Université. Chirac est furieux. "Ecoutez, je suis assez grande pour me débrouiller toute seule" lui lance Bernadette qui s'inscrit à des cours d'archéologie. "Elle allait à Paris-I et étudiait un sujet particulièrement difficile sur les carrières de pierre dans l'Orléanais au XIVème siècle. Cela m'avait épatée. Il fallait qu'elle connaisse tous les monuments de l'Orléanais de cette époque, en étudiant le matériau utilisé pour leur construction et l'emplacement des carrières. Un sacré programme se souvient Béatrice de Andia.

Chirac Premier ministre, son épouse s'installe à l'Hôtel Matignon renouant avec une tradition interrompue depuis le départ du couple Debré en 1962. Elle procède à moult transformations pour rendre plus habitable les appartements privés. Elle commande un service Haviland, les lustres sont redorés et dans le jardin elle fait planter des rosiers. L'élection du Maire de Paris en 1977 va profondément modifier la vie du couple. Ballotté d'une fonction à une autre sous Pompidou, Jacques Chirac a trouvé à l'Hôtel de ville une "maison" pour lui et sa femme. "Nous venions de passer dix ans sous les lambris XVIIIème de Matignon et des hôtels ministériels du VIIème arrondissement et nous arrivions dans un immense palais en faux renaissance, entièrement décoré dans le style Second Empire. Une sorte de château de Marienbad surréaliste" confiait Bernadette à Marc-Ambroise Rendu, journaliste au Monde. C'est elle qui entreprend la réfection et l'entretien des immenses appartements privés mais également la restauration du bureau du Maire. Le plus beau bureau de France doté de grandes fenêtres d'où on aperçoit l'île de la Cité et les flèches de Notre-Dame. La maîtresse des lieux a à sa disposition un maître d'hôtel, plusieurs femmes de ménage et un jardinier. Passionnée par l'horticulture, elle accorde une attention toute particulière à la décoration florale des salles de réception et aux jardins de la mairie. En son hommage, le célèbre Georges Delbard baptisa une nouvelle rose : "Bernadette Chirac" que l'on peut admirer dans les jardins de Bagatelle au bois de Boulogne.

Bernadette Chirac supervise l'ensemble des réceptions. Plus de 300 000 visiteurs par an défilent, à un titre ou à un autre, à l'Hôtel de ville. La mairie est le passage obligé des grands de ce monde, et depuis vingt ans elle accueille les épouses des chefs d'Etat. Gageons qu'à l'Elysée, elle ne sera pas trop dépaysée. D'ailleurs, elle ne souhaite pas changer ses habitudes et ses goûts qui n'ont rien d'extravagant. Ses tailleurs et robes du soir viennent de chez Guy Laroche. Son coiffeur : Claude Maxime. De temps en temps, elle sort dîner dans Paris. Son restaurant préféré : Le Beauvilliers, à Montmartre. Mais comme n'importe quelle parisienne, elle va faire ses courses dans les grands magasins. Au BHV de préférence, situé à deux pas de l'Hôtel de ville.

Bernadette Chirac est une femme active. Comment pourrait-il en être autrement avec un tel mari ? Elle s'est installée dans un petit bureau relié à celui du Maire par un escalier en colimaçon. En bonne place, figurent trois photos : celles de de Gaulle, Pompidou, Chirac. Sur une étagère : une collection de tortues, son animal fétiche. Plusieurs fois par jour, elle téléphone au Maire pour un échange de points de vue ou un conseil. Elle préside une dizaine d'associations culturelles, dont l'Association pour la Promotion des Arts, et soutient diverses organisations caritatives: La Fondation Pompidou ou encore le service "Urgences Mains" du professeur Vilain à l'hôpital Boucicaut. C'est elle qui a en charge l'Arbre de Noël de la Ville de Paris, la proclamation du banc des vendanges à Montmartre, et elle se fait un point d'honneur d'assister aux épreuves sportives telles que le tour de France féminin.

Contrairement à ses prédécesseurs à l'Elysée, Madame Chirac a mené sa propre carrière. "Ma femme est devenue un homme politique" se plaît à dire Jacques Chirac. "Bernadette" est rentrée en politique dans le sillage de son mari. Elle a été élue conseiller municipal de Sarran en 1971. Depuis 16 ans, elle siège également au Conseil Général de la Corrèze. Cette élection fit la joie de Jacques Chirac qui lui offrit pour l'occasion un bracelet de saphirs et diamants. Trois jours par semaine, elle se rend dans son canton : visite de foyers du troisième âge, comices agricoles, concours d'agneaux, soirée de la Croix-Rouge, fête des sapeurs pompiers, remise de médailles, fêtes communales. "Mais où va-t-elle chercher cette énergie ?" s'interrogent les corréziens qui l'appellent familièrement "la mère Chirac". "Elle connaît ses dossiers sur le bout des doigts" tient à préciser son mari.

Dans l'entourage de Jacques Chirac, personne n'a oublié la façon dont elle a obtenu la tête de Marie France Garaud et Pierre Juillet dans les semaines qui ont suivi l'hospitalisation de son mari à l'hôpital Cochin. "J'ai passé une soirée à l'Hôtel de ville au moment du départ de Marie-France Garaud et Pierre Juillet, raconte Béatrice de Andia. Toutes les deux, nous étions allées à l'Opéra puis nous avions pris une petite collation dans les appartements privés. Il était environ 23 heures et l'une de ses filles était présente. Nous avons discuté jusqu'à 4 heures du matin. Avant d'aller se coucher, Monsieur Chirac est venu prendre un verre d'eau et il nous a surpris en pleine conversation. Bernadette a continué de parler de Marie-France Garaud comme si de rien n'était. Elle était particulièrement remontée et plus rien ne comptait."

Depuis cet incident, Bernadette Chirac s'est imposée. Même les caciques du RPR ont appris à ne pas sous estimer son influence dans le domaine politique.

CHAPITRE XVIII

Les médias

Claude

"Les français n'aiment pas mon mari" lâche dépitée Bernadette Chirac au lendemain de l'élection présidentielle de 1988. Claude Chirac, sa fille, aujourd'hui âgée de trente-deux ans, décide de faire partager aux Français l'affection qu'elle porte à son père. Elle commence par lui dispenser de petits conseils vestimentaires qui ne passent pas inaperçus : en 1987, Chirac détonne, arborant au sommet des pays francophones de Québec, un spencer de tweed de chez Guy Laroche. Imperceptiblement Chirac, qui reconnaît ne s'être jamais préoccupé de son image, peaufine son look. Sous l'influence de sa fille, il renouvelle sa garde robe. Chirac prend un coup de jeune.
Alors qu'elle n'est encore que
"la fille de son père", elle accorde une de ses rares interviews à Madame Figaro en juin 1986: "J'ai beaucoup de chance d' avoir un père comme lui. Et pas seulement parce qu'il est drôle. D'ailleurs, il ne me fait pas rire du tout quand il nous fait des caprices de "fils unique". Mais sa grande force, c'est sa générosité. Papa a un coeur grand comme l'Hôtel de ville. Il est capable de se mettre en quatre pour arranger la situation d'une famille désespérée, quitte à prendre sur son sommeil pour trouver une solution ou décaler ses rendez-vous pour parler avec moi s'il sent un brin d'inquiétude ou de désespoir dans ma voix(...) Outre la tolérance, il m'a appris aussi à rester digne devant l'adversité."

Claude réalise son premier coup à l'été 1987. La sulfureuse Madonna, alors au faîte de sa gloire, rencontre de nombreuses difficultés pour la réalisation de son concert à Paris ou dans la périphérie. "Au moment de l'affaire, j'ai pris papa entre quatre murs, je lui ai fait écouter ses disques et découvrir ses clips en lui disant que l'on risquait de se priver d'un événement musical important pour la jeunesse. Je n'ai rien fait de plus. Ensuite il a pris le dossier en main" raconte Claude.

Dans le parc de Sceaux, la petite culotte de Madonna fait un tabac. Pour Chirac, les deux bises de la star sous les lambris de l'Hôtel de ville sont un magnifique coup de pub. La carrière de metteur en scène de Claude Chirac peut commencer. Dans la foulée du grand concert rock, le Premier ministre fait la une du magazine Podium : assis en tailleur sur le gazon de Matignon, il pose en sweat-shirt, blue jeans et basket, un walkman sur les oreilles. Face au grand gourou de la "Génération Mitterrand", Jacques Séguéla, le patron du RPR a enfin trouvé son conseiller en communication.

Diplômes universitaires en poche, Claude Chirac travaille un temps chez RSCG, justement la "boîte de pub" de Séguéla. C'est à partir de 1989 que "Chirac" comme elle l'appelle, lui propose de rejoindre sa "cellule présidentielle" du boulevard Saint-Germain. Au côté de Nicolas Sarkozy, elle a officiellement en charge la "com." de son père, plus spécialement chargée de ses déplacements en province. Celle qui rêvait d'être vétérinaire est en train de vêtir les habits du stratège de la communication politique. Elle le sécurise, lui prodigue des conseils, lui lance des idées novatrices pour ses passages à la télévision. Elle a toujours affronté les épreuves avec une étonnante dignité. Plutôt adepte du jean ou de la veste en daim, elle tire nerveusement sur ses Philip Morris pour annoncer un léger retard de son père à une interview ou pour prévenir un député des aléas d'un timing serré.

Entre deux déplacements en province, elle fera une courte halte dans son appartement du 7e arrondissement pour une nouvelle fois refaire ses bagages. Elle y retrouve son chien Maskou, un labrador offert à son père par le Premier ministre canadien à l'occasion d'un voyage officiel. Claude Chirac ne manque jamais de donner son point de vue. Il lui est arrivé de téléphoner fréquemment à son père en déplacement à l'étranger afin de lui dire comment elle avait perçu sa prestation télévisée en direct, lors du journal de vingt heures. La jeune fille devient omniprésente et fait grincer des dents les crocodiles du RPR. Claude se mêle de tout : elle préconise l'abolition des cortèges de voitures, impose des prompteurs pour les discours de meetings, comme il en existe aux Etats-Unis lors des conventions. Pas une interview écrite ou télévisée qu'elle ne supervise. Dans les meetings, talkie walkie, téléphone portable en main, elle quadrille la salle. Les journalistes apprennent à reconnaître le visage de cette jeune femme qui hante les couloirs des journaux télévisés. Claude gère l'image de son père comme celle d'une star du show-biz, un milieu qu'elle affectionne. Elle lui fait rencontrer des acteurs en vogue, Christophe Lambert ou Vincent Lindon et des champions comme le skipper Loïck Peyron ou le judoka Thierry Rey, qu'on retrouve parmi les pétitionnaires en faveur du candidat à la présidence ou dans les "invités personnels" du Président le jour de la passation de pouvoir. Sur ses conseils, Chirac découvre les plaisirs des émissions de télé autres que politique: "Passions de jeunesse", ou "Mon Zénith à moi". Chirac s'humanise.

Depuis qu'elle est sortie de l'ombre, Claude n'accorde que de très rares interviews. Pas un mot de commentaire. Elle aussi soigne son image. Aucun reportage ne lui est exclusivement consacré. Lorsqu'elle apparaît en photo, c'est toujours aux côtés de son père. La consigne est simple : la vedette c'est lui. Comme bien souvent en politique, les engagements sont faits pour ne pas être respectés. Elle avait affirmé se retirer dès lors que son père serait élu Président. Ayant largement participé au succès de son père, elle répondit favorablement aux pressions de ce dernier pour faire parti de l'équipe de l'Elysée. Aujourd'hui elle attend un heureux évènement.

Les fils de pub

Pour ses conseillers en communication, Chirac est un vrai casse -tête. Le produit Chirac ne manque pourtant pas de qualités. Patron du RPR, c'est un rassembleur. Député de Corrèze, c'est un homme de terrain. Maire de Paris, c'est un gestionnaire. Premier ministre, c'est un homme d'Etat. Physique avantageux, grand, la poignée de main chaleureuse, le tutoiement facile, un cursus brillant, Sciences Po, l'ENA, d'excellents états de services sous les drapeaux, familier du monde politique, "politiquement correct", bref, aucune "casserole"... Chirac est presque trop parfait pour convaincre. La clientèle n'accroche pas.

Avec François Mitterrand, les "publicitaires" se régalent. Politicien professionnel - 11 fois ministre sous la quatrième

République-, il réussit à incarner le changement. Le chapeau de Léon Blum sur la tête, il représente le socialisme à visage humain. Lorsqu'il passe à la télévision, il cligne des yeux et ses canines font peur aux enfants. Mitterrand ne recule devant aucune mise en scène. Il se fait limer les dents à la veille des présidentielles de 1981. Vieux et usé, il est réélu par la "Génération Mitterrand" en 1988.

Longtemps, Jacques Chirac se refusera à consulter les sorciers de la communication. Jusqu'au jour où il décroche son téléphone et appelle Elie Crespi, un conseiller en communication dans les années 70. Chirac le convainc de travailler pour lui. Après quatre heures d'entretien dans un "climat d'écoute exceptionnel" et un dialogue empreint "d'une fluidité relationnelle d'une grande intensité", dira Crespi, Chirac se lance : "Maintenant c'est fini, nous avons besoin de faire de la communication avec de véritables professionnels, nous n'avons pas le droit de nous planter." Il demande à réfléchir. Quelques jours d'hésitation, puis Elie Crespi, tombé sous le charme de son interlocuteur, se lance dans la grande aventure. Après un rapide ravalement de façade, suggèrant par exemple à Chirac de ne plus porter de lunettes, Crespi organise une confrontation entre Chirac et un panel d'une douzaine de personnes. Cet échantillon représentatif de la population française est invité à dire sans retenue tout ce que lui inspire Chirac. Pendant quatre heures, le Maire de Paris assiste à cette mise à nu : "homme d'Etat, extrémiste, fonceur, battant, espoir, grande gueule, diviseur, opportuniste, gagneur...", rien ne lui est épargné. Crespi enregistre la séance qu'il dissèque minute par minute. "Il fallait que le Maire de Paris prît conscience du hiatus opposant sa personnalité et l'image qu'il en donnait" explique Crespi. Cette intrusion dans l'entourage du Maire d'un "vendeur de lessive" ne fait pas l'unanimité. S'appuyant sur des sondages catastrophiques, certains caciques du RPR obtiennent la mise à l'écart de Crespi.

Chirac a besoin de se rassurer et Créspi est vite remplacé par Bernard Brochant vice-Président d'Eurocom et Jean-Michel Goudard, le "G" du célèbre groupe R.S.C.G. (Roux, Séguéla, Cayzac, Goudard). Lors de la campagne de 1978, ils lancent : "la France qui gagne" illustrée par Guy Drut franchissant une haie et "La France qui invente" symbolisée par un Concorde au décollage. En 1986, Brochant et Goudard élaborent une campagne fondée sur trois thèmes : volonté, dynamisme et vitalité. Le nouveau slogan est "Vivement demain". Cravates au vent, l'équipe chiraquienne dévale une verte colline de Corrèze. Chirac est si crispé qu'on lui fait répéter "oustiti, sex" pour lui arracher un sourire. Le photographe Bill King signe une des affiches de la campagne : Chirac le visage hâlé tenant dans ses bras deux jeunes enfants.

Jean-Michel Goudard réussit à se faire accepter par les conseillers chiraquiens qui ont fini par comprendre qu'une élection se gagne aussi et surtout par l'image. Désormais Goudard a voix au chapitre. Ses avis pèsent autant que ceux des plus proches conseillers de Jacques Chirac.

Tous les quinze jours, Jean-Michel Goudard, Jacques Toubon, Edouard Balladur et Jacques Chirac se réunissent pour établir "un plan média." La communication aurait-elle pris le pas sur la réflexion politique ? Goudard prend bien soin de préciser : "Qu'on ne me demande pas de faire le boulot de l'homme politique. Chacun son job. Je suis chargé de communiquer la réalité". Pendant plus de dix ans, Jean-Michel Goudard va façonner l'image de Jacques Chirac, conscient qu'il n'existe pas de formule magique ou de slogan miracle : "La vente d'une lessive passe exclusivement par une bonne campagne de publicité ... Lorsque vous touchez à un homme politique, la pub ne représente qu'un petit bout de l'iceberg. La métamorphose de Mitterrand s'est faite progressivement, par des actions quotidiennes et des coups politiques..."

Pour Jean-Michel Goudard : "Jacques Chirac est un excellent produit" Inutile de lui faire jouer un rôle de composition. Chirac n'a pas besoin d'être "fabriqué". Le seul travail du conseil en communication est de faire comprendre aux Français qui est vraiment l'homme Chirac : "Un homme d'Etat et une nation se rencontrent ou ne se rencontrent pas. Cela appartient à la personnalité de l'homme et au caractère du pays. A un instant donné, le peuple et la nation toute entière ont besoin d'un exorciste ou d'un symbole. Les Américains ont chassé Nixon qui était un magouilleur, ils ont appelé un exorciste qui s'est fait marcher sur les pieds, puis a été ridiculisé. Enfin ils sont allés chercher un cow-boy. C'est en fait une histoire d'instinct. (...) En France, après le grand Pompidou, les Français ont choisi Giscard qui incarnait le "gendre" : brillant, moderne et intelligent. Le "gendre" a fait preuve d' une certaine inconsistance. Alors on nous a vendu la "force tranquille". Tout laisse à penser qu'après la non-action, les Français choisiront un jeune, actif et dynamique qui correspond assez au profil de Jacques Chirac" expliquait Jean-Michel Goudard peu avant l'élection présidentielle de 1988.

En 1981, le Maire de Paris faisait campagne sur le thème "Jacques Chirac, Maintenant". Quatorze ans plus tard, le nom du candidat disparaissait au profit d'un message politique : "La France pour tous". La croix de Lorraine, reléguée au rang des accessoires démodés, était remplacée par un pommier dont les Français n'ont toujours pas compris la réelle signification. 1981 consacrait le pouvoir de la pub. A lire les commentaires de l'époque, François Mitterrand ne devait sa victoire qu'au seul talent de l'équipe de Jacques Séguéla, auteur de "La force tranquille". En 1995, les publicistes restent dans l'ombre. La "com." est passée de mode. Les Français ne connaissent même pas le nom de l'agence de publicité qui a réalisé la campagne de Chirac et se souviennent à peine de ses affiches. L'élection présidentielle s'est jouée sur le terrain, à la rencontre des Français. Dans cet exercice, Chirac excelle. Jamais les Français n'ont autant voté pour un homme. Chirac est élu. Contrairement à ce qui été dit et écrit, Chirac n'a pas changé. La victoire de 1995, donne raison à Jean-Michel Goudard. S'étant débarrassé de ses différents personnages de compositions, Chirac est apparu tel qu'en lui-même : authentique.

La télévision

"Les gens de votre génération, vous êtes nés avec la télévision. J'appartiens à la génération intermédiaire. Je n'ai fait qu'un bout de chemin avec la télévision. Ma génération a eu beaucoup de mal à se faire à cette espèce de filtre qui vous oblige à modifier votre comportement et votre façon de parler" confiait Jacques Chirac à l'un de ses gourous de la communication. Thierry Saussez, ancien Président d'Image et Stratégie estime que : "Jacques Chirac n'a pas compris la modification que la télévision allait apporter sur la manière de parler. De plus, il a peut-être essayé de se protéger des médias. Une attitude qui lui a donné une image caricaturale."

Jacques Chirac a un problème avec les micros. “Bête de scène” dans les grand-messes gaullistes, amateur de bains de foule, la seule vision d’un micro ou d’une caméra le rend nerveux. Avec les journalistes de l’audiovisuel il entretient des rapports tendus.

En 1981, Jean-Pierre Elkabbach réussit la double performance de se faire haïr par la gauche et la droite. Le 10 mai au soir, les socialistes réunis place de la Bastille réclament sa tête. Son départ du petit écran ne réjouit pas seulement la gauche mais aussi les chiraquiens dont il n’a jamais ménagé le chef de file. Dans le courant du mois de septembre, Elkabbach en disgrâce tente sa chance auprès du Maire de Paris, souhaitant avoir une explication franche et loyale avec lui : “Je n’avais rien à demander à Jacques Chirac, je venais d’être exclu de la télévision. J’étais au chômage et je ne sollicitais aucune intervention particulière. Il m’a donc reçu dans son bureau. Nous avons discuté d’homme à homme.”

En janvier 1987, Jean-Pierre Elkabbach, qui a refait surface, se rend à l’Hôtel de ville de Paris pour préparer une grande interview de Jacques Chirac, alors Premier ministre. Les deux hommes passent deux heures et demi en tête à tête. “C’était un dimanche, raconte Elkabbach, alors directeur de l’antenne à Europe 1. Il était tout seul dans son immense bureau, assis par terre devant son feu, vêtu d’un survêtement bleu marine, chaussé de baskets rouges. De temps à autre, il mettait des bûches dans sa cheminée. Sa fille Claude, sympathique et souriante est entrée dans le bureau, vêtue elle aussi d’un survêtement pour nous apporter du thé et des gâteaux secs près du foyer devant lequel nous nous trouvions. A un moment, Jacques Chirac s’est levé pour passer des coups de téléphone. J’ai alors proposé de sortir du bureau. Il m’a fait signe de rester. Jacques Chirac donna trois coups de téléphone à propos du Tchad. Il appela le Président Mitterrand au fort de Brégançon, André Giraud, ministre de la Défense, et un général dont je ne connais pas le nom”. Jean-Pierre Elkabbach est aux anges, sûr d’avoir instauré un climat de confiance entre lui et le Premier ministre. Il découvre enfin le Chirac intime. Le jour de l’interview, il en face de lui un tout autre homme : “Jacques Chirac s’installa précipitamment, avec une cohorte de collaborateurs, et Madame Esnous, sa secrétaire, s’empressa de lui faire signer plusieurs parapheurs. Le climat de tension que la France connaissait à cette période - agitation estudiantine, grève des cheminots ne favorisa pas le ton de l'émission. Nous avons tombé la veste tous les deux. Le compte à rebours démarra et Jacques Chirac devint de plus en plus nerveux. Il plongea sa main dans un pot rempli de cacahuètes et d'amandes grillées et en prit une poignée qu'il porta nerveusement à sa bouche, vidant la moitié du récipient." Qu'était donc devenu le Jacques Chirac si chaleureux et décontracté de l'être ?

Quelques mois plus tard, Jacques Chirac est à nouveau l'invité d'Europe 1. Cette fois-çi, c'est lui qui se déplace rue François 1er, au siège de la station, accompagné de son chef de cabinet, Michel Roussin. Jean-Pierre Elkabbach raconte : "Il traversa la rédaction d'Europe 1 sans regarder personne, balaya d'une main le thé et les croissants que nous lui proposions. Il était très énervé. Il ne s'attarda pas chez nous, fonçant vers la sortie sans avoir dit un seul mot à quiconque en dehors du cadre de l'interview. Lorsqu'il se trouva devant la porte, il fit demi-tour et se tourna vers une femme de ménage en lui tendant la main et en lui demandant : comment allez-vous, Madame ? Elle en parle encore !"

Ce qui peut paraître être de l'agressivité contre les journalistes n'est en fait, de la part de Jacques Chirac, que l'expression d'un profond malaise. Sans doute la pugnacité d'un Jean-Pierre Elkabbach, l'un des meilleurs interviewers qui soit, est-elle à l'origine d'une dégradation de leurs rapports. Pour ne pas avoir perçu cette fragilité chez le Maire de Paris, Elkabbach deviendra l'une de ses bêtes noires. "D'émissions en émissions, des relations passionnelles alimentées par je ne sais quel entourage détériorèrent nos contacts. Il ne me supportait plus" confesse le journaliste qui garde un exécrable souvenir d'un "Cartes sur tables". Pendant les coupures publicitaires, l'entourage de Jacques Chirac, au dire d'Elkabbach, le bombardaient de conseils : "Ils se pressent tous autour des journalistes et nous assomment de recommandations : Attention, il est furieux ! Ne lui parlez pas d'un tel, il ne le souhaite pas ! N'abordez pas tel sujet, vous allez l'énerver ! (...) Croyez-vous que les journalistes soient en condition pour travailler" poursuit Elkabbach, "l'usage de la menace implicite est une arme qu'utilisent tous les hommes politiques pendant le générique ou l'écran publicitaire." Co-interviewer, Alain Duhamel confirme cette antagonisme Chirac-Elkabbach : "Chaque fois que Jean-Pierre posait une question, il me répondait en me fixant, ignorant totalement Elkabbach." Un détail avait suffit à Jacques Chirac pour se sentir à l'aise avec Duhamel: "Dix minutes avant de prendre l'antenne, j'avais avancé le bras pour passer un papier à un journaliste. Jacques Chirac s'était aperçu que nous avions les mêmes boutons de manchette. Cela a suffit pour le décrisper."

A la télévision et à la radio, Chirac est crispé : "Plus j'y passe, plus je suis impopulaire" se plaint-il. Et lorsqu'il tente de se faire conciliant, voire d'adopter une attitude "naturelle", il "passe" encore moins bien. "Il nous remerciait après chaque question en nous disant : "c'est une très bonne question", cela finissait par embarrasser les journalistes" raconte Alain Duhamel, interviewer de "L'Heure de Vérité" qui concède toutefois : "Je ne l'ai jamais fait sortir de ses gonds".

"Jacques Chirac devrait faire davantage confiance aux journalistes plutôt que de les taxer de catastrophisme et de leur faire porter le chapeau" estime Jean-Pierre Elkabbach. Longtemps, l'entourage de Jacques Chirac accusera les journalistes de tous les maux : baisse dans les sondages, la faute aux journalistes. Conflits sociaux, la faute aux journalistes qui manquent d'objectivité etc... Progressivement Jacques Chirac va tenter d'apprivoiser les médias et, suivant les "conseils" de Jean-Pierre Elkabbach, il instaurera un climat de confiance. Il cesse de traiter les journalistes comme une race à part .

Bien souvent, Jacques Chirac cherche des stratagèmes pour éluder une question embarrassante. C'est à l'occasion de "L'Heure de Vérité" avec Christine Ockrent qu'il eut recours à sa grand-mère pour répondre : "Comme disait ma grand-mère : à sotte question, point de réponse !" et Jacques Chirac de poursuivre après l'émission en faisant référence à nouveau à sa grand-mère: "Dans la vie, il y a des hauts et des bas. Il faut mépriser les hauts et repriser les bas !"
Quelques mois plus tard il enverra à Christine Ockrent un bouquet fleurs pour la naissance de son fils Alexandre.

"Il ne se passe pas une fois sans que Jacques Chirac me demande des nouvelles de ma fille Sophie" se souvient Yves Mourousi. Chirac se veut prévenant. Pendant les voyages officiels, il ne fuit plus la presse mais veille à son confort. Marc-Ambroise Rendu, du Monde, faisait partie de la délégation de journalistes qui accompagna le Maire de Paris au Zaïre: "Dès que nous sommes arrivés à destination, il rassembla les journalistes dans sa chambre pour une réunion improvisée afin de déterminer le programme du lendemain. Jacques Chirac avait au préalable commandé des bouteilles d'eau minérale afin d'éviter de boire l'eau du robinet. Il nous interrogea dès le saut du lit pour s'enquérir de notre situation."

Petit à petit, le landernau journalistique allait apprendre à découvrir que derrière cet "agité" se dissimulait un individu somme toute convivial et très libéral de tempérament. Vedette du 20 heures, Patrick Poivre d'Arvor reconnaît de bonne grâce qu'il a été surpris par "l'incroyable distorsion entre l'image sèche et brutale de l'homme public et l'authentique gentillesse de l'homme privé.

Le déclic

Ce n'est pas un journaliste qui va réconcilier Jacques Chirac avec la télévision mais Laurent Fabius. Plus jeune Premier ministre de l'histoire de la République, Fabius se sent assez sûr de lui pour affronter celui qui fait figure de chef de l'opposition. Jacques Chirac, à son habitude, appréhende ce duel télévisé, redoutant davantage les qualités télégéniques de son adversaire que ses arguments. Un tel débat se gagne tout autant sur la forme que sur le fond. Le choix des animateurs est décisif. Chirac se connaît. Si les journalistes ne lui inspirent pas confiance, il sera mauvais. Les négociations entre Matignon, l'Hôtel de ville et TF1 sont difficiles. Fabius choisit une grande professionnelle qu'il connaît bien, Anne Sinclair dont les opinions socialistes sont avérées. Chirac opte pour Pierre-Luc Séguillon en qui il a toute confiance bien qu'il soit un homme de gauche très lié à Jean-Pierre Chevènement. Hervé Bourges, alors PDG de TF1, et Chirac avalisent le choix d'Anne Sinclair mais Fabius pourrait récuser Pierre-Luc Séguillon. Lydie Gerbaud, attachée de presse du Maire de Paris depuis dix ans, contacte ce dernier, lui proposant un déjeuner en tête à tête avec le patron du RPR, "je suis bien content de vous voir, explique Jacques Chirac à Pierre-Luc Séguillon. Je souhaitais vous parler du débat avec le Premier ministre. Je suis très embarrassé. La discussion sur le choix des animateurs tourne en rond. Nous n'en sortons pas. Pour ma part, j'aime beaucoup François de Closets mais je le connais bien :

il ne résistera pas ; il parlera tout le temps et aura le plus grand mal à se cantonner au rôle de modérateur. Vous savez par ailleurs que Laurent Fabius ne souhaite pas votre présence dans ce débat. Ce n'est pas normal. Vous êtes le Chef du service politique. Pour moi, au contraire, je tenais à vous en faire part, je souhaiterais beaucoup que vous animiez ce débat. J'ai confiance en votre impartiaialité et dans vos qualités professionnelles. Alors faites quelque chose. Parlez-en à Bourges. Mettez-vous en avant. Je peux ratifier le choix de votre personne. Mais il m'est délicat d'imposer votre nom et d'en faire une condition sine qua non. A vous de jouer. Et d'agir au plus vite." Pierre-Luc Séguillon animera le débat.

Pour se mettre en condition, Jacques Chirac se livre à une séance de gymnastique. Après une petite collation, Jacques Chirac arrive à TF1 à 18 h 55. Laurent Fabius se contente lui d'une sieste et d'un verre de Volvic. Il rejoint Jacques Chirac 5 minutes plus tard. Laurent Fabius se fait provocateur et harcèle son interlocuteur. Il n'a qu'une idée en tête faire craquer Chirac. Chirac tient bon. C'est Fabius-le-roquet qui a craqué.. "Monsieur Chirac a conservé son sang-froid, et son sourire. Il n'a jamais donné de lui cette image d' "agité", décrite naguère par certains de ses alliés d'aujourd'hui. Sur ce terrain, il a bien résisté à l'entreprise de Monsieur Fabius" écrit Alain Rollat, dans le Monde du 29 octobre 1985. Pierre Pélissier, dans le Figaro du 28 octobre, fait le même constat : "Bref, Jacques Chirac, à qui l'on avait souvent reproché dans le passé d'être toujours tendu, agressif, agité, avait hier soir inversé les rôles. Il était calme, Fabius était l'agresseur, le "roquet". C'est à ce moment-là, de l'avis de l'équipe Chirac (et de bien d'autres), que le débat a basculé. En se drapant dans sa dignité de Premier ministre, en oubliant qu'il s'adressait aussi à un ancien Premier ministre, Laurent Fabius a perdu la partie. Et l'image de Jacques Chirac rappelait à ses conseilleurs les plus proches celui qui reste leur maître à tous : Georges Pompidou. Il ne restait qu'une erreur à commettre à Laurent Fabius : vouloir jouer les provocateurs, inviter Jacques Chirac à lui répondre simplement "oui ou non", bref à privilégier la forme sur le fond. Ce piège, Jacques Chirac l'a également vu... Ainsi donc, hier soir, Jacques Chirac a endossé le rôle qui devait revenir à Laurent Fabius et Laurent Fabius a ressemblé au Jacques Chirac d'autrefois ! Jacques Chirac finalement satisfait de lui-même et qui prenait le temps

d'aller saluer Madame Fabius avant de regagner sa voiture."
Le Quotidien de Paris, titre : "Fabius aboie, Chirac passe". Et Philippe Tesson commente: "S'il est vrai que les face-à-face comme celui qui a opposé hier soir Jacques Chirac à Laurent Fabius ont un intérêt essentiellement formel, celui de permettre la compétition entre deux images, alors on peut affirmer que le Maire de Paris est sorti vainqueur de l'épreuve, ce qui n'était pas assuré. Il avait le visage ouvert et apaisé, le sourire large, et il montrait plus de naturel et de maîtrise de soi qu'il ne le fait d'ordinaire à la télévision."
Pour Pierre-Luc Séguillon : "Ce débat consacra Jacques Chirac comme le chef de la majorité".

Après cette prestation contre Fabius, Chirac semble guéri. La télévision ne lui fait plus peur. Il n'en devient pas pour autant un expert à la Tapie, Le Pen ou même, dans un autre style, Mitterrand. En mai 1988, lors du débat télévisé de l'entre-deux-tours, Jacques Chirac est largement dominé par François Mitterrand. En 1995, face à un Lionel Jospin pugnace et combatif, Chirac, posé et serein, fait figure d'homme d'Etat. Jacques Chirac "passe" encore mal à la télévision. Il a su se faire élire sans se plier aux exigences du moule cathodique. Il est resté lui-même.

CHAPITRE XIX

Homme de culture

Paris capitale culturelle

Au "Deux Magots" et au "Flore", les mannequins et le monde du show-biz ont chassé les fans de Jean-Paul Sartre et de Simone de Beauvoir. Au bar du Ritz, le souvenir d'Hemingway est profané par les japonais et les émirs. Montmartre s'est transformé en marché du mauvais goût. Les Champs-Elysées, la plus belle avenue du monde, sont devenus une immense galerie marchande à ciel ouvert, squattée par les spécialistes de la restauration rapide et les concessionnaires automobiles.

Difficile lorsqu'on est Maire de Paris de faire l'impasse sur la culture. En 1983, Jacques Chirac confie la lourde tâche de valoriser l'héritage culturel et intellectuel de la ville à son adjointe, Françoise de Panafieu. Fille de deux anciens ministres, François et Hélène Missoffe, la sémillante madame de Panafieu rêvait de devenir ministre de la Culture, mais Alain Juppé, devenu Premier ministre en mai 1995, ne lui a pas pardonné quelques oeillades à Edouard Balladur pendant la campagne. Françoise de Panafieu héritera du portefeuille du Tourisme... En dix ans, le budget culture de la ville de Paris a été en progression constante. Même si Paris ne consacrait que 762 francs par habitant alors que l'Etat dépensait 1198 francs en 1993. Il faut bien reconnaître que Jacques Chirac a eu du mal à rivaliser avec les grands projets de Jack Lang et de François Mitterrand qui disposaient, eux, de budgets quasi illimités. Faute de pouvoir se lancer dans une politique de "Grands travaux", la mairie de Paris a développé un concept qui pourrait se résumer en une formule : la culture en bas de chez vous. Explication de Françoise de Panafieu : "Jacques Chirac estime que les rapports entre l'individu et la culture jouent beaucoup sur la façon dont l'homme perçoit la société." Résultat, tous les conservatoires de la capitale seront rénovés, les ateliers de beaux-arts fleurissent dans chaque quartier et une soixantaine de bibliothèques municipales seront mises à la disposition du public. Cette culture de proximité à un prix : plus de 200 millions de francs.

"Jacques Chirac essaie de promouvoir des activités qui, de son point de vue, figurent comme les mal-aimées d'une civilisation. Il a beaucoup contribué à réhabiliter la poésie" explique Françoise de Panafieu. Grand amateur de poésie, Jacques Chirac créé le Festival de la poésie au Théâtre de la Ville et la Maison de la poésie dont il confie la direction à son ami l'éditeur Pierre Seghers, aujourd'hui décédé. Un pari audacieux pour un genre littéraire réservé jusqu'alors à un cénacle d'initiés.Sous l'impulsion de Jacques Chirac, la vie culturelle et artistique de Paris est ponctuée de nombreux succès : au T.M.P. (Théâtre musical de Paris) les ballets de Béjart, la revue "Black and Blue", "La Traviata", "Les Indes galantes". Le Palais Omnisport de Paris-Bercy accueille les grands opéras de Verdi, "Aïda" et "Nabucco". L'Orchestre de Paris prend une dimension internationale. Depuis 1983, le Festival de jazz de Paris a eu les honneurs de Miles Davis, Martial Solal, Didier Lockwood, Sun Ra. De son côté le Festival international de la danse reçoit le " New York City Ballet"...

Jacques Chirac n'hésite pas à prendre de nombreuses initiatives dans des domaines qu'il affectionne. Passionné de civilisation nippone, il organise une "saison japonaise" et suggère qu'on invite les Sumos à Bercy : "Ca ne marchera jamais. Les Français ne connaissent rien à cet art" s'exclame Françoise de Panafieu. Le Palais Omnisports fut comble. Fasciné par le peintre et sculpteur Fernando Botero, le Maire de Paris donne son feu vert pour une exposition exceptionnelle : les bronzes géants de l'artiste colombien sont installés pour quelques semaines le long des Champs-Elysées.

Jacques Chirac, Maire de Paris, n'a jamais fait aucune concession à "la comédie de la culture". Il n'a pas été taraudé par l'idée de laisser sa trace sur les murs de la capitale. Respectueux d'un patrimoine dont il n'était que le gérant provisoire, il s'est toujours refusé à imposer un modèle culturel élaboré à partir de ses goûts personnels. Jacques Chirac a simplement souhaité rendre manifestations et événements accessibles au plus grand nombre. Le théâtre, Jacques Chirac s'y rend de temps à autre. Pierre Seghers l'accompagnait au Théâtre de la Ville. Il ne manquait pas d'aller applaudir Pierre Dux au Théâtre des Variétés ou d'aller voir le "Harlem Dance Theater" au Théâtre des Champs-Elysées. Bernadette Chirac aurait bien voulu que son mari l'accompagne voir "La Femme du Boulanger" ou "Lily et Lily" mais les exigences du calendrier furent incontournables.

Denise Grey, presque centenaire a reçu des mains du Maire de Paris, la grande médaille de vermeil de la Ville. "Jacques Chirac, c'est un éclair vivant et funambule" dit-elle en riant. Après un discours élogieux et plein d'élans de coeur du premier magistrat de la capitale qui s'exprima avec "un talent fait de simplicité généreuse et de malicieuse tendresse", elle chuchota à Jacques Chirac dans le creux de l'oreille : "Vous avez fait un très bon discours mais je tiens à vous prévenir que ma réponse ne sera pas longue car si je sais interpréter le textes des autres, le mien, je n'en suis pas sûre."

Le prix du brigadier 1985 reste un des meilleurs souvenirs de Jacques Chirac qui remit à cette occasion la récompense suprême à Serge Lama, Jacques Rosny et Hubert Montloup pour le spectacle "Napoléon" au théâtre Marigny. Cette réception historique restera à jamais gravée dans les annales de l'Hôtel de ville. Jacques Rosny reçut ce prix tant convoité au nom de toute l'équipe et prit la parole en lisant un poème intitulé "La rime en" AC":

C'est difficile la rime en "AC" !

Il eût fallu que j'aille en fac,
Ou du moins que je passe mon bac
Pour bien chanter Monsieur Chirac.
Un brigadier ça passe le trac,
Mais quand je vais le voir en Frac,
Et qu'on demandera tout à trac
De remercier Monsieur Chirac !!!
C'est pas facile la rime en "AC".

Dirai-je que Paris était un vrai cloaque
Avant son arrivée ? Non ça manque de tact.
Je ne peux pas non plus citer ce bric-à-brac

Ramassant, des gros chiens, tous les petits mic-macs.
Irai-je discourir à propos des canaques ?
C'est mettre assurément à côté de la plaque.
C'est pas facile la rime en "AC".

Comment chanter Monsieur Chirac ?
Chanter Beaubourg, les sanisettes, le tout en vrac.
Parler subvention, dire un Maire qui raque
Pour le Théâtre, non, ça fait vraiment mac,
Et puis soignons notre français, il est énarque.
C'est pas facile la rime en "AC".

Pourtant y en a des rimes en "AC" !
Mais que ferai-je de maniaque,
D'orgiaque ou de tomahawk ??
Et allez donc parler d'arnaque
Dans un petit poème à la gloire de Chirac
Sans que ça passe pour une attaque !!!
Chacun est responsable de ses "AC".

Si même par malheur j'allais parler de Pâques
On croirait à une allusion aux élections, quel couac !
Quel mic-mac !
J'aurais dû lui offrir un Kodak de la FNAC !
Il vaut mieux lever le bivouac,
Enfiler mon anorak,
Et comme je ne trouve pas la rime en "AC"
aussi facilement que Cyrano de Bergerac,
Pour bien remercier Monsieur Chirac,
Je lui dirai tout simplement grand merci Jacques !

Jacques Chirac ne cacha pas sa surprise, et devant un tel déferlement de talent et d'artifices de style, il égrena les rimes en "Ac" que Jacques Rosny consentit à lui laisser pour préparer une réponse en harmonie avec le sujet. Il se pencha alors vers Françoise de Panafieu, son adjoint chargé de la Culture et lui dit : "Qu'est-ce que je vais bien pouvoir lui répondre, il les passe toutes !" Grâce à un esprit d'à-propos unique, une spontanéité naturelle et beaucoup d'humour, il s'approcha du micro à la fin de la prestation du lauréat du prix brigadier 1985, en lançant : "Mon cher Jacques Rosny, vous êtes à la poésie ce que la peinture est à Braque !"

Le jardin "secret"

Longtemps, Jacques Chirac a volontairement fait croire que son horizon culturel se limitait à la passion des westerns, des romans policiers et de la musique militaire. "Au moins j'ai eu la paix pendant vingt ans sur la question ! " avoue-t-il à ses amis.

A un journaliste qui l'interrogeait en janvier 1986 sur ses préférences en matière d'art et de littérature, il répondait : "Comme chacun, j'ai mes goûts, mes territoires. Ils m'appartiennent et je n'aime pas en faire état. Je l'ai souvent dit, la culture est avant tout, et profondément, affaire d'individu. Aussi, je n'éprouve guère le besoin de proclamer quel est le livre que je lis ou relis en ce moment ou encore quel tableau j'accroche chez moi. Cela fait partie de mon pré carré ! "

Jacques Chirac est passionné par la Chine et le Japon. Cet engouement pour l'Extrême-Orient remonte à son adolescence lorsqu'il rencontra un vieil immigré russe, Monsieur Delanovitch, qui l'initie aux civilisations anciennes. Pendant trois mois, le jeune Chirac étudie d'arrache-pied le sanskrit. A l'ENA, il rédige un mémoire sur la dynastie chinoise des Hans. "Si vous n'étiez pas vous même, qui aimeriez vous être ? Le poète chinois Tu Fu" répond Jacques Chirac au questionnaire de Marcel Proust que lui soumettait le journaliste Thierry Desjardins. Chirac voue un culte à ce poète du VIIIème siècle dont il connaît l'oeuvre par coeur. Sur les conseils de son entourage, Chirac a accepté progressivement de lever le voile sur son jardin secret. Invité en 1992 de "Mon Zénith à moi", l'émission de Canal +, il demanda à son ami, l'acteur Francis Huster, d'en déclamer quelques vers. Lors de l'émission "Questions à domicile" sur TF1, Pierre-Luc Séguillon et Anne Sinclair lui demandèrent de personnaliser le décor de son bureau de Premier ministre, en présentant un objet qui lui tenait à coeur. Jacques Chirac choisit une sculpture d'un cheval de l'époque Tang. Il possède en effet une importante collection de statuettes, poteries et porcelaines chinoises et japonaises glanées depuis des années chez les antiquaires. Les trésors du Musée Guimet à Paris n'ont plus de secret pour lui. A maintes reprises, il s'est rendu en Chine profitant des ses déplacements officiels pour visiter les grands sites culturels : Pékin bien sûr, les cités impériales de Lo-Yang et les grottes de Longmen. En 1978, le Maire de Paris s'est rendu à Xian, l'ancienne capitale impériale de l'empereur Shi-Houang-Ti, premier unificateur de la Chine au troisième siècle après Jésus Christ. C'est là que les archéologues ont découvert la fameuse armée composée de 6000 statues de soldats en pieds. "Les chinois à qui rien n'échappe, m'ont convié sur le site quand ils ont entrepris les premières fouilles" raconte Jacques Chirac. Un journaliste de Libération n'a pas manqué de relever sur les prospectus touristiques de Xian, la mention de la visite "très importante" du Maire de Paris. A l'occasion de ce déplacement, le numéro un chinois Deng Xiao Ping, voulant rendre hommage à l'intérêt de Jacques Chirac pour la civilisation chinoise, n'hésita pas à violer la législation de son pays en lui offrant une porcelaine de la période Tsing (XVIIème siècle). Or la loi interdit formellement la sortie du territoire national des objets d'art vieux de plus de cent cinquante ans.

Jacques Chirac ne mélange pas sa passion pour la culture chinoise et la politique. "Ami de la Chine", certes mais pas au point de fermer les yeux sur le non respect des Droits de l'Homme par le régime communiste. Trois ans après les événements de la place Tien An Men, le Maire de Pékin, largement impliqué dans la répression sanglante, ne put obtenir un rendez-vous avec son homologue parisien, malgré son insistance.

"Gardez-vous toujours un espace de liberté" disait le regretté Pierre Seghers à son ami Jacques Chirac. Quand l'homme politique referme ses parapheurs, c'est très souvent pour ouvrir un recueil de poésie que lui a conseillé Pierre Seghers. "Les relations de Jacques Chirac avec mon mari étaient très paternelles. Il avait pour lui beaucoup de respect et d'admiration. Une véritable ressemblance de nature, de comportement, de qualités et même de tics. Ils avaient en commun une grande bonté et une grande gentillesse" confie sa veuve, Colette. Directeur de la célèbre maison d'édition qui porte son nom et de la Maison de la poésie à Paris, Seghers avait coutume de soumettre à Jacques Chirac quelques manuscrits de jeunes poètes désirant être publiés.

Seghers est sans doute l'une des seules personnes à qui Jacques Chirac confia ses propres poèmes. Chirac poète ? Ces collaborateurs affirment qu'en fouillant dans son bureau, on trouverait sûrement quelques rimes secrètement griffonnées. Au début des années soixante-dix, alors qu'il était Premier ministre, des députés l'ont surpris entrain de lire de la poésie en pleine séance de l'Assemblée nationale. Jacques Chirac n'affirme-t-il pas : “La poésie permet aux personnes qui ont un emploi du temps contraignant d'y consacrer quelques minutes, le matin, le soir, ou à toute autre moment de la journée... C'est un peu comme un verre d'eau fraîche qui apaise la soif.” Ses deux poètes de prédilection sont : Saint-John Perse et Tu Fu mais également René Char, La Tour du Pin, Guillaume Apollinaire et Hans Arp.

Jacques Chirac reconnaît modestement qu'il n'a aucun don de plume. Grand dévoreur de livres, Jacques Chirac a donc peu écrit. En 1977, son autobiographie intitulée “Les Milles sources”, n'a pas été publiée. Rédigée à partir d'enregistrements au magnétophone en dépit de la collaboration de deux plumes expertes, Denis Baudouin et Marcel Jullian, le manuscrit a été jugé trop faible pour un candidat potentiel à la présidence. Franz-Olivier Giesbert, dans son livre consacré à Chirac en cite quelques passages ayant eu accès aux “bonnes feuilles”.

En 1978, deux ans après sa démission de Matignon, Chirac règle ses comptes avec Giscard : “La lueur de l'espérance, réflexion du soir au matin”, son premier livre, publié aux éditions de La Table Ronde ne remporte qu'un succès d'estime. En revanche, dans la perspective de l'élection présidentielle de 1995, il réalise une superbe opération de marketing publicitaire. Chirac prend la pause de l'écrivain. Retiré dans une ferme isolée des Yvelines, il rédige un opuscule politique intitulé “Réflexions 1. Une nouvelle France“(Ed. Nil). Chirac prend de l'épaisseur. L'opération consiste à démontrer qu'il n'est pas seulement un homme politique : Chirac écrit donc Chirac pense... Imprimé dans le plus grand secret, Chirac révèle lui-même l'existence de cet ouvrage le jour même de sa parution. Les critiques et les détracteurs sont pris de cours par l'effet d'annonce et le livre s'arrache comme petit pain. Il donne le ton de la futur campagne : priorité au social et aux réformes. Quelques mois plus tard, il réitère l'opération avec: “Pour une nouvelle France”.

Quant à ses goûts littéraires, Chirac reste discret. Il a conservé une passion de jeunesse pour les grands auteurs russes tel Dostoïevski, Tolstoï ou Pouchkine dont il a traduit le roman “Eugène Onéguine” à une époque où il avait encore le temps de pratiquer le russe. Fortement marqué par Jean-Paul Sartre et Albert Camus dans sa jeunesse, on trouve aussi parmi ses auteurs favoris, l’écossais Kenneth White, (“Les limbes incandescentes”) et René Grousse.
Certains de ses biographes affirment qu’il apprécie Diderot, Malraux ou Rostand... Pour ce qui est des romans policiers, il n’y fait jamais référence.

De Georges Pompidou, Jacques Chirac n’a pas seulement hérité d’un patrimoine politique. Il lui doit également un certain goût pour l’art contemporain, même si très jeune il avait été initié à la peinture en fréquentant l’atelier de Fernand Léger. Fort décrié pour son mauvais goût, le couple Pompidou avait su mettre à l’honneur quelques artistes contemporains comme Mondrian, Klee, Delaunay, Staël ou Pierre Soulages dont une toile ornait le grand salon de l’hôtel Matignon. Jacques Chirac préfère néanmoins chiner chez les antiquaires de la rive gauche quelques poteries chinoises ou plats en étain (une autre de ses passions). Plus tôt que de faire la tournée des galeristes, il dit apprécier Balthus, Chirico, Miro, Picasso, Max Ernst ou encore Jean Carzou, son ami.

Non sans une certaine emphase, Georges Pompidou répétait : “L’oeuvre d’art, c’est l’épée de l’archange et il faut qu’elle vous transperce”. Son “élève” Chirac partage cette approche de la peinture : “J’éprouve devant ce tableau, un immense sentiment de bonheur et c’est aussi ce que j’attends de l’art” déclare-t-il en admirant “la danse” d’Henri Matisse. Pour autant, le Maire de Paris ne verse pas dans l’apologie snobinarde de l’art contemporain : “Il fut un temps, pas très lointain, où l’on rejetait tout ce qui était moderne. Aujourd’hui, on glisserait plutôt dans le travers inverse. Je crois qu’il faut se garder de ces deux attitudes. je l’ai souvent vérifié, l’art contemporain mérite l’effort qu’il exige parfois. Pour autant, il s’ajoute à ce qui précède mais ne le remplace pas, dans la mesure où la notion de progrès me semble étrangère à l’art.”

Mais lorsqu’il est séduit, il n’hésite pas à prendre sa plume. A l’occasion de l’exposition du sculpteur (figuratif) Paul Belmondo, père de l'acteur, il tente d'expliquer : "J'ai en d'autres occasions marqué mon admiration pour Zadkine, Tinguely et récemment pour Richard Serra. Je peux donc aujourd'hui saluer l'oeuvre de Paul Belmondo dont l'univers fut autre mais qui fut un artiste probe et inspiré. Gardons-nous des exclusives. L'art abstrait a sans doute été la grande aventure de notre siècle. Un temps il a semblé tout recouvrir comme un thème, dans une fugue, l'emporte à un moment donné complètement. Mais il y a quand même l'autre thème que l'on entend à peine puis qui revient et s'efface à nouveau. C'est cet entrelacs qui fait la fugue. Au fond c'est la même chose pour la sculpture."

La musique ? Hormis la trompette de cavalerie et un peu de jazz, Chirac déteste. Et il le claironne. Georges et Claude Pompidou aimaient Boulez. Donc, le fidèle Chirac affirme aimer Boulez et, lorsque, pressé par des magazines en quête de confidences il est obligé de citer son morceau préféré, il lâche : "Le Marteau sans maître". Et c'est par obligation qu'il accompagne son épouse au Centre Pompidou pour assister à un ballet de Merce Cunningham ... "Je ne dirai pas sur Jacques Chirac, ce qu'on a écrit sur André Malraux et sur son indifférence pour la musique. La musique est un élément important de la sensibilité des hommes. Jacques Chirac l'a parfaitement compris. Il l'a prouvé dès son arrivée à la mairie de Paris en débloquant des crédits importants pour l'environnement culturel et musical de la capitale" explique Marcel Landowski, membre de l'Institut et ancien directeur des affaires culturelles. En clair, pour les parisiens qui aiment la musique, Chirac a fait son devoir : des conservatoires dans tout Paris. Mais pour ce qui est de passer ses soirées à l'Opéra, Bernadette Chirac pourra s'y rendre seule, ou se faire accompagner d'une amie.

Séduire le show-biz

A force de clamer qu'il n'aime que la musique de fanfare, de négliger les modes, de fuir les soirées branchées et de déserter le festival de Cannes, Chirac a fini par s'aliéner le monde du show-biz. Grave erreur pour le Maire de Paris, erreur fatale pour un candidat à la présidence. La chasse aux pétitionnaires n'a jamais été sa tasse de thé. Homme politique, Chirac a longtemps cru qu'il ne pouvait "s'abaisser" à quêter les soutiens des stars et des saltimbanques, aussi populaires soient-ils. Il ne s'y est jamais vraiment résolu. Deux de ses plus fidèles supporters vont jouer un rôle déterminant dans la pêche aux stars : Line Renaud puis Claude Chirac. Petit à petit, elles lui ont fait comprendre que la présence d'un Michel Sardou dans un comité de soutien ou d'un Johnny Hallyday dans un meeting RPR avait plus d'impact que n'importe quel discours. Jacques Chirac est donc parti à la conquête du hit-parade. Inviter à l'Hôtel de ville des chanteurs, des producteurs, des acteurs, ou des présentateurs de télés n'a pas toujours été une partie de plaisir. Qui d'entre eux oseraient aller dîner à la table de Chirac "le facho". Line Renaud, se dépense sans compter, sollicite ses amis et les amis de ses amis, répétant sans cesse : "Chirac plus on le connaît, plus on l'aime". Grâce à son impressionnant carnet d'adresses et son formidable entregent, elle parvient à drainer de plus en plus de monde. D'autant que Chirac joue le jeu. Au début des années quatre-vingt, l'épouse du défunt Loulou Gasté organise une immense réception de deux cents couverts. Seul problème : les vedettes qui ne seront pas à la table du Maire risquent d'être vexées. Elle s'en ouvre à Bernadette qui lui répond : "Ne vous inquietez pas, nous trouverons une solution." Le soir venu Line Renaud se rend dans les salons : "Plusieurs petites tables étaient installées. Par curiosité, je m'approchai d'une table et j'aperçus le nom de Jacques Chirac. Je fus très surprise mais je continuai à faire le tour, lorsqu'à ma stupéfaction, je découvris que toutes les tables avaient un petit carton "Jacques Chirac". Effectivement, Jacques changea de table toutes les demi-heures pour profiter de l'ensemble des convives. Tous les artistes partirent heureux d'avoir eu Jacques Chirac à leur table !"

Un triomphe. Au cours de la réception, Jacques Chirac s'empare du micro et durant soixante minutes présente les invités un par un, le tout agrémenté d'une note personnalisée. Du par coeur. "Je me suis demandé avec un certain nombre de mes confrères animateurs si nous allions pas nous retrouver au chômage à la rentrée !" commente Michel Drucker. Invité de l'émission "Découvertes" sur Europe 1, le célèbre présentateur retrouve Jacques Chirac et lui demande : "L'animation, est-ce un don récent ?" Réponse : "Un don, c'est un peu excessif. J'étais entouré de gens sympathiques qui ont du talent et qui sont la joie de vivre. J'étais heureux. C'était en dehors des contraintes de l'homme politique ou du Maire de Paris. Je ne me vois pas naturellement présenter M. Quilès au Conseil de Paris en chantant de façon lyrique son passé ou les perspectives de son avenir au moment où je lui donne la parole. J'aime beaucoup les chansons, les chanteurs, les artistes en règle générale." Humour, compliments, la machine à séduire est en marche. Et Michel Drucker d'ajouter : "J'ai découvert un autre Jacques Chirac, un homme gai, drôle et décontracté. Quelle différence de ton entre l'homme public et l'homme privé". Exactement ce que voulait entendre Line Renaud.

Entre deux chorégraphies, Jacques Chazot, aujourd'hui décédé, est mis à contribution: "C'est absolument fascinant de voir que l'homme est toujours vulnérable et sensible à d'autres choses qu'aux affaires d'Etat et ceci malgré l'immense poids politique qui pèse en permanence sur ses épaules. Quand il rencontre une personnalité du spectacle, notre Maire est toujours aussi émerveillé qu'un enfant regardant les vitrines au moment des fêtes de Noël. Il est rayonnant."

La mairie de Paris devient, avec le ministère de la culture, un passage obligé pour les artistes. En mai 1985, Johnny Hallyday, reçoit des mains du Maire "la plaque du bimillénaire". Et Chirac fait l'éloge du plus célèbre rocker français : "Vous nous avez souvent demandé : qu'est ce qu'elle a ma gueule ? Je vais vous le dire, Johnny. Eh bien, c'est une belle gueule. Elle plaît. Elle remplit des salles ..." Un petit couplet sur la chanson française: "Elle est une part importante de l'âme collective de notre pays et des souvenirs de chacun d'entre nous. Il faut prendre conscience de ce qu'elle représente et ne pas l'abandonner à une langue qui ne serait pas la nôtre... C'est un combat que nous devons mener tous ensemble. Comme l'a dit Claude Nougaro, il ne faut pas que la langue française file à l'anglaise... Johnny, vous êtes le premier chanteur d'une génération qui a fait du rock son paysage sonore quotidien."

Claude Chirac, très introduite dans le milieu de la pub et du cinéma, organise des déjeuners ou dîners informels avec quelques grosses pointures du show-biz dont Isabelle Adjani. Pour l'actrice, pas question d'apporter une quelconque caution politique même si selon Claude, les relations entre la star et la famille Chirac sont excellentes. L'important étant de se connaître. "Chirac est le moins comédien de nos hommes politiques." Signé : Adjani. Ce n'est pas une adhésion. Mais dans la bouche d'Isabelle, le propos ne peut laisser indifférent.

Convier les stars à la mairie est une chose. Reste à emmener Chirac dans les salles. Claude Chirac sélectionne deux ou trois spectacles par an qu'elle recommande à son père. C'est ainsi que Serge Lama aura les honneurs du couple Chirac pour son "Napoléon" au théâtre Marigny. L'occasion de fêter l'anniversaire de Bernadette en compagnie du chanteur à l'issue de la représentation. Comblé, Serge Lama ne tarit plus d'éloges : "Chirac est un homme décontracté, convivial, populaire. Il incarne la province, le petit coup de rouge. Il aime la vie." Quant à Bernadette : "C'est une femme intelligente qui a beaucoup de classe. Je la trouve formidable. Elle a de très bonnes idées."

Plus question de rester devant la télévision à regarder Colombo ou un western. Chirac doit sortir et se montrer. Il est à Marigny, à l'Olympia où se produit Michel Boujenah, il assiste au spectacle de Thierry Le Luron de "De Gaulle à Mitterrand", accompagne Franck Sinatra au Moulin Rouge. Jacques se décoince. Il ose même un "Carnaval" de Patrick Sébastien au cours duquel l'animateur le reçoit affublé d'un masque de Chirac. Au programme des festivités, quelques films : "Recherche Susan désespérément", "Trois hommes et un couffin"... Toutes les occasions sont mises à profit. Le Maire de Paris se rend aux JO de Los Angeles. Line Renaud lui prépare une surprise et organise un dîner avec des représentants d'Hollywood. Son voisin n'est autre que Gregory Peck. "J'adore les westerns et j'ai vu tous vos films de cow-boys" s'aventure Chirac. Et Gregory Peck de répondre : "Ah bon, je n'en ai jamais fait un !" Regrettable confusion avec Gary Cooper. Mais les deux hommes éclatent de rire. Gregory Peck est depuis devenu un proche de Jacques Chirac. Le soir du second tour de l'élection présidentielle de 1995, il était à l'Hôtel de ville.

Dans la culture chiraquienne, les "anniversaires surprises" sont toujours très show-biz et ne se célèbrent jamais dans l'intimité. Chirac n'en manque pas un. Maîtresses des cérémonies : Line et Claude. Nouba au Paradis Latin pour les soixante quinze ans du regretté Loulou Gasté : "Il pensait dîner avec quelques amis, il s'est retrouvé avec trois cents personnes, raconte Michel Drucker. Loulou n'a pas tout de suite réalisé, ne comprenant pas pourquoi Jacques et Bernadette Chirac étaient là. Lorsqu'il a enfin compris, il a hurlé : "A mon âge, on préfère être au Paradis Latin qu'au Paradis tout court !"

Aux anniversaires de Jacques, on se bouscule : Thierry Le Luron de son vivant était l'un des abonnés, tout comme Dalida, Hervé Villard, Jean-Luc Lahaye qui offrit une poule pondeuse, Raymond Devos, Mireille Mathieu, Karen Cheryl, Chantal Goya et son mari Jean-Jacques Debout... Il faut lire le magazine Podium d'août 1987 pour connaître enfin les goûts musicaux et cinématographiques de Jacques Chirac:

Chanteurs français préférés : Johnny Hallyday, Jean-Jacques Goldman.
Chanteuse française préférée : France Gall.
Chanteurs étrangers préférés : Mickael Jackson et Sting.
Chanteuse étrangère préférée : Madonna.
Acteur français préféré : Christophe Lambert.
Actrice française préférée : Isabelle Adjiani.
Actrices étrangères préférées : Meryl Streep et Grace Kelly.

Plus convaincant qu'un programme politique, Jacques Chirac démontrait ainsi qu'il connaissait ses classiques. En somme il était sur la bonne voie...

CHAPITRE XX

Le champion politique

Un élève attentif

Fils d'un international militaire de rugby, Jacques Chirac n'a jamais été un fervent amateur de tous les sports, mais il a excellé dans les disciplines qu'il affectionnait particulièrement. Il a pratiqué l'athlétisme, la natation, le ski et même le tir. Les sports individuels l'attiraient davantage que les sports de ballon. Béatrice de Andia et Laurence Seydoux ont accompagné Jacques Chirac à Kitzbühel, en Autriche, à l'occasion d'une sortie avec quelques étudiants de Sciences-Po. C'était l'époque où Béatrice de Andia lisait dans les lignes de la main de tous ces messieurs et prédisait l'avenir. Autant l'une que l'autre affirment que "Jacques était un vrai sportif qui aimait se dépenser". Les quelques journées de ski ne portèrent pas bonheur à Jacques Chirac qui revint avec une entorse. Il pratiqua également le tennis aux Etats-Unis, à l'occasion de ses nombreux voyages. A Saumur, Jacques Chirac n'était pas non plus à la traîne pour faire du sport. Il y accumula d'excellents résultats dans les épreuves physiques. Pierre Creyssel, son camarade de l'ENA s'en souvient avec précision. Le rythme fou de la vie politique empêchait Jacques Chirac de pratiquer le sport, même si ce dernier considère que les campagnes électorales lui donnent l'occasion de réaliser de grandes performances sur le plan physique. N'avait-il pas confié un jour à Jean Cau : "mon seul sport, c'est ma campagne électorale !" Il est vrai que les chiffres sont tout de même éloquents : en deux mois d'une campagne électorale, Jacques Chirac couvre 30000 kilomètres en métropole sans compter l'outre-mer, visite 18 régions et fait escale dans près de 35 grandes villes pour des meetings avec plus de 50 réunions socio-professionnelles et plus de 80 interviews à la télévision !

C'est pourquoi, un beau jour, il demanda à Guy Drut, le champion olympique du 110 mètres haies à Montréal en 1976, aujourd'hui ministre de la jeunesse et des sports, ainsi qu'à Henry Boério, Directeur de l'INSEP (Institut National de l'Education Physique et Sportive) de lui concocter des séances de gymnastique. Claude, sa fille, joua un rôle moteur dans cette résolution en prévision des élections législatives de 1986 : "Papa, si tu veux être en forme pour les élections, il faut que tu te décrasses." Jacques Chirac, vêtu de son survêtement fétiche, entama sa séance de "gym" sous la conduite de deux professeurs, attentifs au moindre geste de leur élève. Jacques Chirac commençait sa séance par des échauffements et des assouplissements, "ce qu'il redoutait le plus" précise Henry Boério. Une course autour des pelouses et massifs fleuris de son grand jardin privé de l'Hôtel de ville lui permettait de travailler l'endurance. La troisième étape concernait le renforcement musculaire. Enfin les culbutes sur le dos et les roulades, quelques mouvements avec de petits haltères concluaient la séance. après une douche réparatrice, Jacques Chirac se retrouvait dans ses appartements avec ses deux professeurs pour prendre un petit déjeuner copieux avant que le Maire de Paris affronte une autre épreuve, celle du marathon politique.

Guy Drut et Henry Boério ont contribué à le faire progresser au début car il manquait un peu de souplesse. Jacques Chirac fit ensuite ses séances de gymnastique avant les grands rendez-vous : la veille du célèbre match Chirac-Fabius, ou de "l'Heure de Vérité".

Un jour, il fut victime d'une petite élongation musculaire. Gérard Saillant, éminent professeur spécialisé dans la médecine sportive, se déplaça pour soigner Jacques Chirac dans son bureau : "Je lui avais fait mettre une talonnette. Il devait partir le lendemain à Berlin avec la délégation de la candidature de Paris aux Jeux Olympiques. Je l'ai vu à la télévision descendre le premier de l'avion. Il s'est mis à courir. J'étais soulagé."

Le plaidoyer sur l'olympisme à Lausanne

Jacques Chirac est bel et bien l'homme des défis. il lance Paris dans la course aux Jeux Olympiques de 1992 avec un argument choc : la commémoration du centenaire de l'appel du Baron Pierre de Coubertin. Le Maire de Paris draine le mouvement sportif national à ses côtés, devenant du même coup l'ardent défenseur de la double candidature française, avec celle d'Albertville pour les Jeux Olympiques d'Hiver. Quelques jours après sa décision, il exprima ses convictions et ses motivations devant un petit comité d'amis. Des propos exclusifs qui révélèrent Jacques Chirac, authentique ambassadeur français du sport international. C'est au cours de cette réunion à huis clos qu'il expliqua le pourquoi de la candidature de Paris : "Le sport est une grande ambition nationale. Il a impérativement besoin d'une impulsion, d'un grand dessein, de quelque chose qui l'entraîne et qui l'anime. Il est certain que les Jeux Olympiques sont de nature à provoquer une sorte de réaction nationale notamment dans la jeunesse et chez les plus jeunes d'entre nos concitoyens, chez les enfants, un réflexe, un entraînement qui ne peut que diffuser très largement à la fois l'esprit et la pratique du sport dans le pays."

Une équipe se constitua autour de Jacques Chirac en 1986, réunissant Guy Drut, le fer de lance de cette équipe, qui était adjoint au Maire de Paris chargé de la Jeunesse et des Sports, Nelson Paillou, Président du CNOSF (Comité National Olympique et Sportif Français), Alain Calmat, ministre de la Jeunesse et des Sports, Michel Giraud, Président du Conseil Régional Ile-de-France et Alain Danet, Président du Racing Club de France. La candidature fut avantageusement axée sur la célébration de l'anniversaire de l'appel du Baron Pierre de Coubertin, le prestige de la capitale et le complément culturel que pouvait apporter Paris. Jacques Chirac insista sur cet aspect au cours de la même discussion :

"Le sport français apparaît de plus en plus comme un élément essentiel de la culture. C'est en fait une forme éminente de la culture avec la caractéristique que c'est une culture internationale. Cet élément important doit se développer pour l'équilibre et la paix dans le monde. Et tout ce qui va donc dans le sens de la promotion de cet aspect international et culturel du sport, va, par définition, dans le bon sens. Qu'est-ce qui, de façon plus éminente que les Jeux Olympiques, réalise cette ambition ?"

Jacques Chirac se sera battu jusqu'au bout. C'est à l'Hôtel Beaurivage à Lausanne qu'il avait réuni une dernière fois quelques membres influents du C.I.O. (Comité International Olympique) pour un petit déjeuner improvisé. Le Prince Albert de Monaco appartenait d'ailleurs à ce petit groupe.

Jacques Chirac avait démontré sa détermination tout au long de la campagne pour que la France puisse fêter dignement le centenaire de l'appel de Pierre de Coubertin en accueillant les Jeux Olympiques en France. Il devait préciser : "je reste confiant, je défends aussi bien la Savoie que Paris, avec bien sûr un petit coup de coeur pour la ville dont je suis aussi le Maire, je suis donc serein."

Nelson Paillou a découvert Jacques Chirac grâce aux nombreux contacts qu'ils ont noués du fait de la candidature de Paris aux Jeux Olympiques. "Le courant passe entre nous. Jacques Chirac est un homme qui a compris les vertus du sport." Nelson Paillou prend Jacques Chirac pour un homme "passionné" et très "sain". Il est difficile d'employer le mot passion sans évoquer le mot sport. Pour le Président d'honneur du CNOSF, le sport doit avoir la place qu'il mérite dans le pays. "Jacques Chirac est un des hommes capables de faire prendre par l'Etat l'engagement et l'option fondamentale en faveur du sport qui n'a pas été prise jusqu'ici". La campagne pour la candidature de Paris aux Jeux Olympiques a permis de connaître un autre Chirac. Ce combat, plein d'intensité, a dévoilé la face cachée de l'ancien Premier ministre. Christian Bergelin, secrétaire d'Etat chargé de la Jeunesse et des Sports a partagé des journées mémorables avec Jacques Chirac. Il accompagna le Premier ministre le "grand jour", à Villacoublay, partant dans un avion du GLAM avec la délégation française, rejoindre Lausanne où, quelques heures plus tard, il devait défendre le dossier de la capitale devant les membres du Comité International Olympique. Le secrétaire d'Etat se souvient du brillant exposé que Jacques Chirac, durant les 75 minutes de vol, lui fit, sur sa passion : le sumo. Il connaît l'origine de cette discipline d'Extrême-Orient, qu'il avait réussi à présenter au public parisien dans le cadre du "Mois du Japon". Christian Bergelin a beaucoup appris durant ce voyage : "Il n'ignore aucun détail sur ce sport qui le fascine. Il connaît tout sur le sumo et les sumotoris. Leurs termes : le mawashi, les 48 coups possibles jugés par l'arbitre, le jet de sel purificateur, le tachiaï, le port du tablier décoré de pointes de passementeries pour les champions ..."

Du mois d'octobre 1986 à Lausanne, le monde sportif garde un souvenir impérissable de la prestation du Maire de Paris, brillant avocat de la candidature de sa ville. Après avoir défendu avec le même acharnement le dossier d'Albertville, le Premier ministre prit sa deuxième casquette, celle du Maire de la capitale française, pour transcender près de cent membres du C.I.O., totalement médusés par la performance de Jacques Chirac. Des extraits saisissants nous transportent dans l'ambiance feutrée du Palais de Beaulieu à Lausanne : "Voici cent ans, jour pour jour, en ce même 16 octobre, Pierre de Coubertin, âgé de vingt-trois ans, regagnait la France avec au coeur une conviction, en forme de projet : rallumer la flamme de l'idéal olympique afin qu'elle éclaire à nouveau la jeunesse du monde. Pierre de Coubertin, citoyen de ce pays sans frontière qu'est le sport, était aussi et avant tout, un Français et un Parisien. Les premiers Jeux Olympiques, après ceux d'Athènes, il les voulait dans la capitale de la France, énonçant un principe et une exigence toujours d'actualité : "donner aux participants ce qu'ils ne peuvent trouver ailleurs". La même volonté nous anime aujourd'hui, à l'heure où nous présentons la candidature de Paris pour les Jeux de la XXVe Olympiade. Nous souhaitons fêter, avec toute la famille olympique, le centenaire de l'appel de Coubertin dans la ville qui l'a vu naître. Nous souhaitons que la capitale de la France donne aux participants en 1992, comme l'a souhaité Pierre de Coubertin "ce qu'ils ne peuvent trouver ailleurs". Les Jeux de Paris seront avant tout les Jeux des athlètes, préparés par toute une équipe pour laquelle le sport est non seulement une vocation mais aussi une passion. Vous devez savoir que les responsables de Paris, de la Ville comme de l'Etat, sont massivement derrière moi. Les Parisiens apprécient avant tout, je le sais parce que je les connais, un bon match, quel que soit le vainqueur."

Jacques Chirac lança un véritable plaidoyer en faveur de l'olympisme. Il suscita émotions et interrogations, créant un tournant dans le déroulement de la session du CIO. Il transporta ensuite les membres du Comité International Olympique sur une scène de fiction qui aurait bien pu devenir réalité si son Président A. Samaranch n'avait pas été Catalan : "La cérémonie d'ouverture de la 99e session du CIO aura lieu, si vous le souhaitez, dans l'amphithéâtre de la Sorbonne, et à dix minutes de Bercy, en navette spéciale sur la Seine, voici pour vous, mesdames et messieurs, dans quelques instants, le défilé de la cérémonie d'ouverture. Pour la première fois elle aura lieu, si vous le voulez, sur l'une des plus belles avenues du monde : les Champs-Elysées. Le long d'une superbe perspective bordée des drapeaux de tous les pays et des drapeaux olympiques. La cérémonie d'ouverture des Jeux sera digne de l'olympisme, digne du centenaire, digne de Paris. Les athlètes seront installés confortablement place de la Concorde, pour assister au spectacle qui suivra la cérémonie d'ouverture. En haut des Champs-Elysées, la place de l'Etoile, avec au centre l'Arc de Triomphe surmonté des anneaux olympiques. Paris est une grande métropole qui a su maîtriser sa croissance. Une histoire prestigieuse, des monuments anciens, une architecture moderne ; Paris se conjugue au passé et au futur."

Albertville deviendra ville olympique, Paris ne parviendra pas à réunir suffisamment de suffrages. Jacques Chirac venait tout de même de faire triompher la France en soutenant Albertville.

Supporter anonyme des tricolores

Jacques Chirac a toujours été doué en sport. Sa nature, son dynamisme et surtout sa rage vaincre lui ont permis d'acquérir un sens très pointu de la performance. Ce dernier a été guidé par les mêmes principes au cours de sa carrière politique. Jacques Chirac, le champion politique, se rend sur le terrain pour applaudir les tricolores, comme un collègue. Il y vient en ami, tantôt responsable politique, sportif acharné ou supporter inconditionnel. Il y a plusieurs années, Jacques Chirac aurait pu méconnaître tel ou tel sportif, comme en témoigne l'anecdote de Pierre Mazeaud, en charge du département ministériel de la Jeunesse et des Sports. Jacques Friedmann et lui avaient convaincu Jacques Chirac de venir assister à un match du Tournoi des Cinq Nations. Après une première mi-temps très moyenne du XV de France, les 50 000 spectateurs commençaient à scander : Maso, Maso, Maso ! "Jacques Chirac se pencha alors vers moi" dit Pierre Mazeaud "et me lança interloqué: Pierre, je ne te savais pas si populaire". Et là-dessus, Albert Ferrasse (Président de la Fédération Française de Rugby) expliqua: "Il ne s'agit pas de notre secrétaire d'Etat à la Jeunesse et aux Sports, mais de Jo Maso de Narbonne, que les spectateurs réclament." Jacques Chirac resta toujours très attentif aux problèmes sportifs, même les plus minimes. Cela ne l'empêcha pas de plaisanter beaucoup et de tourner en dérision des affaires quelque peu banales à première vue. Pierre Mazeaud trouva en Jacques Chirac un homme à l'écoute de la Jeunesse et du Sport. Il intervenait même dans les arbitrages budgétaires. Pierre Mazeaud fit même sourire le Premier ministre. Il lui demanda quelques subsides pour acheter du matériel pour les perchistes qui se révélaient déjà comme les leaders de l'athlétisme français. Jacques Chirac donna satisfaction à Pierre Mazeaud en lui disant : "Et maintenant, il te faut de l'argent pour des bambous !"

Jacques Goddet représente à lui seul une des institutions du sport français grâce à son rôle au journal "l'Equipe". Il a suivi Jacques Chirac dans sa carrière comme l'on suit un champion. Son jugement et son appréciation sont toujours bâtis sur le modèle sportif : "Il représente l'homme politique dont la force d'action et la plénitude du caractère humain se rapprochent le plus de celles du champion. Jacques Chirac est fabuleux d'activité, d'efficacité, de résistance et de disponibilité." Jacques Chirac a eu le coup de foudre pour le projet du Palais Omnisports de Paris Bercy ; il l'a voulu grâce à la détermination et un combat de tous les instants. Une des raisons de plus, pour le patriarche du sport français qu'est Jacques Goddet, d'apprécier le Maire de Paris. Il affirme : "Jacques Chirac est un des seuls qui peut réformer le sport français. Nous devons avoir une réforme de l'éducation semblable à celle des pays anglo-saxons. Notre système est contraire à l'épanouissement de l'être."

Le Maire de Paris est apparu comme un véritable spécialiste du sport en réalisant une extraordinaire démonstration sur le petit écran. L'adjoint au Maire chargé de la Jeunesse et des Sports à la mairie de Paris à cette époque, et son équipe ne sont pas près d'oublier les semaines et les jours qui ont précédé une prestation télévisée de Jacques Chirac, en décembre 1983. Il est vrai que ce n'était pas sous les projecteurs de "l'Heure de Vérité" ou de "7 sur 7" qu'ils avaient conçu de faire "plancher" le Maire de Paris, mais devant les caméras de "Sport Dimanche Soir", qu'animait alors François Janin sur TF1. Jacques Chirac réalisa, à l'occasion de cette émission, une de ses meilleures prestations médiatiques. Dieu sait pourtant que cette perspective, tout à fait inédite pour lui, était loin d'enchanter son entourage immédiat qui imaginait que le Maire de Paris pouvait tomber dans le piège d'une émission insuffisamment préparée ou tout simplement "sécher" sur une question trop technique. Chirac, amateur de sport, certes. Mais de là à "assurer" pendant une heure entière face aux journalistes spécialisés les plus compétents ? Des documents, savamment répertoriés et mis en fiches, avaient été préparés de manière à rafraîchir sa mémoire sur les événements et les sujets sportifs du moment : l'amateurisme, les prochains JO de Los Angeles, la violence dans le sport, le problème de l'apartheid, etc. Tout était correctement bouclé pour aboutir à l'hypothèse maximale : une bonne émission. Ce fut bien plus que cela et, à cette occasion, Jacques Chirac surprit tout son monde : journalistes, techniciens. Dès la prise d'antenne, les choses allèrent crescendo quand il confia à l'animateur qui l'interrogeait sur son passé sportif, qu'il avait pratiqué dans sa jeunesse le tir et qu'il se contentait à présent d'exercices de culture physique, ce dont il n'avait soufflé mot à personne. Par la suite il fit encore mieux en prenant de vitesse toute la rédaction pour annoncer lui-même aux téléspectateurs le très grave accident de la route dont venait d'être victime Jean-Marc Pilorget, défenseur de l'équipe de football de Paris-Saint-Germain, qui était sur le point d'être appelé en équipe de France. Cette nouvelle devait être donnée par les journalistes dans les "brèves" en fin d'émission, mais Jacques Chirac, qui avait pour Paris-Saint-Germain, les yeux de Chimène, avait délibérément choisi de modifier le cours des événements. Lors du "pot" traditionnel qui conclut ce genre d'exercice et qui fut d'une rare chaleur, tous les protagonistes de l'émission eurent ainsi la surprise de découvrir le vrai visage de Chirac, passionné, généreux et presque espiègle. Au moment de quitter Cognacq-Jay, il s'approcha de l'équipe qui l'accompagnait dans le hall, et lui dit : "C'était très bien toutes ces fiches. Mais sur celle du rugby corrézien, vous auriez pu me rappeler que le match Brive-Nice, de la semaine dernière, a été plutôt agité. Avec cette blessure de Joinel, la France va être drôlement handicapée dans le tournoi."

Jacques Chirac a toujours une oreille attentive aux exploits des "bleus" de l'équipe de France, que ce soit celle de football, de rugby, de volley-ball, de hand-ball, de basket-ball ou de judo. "Il vibre aux exploits des bleus" dit un international de football. Le rugby, il l'aime aussi et le prouva le 27 juillet 1987 en allant poser la première pierre d'un centre de formation de rugby à Agen. Il prononça un bref discours ponctué par une phrase de Mac Orlan : "Une sortie de mêlée, c'est une entrée dans la vie."

Son enthousiasme pour les tricolores ira même jusqu'à proposer un pari à l'occasion de la première Coupe du Monde : "Si vous allez en finale, je vous offre un voyage à tous". Jacques Chirac en fut pour un voyage que les "Petits", chers à Roger Couderc, firent quelques semaines après. Walter Spanghero, illustre capitaine du XV de France, dit de Jacques Chirac qu'il est un "super-gagneur au-dessus de la mêlée". Il ne garde pas que des bons souvenirs de son passage sous le maillot bleu frappé du coq. A l'occasion d'une réception officielle à l'Hôtel de ville, Walter, sanctionné par la Fédération, s'était vu privé de licence. Jacques Chirac salua l'ensemble des joueurs et s'arrêta devant Walter Spanghero :

- "Comment ça va mon cher Walter ?

- Ca irait beaucoup mieux si j'avais ma licence répondit le Toulousain.

Jacques Chirac se tourna alors vers le Président Ferrasse :

- alors Président, cette licence, elle vient ou elle ne vient pas?"

Le lendemain Walter récupéra sa licence...

Alain Mimoun, le champion olympique du marathon des JO de Melbourne, faillit connaître la même mésaventure, non pas pour sa licence, mais sur son centre d'entraînement. Jacques Chirac, alors Chargé de mission à Matignon, releva dans un journal corrézien un message d'espoir signé d'Alain Mimoun, lui-même corrézien d'adoption, pour la construction de ce centre. C'est ainsi que le centre de Bugeat fut inauguré en mars 1975. La Corrèze et le sport, c'est aussi l'épreuve cycliste du Bol d'Or des Monédières. Une des raisons pour laquelle Jacques Chirac a toujours eu un petit faible pour le cyclisme. Les arrivées du Tour de France représentent pour lui un événement de tout premier plan. Jeannie Longo figure comme l'une des plus grandes championnes de notre pays. Le Premier ministre a été fasciné par l'assurance et la maîtrise de Jeannie qui improvisa une réponse devant un parterre de personnalités lorsqu'elle reçut la Légion d'honneur, à Grenoble : "L'engagement de cet homme est celui d'un sportif et compétiteur de haut niveau. Il est terriblement motivé, il se dépense, se concentre, se bat sans songer un instant à ce que pourrait être son existence sans cette détermination supérieure et cette activité tellement envahissante, mais ô combien vivante".

Parmi les champions qu'il a tenus à honorer, comment ne pas rappeler l'hommage à Alain Prost qui devait recevoir, en novembre 1993, la médaille du bimillénaire de la capitale : "je ne suis pas un spécialiste, mais je suis très sensible à la course automobile, c'est pourquoi j'ai beaucoup d'amis dans ce milieu, et j'ai toujours suivi avec beaucoup de passion ses courses. J'ai été un peu ému, étreint parfois lorsque la réussite n'était pas au bout de l'effort. Alain Prost est un très bel exemple pour notre jeunesse et plus généralement pour notre peuple."

Conclusion

Mais qui est donc cet homme qui fascine les parterres des meetings et passionne les observateurs ?

Les quelques cent cinquante témoins que le hasard a mis sur la route du petit Jacques de Sainte-Féréole, du haut-fonctionnaire, du député, du ministre, du Maire de Paris, du Premier ministre, du corrézien ou du père de famille, ont permis de découvrir un personnage presque anonyme mais toujours authentique. Son éclectisme légendaire a toujours exacerbé les interrogations en tous genres, forcé l'admiration de ses amis politiques et déclenché les joutes oratoires de ses opposants.

Le message de Jacques Chirac depuis près de vingt ans se distingue de celui des autres par son dynamisme et une vitalité qui pèse sur les événements et sur le déroulement de la vie politique.

Il a bâti son combat politique sur des principes inspirés par le Général de Gaulle et Georges Pompidou. En novembre 1986, il déclarait :

"J'ai appris du Général de Gaulle ce qu'étaient les grandeurs de la France, son histoire, son destin. Et j'ai appris de Georges Pompidou ce qui était absolument nécessaire pour comprendre et asseoir cette première conviction, ce qu'était réellement la France dans ses profondeurs, dans ses ambitions, dans sa modernité, dans son avenir. C'est en fait par référence à ces deux hommes que je me suis fait une idée de ce Pays."

Jacques Chirac a sept ans pour réussir et beaucoup de cartes en main. Une situation nouvelle pour l'éternel combattant, qui depuis trente ans, a toujours couru après une élection. Juppé le fidèle a logiquement été chargé d'appliquer le programme du candidat Chirac comme Pierre Mauroy le fit lorsque François Mitterrand arriva à l'Elysée. Puis ce sera le tour des "réformistes" comme Philippe Séguin, des légitimistes et des fidèles tels Jacques Toubon.

Le septennat de Jacques Chirac aura sans aucun doute l'apparence de la longue marche qui a façonné l'homme politique enfin en accord avec lui-même. Et comment ne pas évoquer Philippe Séguin, un des dauphins de l'actuel Président qui déclarait : "Il faut remplir deux conditions pour acquérir un statut de présidentiable : avoir vingt ans de vie politique, et s'être réconcilié avec soi-même."

Les grandes étapes de la carrière de Jacques CHIRAC

29 Novembre 1932 :	Naissance de Jacques CHIRAC à la clinique Geoffroy St-Hilaire à PARIS
Février 1940 :	La famille CHIRAC rejoint Sainte-Féréole en Corrèze.
Septembre 1944 :	Entre en cinquième au lycée Hoche de Versailles.
Octobre 1945 :	Entre en quatrième au lycée Carnot.
Octobre 1951 :	Intègre l'Institut d'Etudes Politiques de Paris.
Juillet 1953 :	Séjourne aux Etats Unis et s'inscrit à l'université Harvard
Juin 1954 :	Troisième de sa promotion à Sciences Po.
Novembre 1954 :	Reçu au concours d'entrée de l'Ecole Nationale d'Administration.
Septembre 1955 :	Major de l'Ecole de Saumur.
Novembre 1955 :	Sous lieutenant au XIème régiment de chasseurs d'Afrique.
17 Mars 1956 :	Epouse Bernadette CHODRON DE COURCEL.
15 Avril 1956 :	Débarque en Algérie.
3 Juin 1957 :	Retourne à la vie civile.

5 Août 1957 :	Stage de préfecture à Grenoble.
2 Janvier 1958 :	Entre à l'E.N.A.
4 Mars 1958 :	Naissance de Laurence CHIRAC.
Juin 1959 :	Sort de l'E.N.A (16 ème de la promotion VAUBAN).
Juillet 1959 :	Part en Algérie en poste administratif.
15 Avril 1960 :	Auditeur à la cour des comptes à Paris.
Novembre 1961 :	Chargé de cours à Sciences-Po Paris.
Avril 1962 :	Au Secrétariat Général du Gouvernement.
Novembre 1962 :	Chargé de mission au cabinet du Premier ministre George POMPIDOU.
6 Décembre 1962 :	Naissance de Claude CHIRAC.
2 Novembre 1962 :	Membre de la CODER du Limousin (Commission de Développement Rural).
5 Mars 1965 :	Elu au Conseil Municipal de Sainte Féréole en Corrèze avec plus de 83% de voix.
5 Décembre 1965 :	Serment de Solignac et naissance d'un pacte pour que les “pompidoliens” s'emparent du Limousin.
12 Mars 1967 :	Elu député d'Ussel (Corrèze) au second tour avec 50,73%.

7 Avril 1967 :	Entre au gouvernement comme secrétaire d'Etat aux Affaires Sociales, chargé de l'emploi dans le gouvernement de Georges POMPIDOU.
17 Mars 1968 :	Elu Conseiller Général de MEYMAC avec 59,71%
25 Mai 1968 :	Participe aux côtés de Georges POMPIDOU aux "accords de Grenelle".
31 Mai 1968 :	Secrétaire d'Etat à l'économie et aux finances dans le gouvernement de Georges POMPIDOU.
23 Juin 1968 :	Réélu député d'Ussel au premier tour avec 54,36 %.
30 Juin 1968 :	Mort de son père François CHIRAC.
12 Juillet 1968 :	Reconduit secrétaire d'Etat à l'économie et aux finances dans le gouvernement de Georges POMPIDOU remanié.
19 Mars 1969 :	Jacques CHIRAC achète le château de Bity à Sarran.
Mai 1969 :	Trésorier de la campagne de Georges POMPIDOU à l'élection présidentielle.
15 Juin 1969 :	Georges POMPIDOU est élu Président de la République avec 57,5 %.
22 Juin 1969 :	Secrétaire d'Etat à l'économie et aux finances dans le gouvernement de Jacques CHABAN-DELMAS

16 Mars 1970 :	Jacques CHIRAC est réélu Conseiller Général de MEYMAC avec près de 60 %
17 Mars 1970 :	Devient Président du Conseil Général de Corrèze
7 Janvier 1971 :	Ministre délégué auprès du Premier ministre chargé des relations avec le Parlement dans le gouvernement remanié de J. CHABAN-DELMAS.
6 Juillet 1972 :	Ministre de l'Agriculture et du Développement Rural dans le gouvernement de Pierre MESSMER.
4 Mars 1973 :	Réélu au premier tour député d'Ussel avec 51,73%.
1 Mars 1974 :	Ministre de l'Intérieur au gouvernement de Pierre MESSMER.
2 Avril 1974 :	Décès de Georges POMPIDOU.
13 Avril 1974 :	Il lance "l'appel des 43" une motion de soutien de députés favorables à la candidature de Valéry GISCARD D'ESTAING.
19 Mai 1974 :	Valéry GISCARD D'ESTAING devient Président de la République.
27 Mai 1974 :	Premier ministre
14 Décembre 1974 :	Secrétaire Général de l'U.D.R après la démission d'Alexandre SANGUINETTI.
25 Août 1976 :	Démissionne de ses fonctions de Premier ministre.

3 Octobre 1976 :	"Appel d'Egletons" en Corrèze, Jacques CHIRAC lance le Rassemblement.
14 Novembre 1976 :	Réélu au premier tour député de la troisième circonscription d'Ussel en Corrèze avec 53,66% après la démission de son suppléant Henri BELCOUR.
5 Décembre 1976 :	Création du Rassemblement Pour la République, Porte de Versailles à Paris. (Election du Président : Jacques CHIRAC est élu avec 96,50 %).
25 Mars 1977 :	Elu Maire de Paris avec 55 % des voix. Il l'emporte par 67 voix contre 40 à M. Henri FIZBIN (PC) au Conseil de Paris.
11 Février 1978 :	Meeting historique du R.P.R Porte de Pantin à Paris (100 000 personnes).
12 Mars 1978 :	Réélu au premier tour député d'Ussel avec 54,29 %.
26 Novembre 1978 :	Accident de la route en Corrèze.
6 Décembre 1978:	Lance l'appel de Cochin depuis son lit d'hôpital.
Janvier 1979 :	Président de l'Association Internationale des Maires et Pays Francophones.
10 Juin 1979 :	Conduit la liste D.I.F.E, Défense des Intérêts de la France en Europe pour les élections européennes. (16,25 % et 15 élus).
3 Février 1981:	Candidat à la Présidence de la République.

26 Avril 1981 :	Jacques CHIRAC obtient 17,95 % des suffrages et ne participera pas au second tour.
10 Mai 1981 :	François MITTERRAND est élu Président de la République avec 51,82 %.
14 Juin 1981 :	Réélu au premier tour député d'Ussel avec 50,60 %.
13 Mars 1983 :	Réélu Maire de Paris
17 Juin 1984 :	Simone VEIL remporte les élections européennes à la tête de la liste d'Union U.D.F-R.P.R avec 42,72%.
16 Mars 1986 :	Réélu député d'Ussel sur une liste d'union de l'opposition à la proportionnelle avec 49,70 %. (L'union de l'opposition R.P.R-U.D.F remporte 44,89 % des voix et 288 députés sur le plan national).
20 Mars 1986 :	Premier ministre de la cohabitation
7 Décembre 1986 :	Le R.P.R fête ses dix ans au CNIT à Paris.
24 Avril 1988 :	Jacques CHIRAC totalise 19,90 % des suffrages au premier tour de l'élection présidentielle.
8 Mai 1988 :	François MITTERRAND est réélu Président de la République avec 54,02 % contre 45,97 % à Jacques CHIRAC.
5 Juin 1988 :	Réélu au premier tour député d'Ussel avec 58,04%.
20 Mars 1989 :	Réélu Maire de Paris.

11 Février 1990 :	Aux assises du R.P.R la motion JUPPE remporte 68,62 % ; la motion PASQUA-SEGUIN 31,38%.
20 Septembre 1992 :	Référendum autorisant la ratification du traité de Maastricht ; le OUI l'emporte avec 51,01 %.
21 Mars 1993 :	Réélu au premier tour député d'Ussel avec 60,68 % .
24 Mars 1993 :	Edouard BALLADUR est nommé Premier ministre.
12 Juin 1994 :	La liste R.P.R / U.D.F conduite par Dominique BAUDIS remporte les élections européennes avec 25,37 %.
23 Septembre 1994 :	Le Conseil National du R.P.R vote une motion de confiance à Jacques CHIRAC avec 95 %.
4 Novembre 1994 :	Candidat à la présidence de la République pour la troisième fois.
12 Novembre 1994 :	Quitte la présidence du R.P.R.
18 Novembre 1995 :	Edouard BALLADUR candidat à la Présidence de la République.
23 Avril 1995 :	Avec 20,84 % Jacques CHIRAC arrive en deuxième position et disputera le second tour face à Lionel JOSPIN.
7 Mai 1995 :	Elu Président de la République avec 52,64 %.
16 Mai 1995 :	Jacques Chirac démissionne de son poste de Maire de Paris.

Les six premiers mois du nouveau Président de la République

17 mai 1995 :	Passation des pouvoirs à l'Elysée Alain JUPPE est nommé Premier ministre.
18 mai 1995 :	Dominique de Villepin, secrétaire général de la présidence de la République, donne la composition du premier gouvernement du nouveau septennat (42 membres dont 12 femmes).
19 mai 1995 :	Jacques CHIRAC annonce une révision constitutionnelle visant à revaloriser le rôle des parlementaires et étendre le champ du référendum.
23 mai 1995 :	Déclaration de politique générale du Premier ministre Alain Juppé à l'Assemblés nationale.
23 mai 1995 :	Jean-Fraçois MANCEL est nommée secrétaire général du R.P.R.
11 juin 1995 :	Premier tour des élections municipales (30,58% d'abstention) marquée par une poussée du Front National.
13 juin 1995:	Jacques CHIRAC annonce au cours de sa première conférence de presse, la reprise des essais nucléaires dans le Pacifique.
16 et 17 juin :	Sommet du G7 (pays les plus industrialisés) à Halifax.
18 juin 1995:	Second tour des élections municipales. La majorité perd six arrondissements dans la capitale. Le Front National confirme et remporte les villes d'Orange et Toulon.

22 juin 1995:	Le Premier ministre présente le collectif budgétaire et le "Contrat Initiative Emploi".
25 juin 1995 :	Jean TIBERI succède à Jacques Chirac à la mairie de Paris.
5 juillet 1995:	Discours à l'O.N.U. à l'occasion du cinquantième anniversaire.
14 juillet 1995:	Quatre mille jeunes sont invités à la garden-party de l'Elysée.
16 Juillet 1995 :	A l'occasion du cinquante troisième anniversaire de la rafle du vel d'hiv, Jacques Chirac reconnaît "les fautes commises par l'Etat" dans la déportation, des juifs de France.
19-23 juillet 1995:	Première visite officielle en Afrique (Côte d'Ivoire, Maroc, Gabon, Sénégal).
25 juillet 1995 :	Une bombe explose à la station Saint-Michel du RER faisant sept morts et quatre-vingt-quatre blessés. Jacques Chirac rend visite aux victimes.
31 juillet 1995:	Le Parlement réuni en Congrès à Versailles adopte, par 674 voix contre 178, la révision de la Constitution.
5-22 août 1995 :	Jacques CHIRAC prend quelques jours de vacances au fort de Brégançon.
17 août :	Deuxième attentat à Paris ,place Charles de Gaulle Etoile (vingt blessés).
22 août :	Jacques Chirac préside le Conseil

des ministres de la rentrée.

24 Août 1995 :	Alain Juppé annonce qu'il accepte la demission présentée par Alain MADELIN, ministre de l'Economie et des Finances. Il est remplacé par Jean ARTHUIS.
5 septembre 1995 :	La France procède à une expérience nucléaire sous-marine dans le pacifique.
15 octobre 1995 :	Alain Juppé succède à Jacques Chirac à la présidence du R.P.R. à l'occasion des Assises Nationales de Marne la Vallée.
7 novembre 1995 :	Alain Juppé donne la démission de son gouvernement 1. Gouvernement Juppé 2. Un gouvernement de 32 membres. 4 arrivants : J.C. GAUDIN : Ministre de l'Aménagement du territoire, de la Ville et de l'Intégration. Alain LAMASSOURE : Ministre délégué au Budget, Porte-parole du gouvernement. Dominique PERBEN : Ministre de la Fonction publique, de la Réforme de l'Etat et de la Décentralisation. Frank BOROTRA : Ministre de l'Industrie, de la Poste et des Télécommunications. 13 sortants.

ANNEXE 1 :
Ecole Nationale d'Administration
PROMOTION "VAUBAN"
Janvier 1957 - Juillet 1959
QUE SONT-ILS DEVENUS ?

Michel ASTORG
Conseiller-maître à la Cour des Comptes
Première Chambre (secteurs Finances et Agriculture)

Jean-Claude AUROUSSEAU
Conseiller-maître à la Cour des comptes

Louis BAUDOIN
Trésorier Payeur Général

Hervé BOURSEILLER
Préfet honoraire

Jacques BOYON
Conseiller-maître
Député de l'Ain, ancien ministre

Claudius BROSSE
Secrétaire Général de la Confédération de
l'Artisanat et des Petites Entreprises du Bâtiment

Pierre CAYRON
Préfet honoraire

Alain CHEVALIER
Ancien auditeur de la Cour des Comptes
Président, AJC Conseils, Groupe Balmain

Jacques CHIRAC
Conseiller référendaire
Président de la République

Bernard COCHINAL
Administrateur civil hors classe

Pierre CONSIGNY
Président de la Croix Rouge Française

Pierre CREYSSEL
Délégué Général C.F.C.G.A

Paul DEROCHE
Décédé (janvier 1979)

Fernand DESBORDES
Décédé (28 février 1986)

Jean DESGRANGES
Préfet honoraire

Henri DOLBOIS
Conseiller-Maître à la Cour des Comptes
Quatrième Chambre (secteurs Intérieur, PTT et Collectivités locales)

Michel DRUMETZ
Ministre plénipotentiaire honoraire

Jacques DUPRONT
Inspecteur Général des Affaires sociales

Colette DUTHIL
Inspecteur Général de l'Administration de l'Education Nationale

Roger ERRERA
Conseiller d'Etat (Section du Contentieux, Section de l'Intérieur, Conseil d'Etat)

Jacques FRIEDMANN
Président Directeur Général de l'U.A.P.

Jacques GERVILLE-REACHE
Conseiller d'Etat (Section des Travaux Publics, Section du Contentieux, Conseil d'Etat)

Pierre GISSEROT
Inspecteur Général des Finances
Chef du Service, Service de l'Inspection Générale des Finances

Claude GROULT
Conseiller commercial hors classe

Micheline GROUNIN
Inspecteur général des affaires sociales honoraire

Jean GROUX
Conseiller d'Etat
Président de la 9ème sous-section, section du contentieux - Conseil d'Etat

Jean Pierre GUILLET
Inspecteur général Industrie et Commerce honoraire

Jean Yves HABERER
Inspecteur général des Finances

Serge JOLLY
Administrateur civil hors classe

Jean François KESLER
Directeur Adjoint chargé de la Recherche et de la Formation permanente à l'Ecole Nationale d'Administration

Bertrand LABRUSSE
Président de la 7ème Chambre de la Cour des Comptes (Section Transports et Défense)

Robert LANGLOIS-MEURINNE
Inspecteur (Inspection de l'Action Sociale des Armées au Ministère de la Défense)

Géraud de la TOUR D'AUVERGNE
Haut fonctionnaire de Défense, Ministère de l'Education Nationale et de la Francophonie

Claudette LAVOREL
Inspecteur général de l'Administration des Affaires Culturelles

Didier LECERF
Décédé (décembre 1989)

Dieudonné MANDELKERN
Conseiller d'Etat - Président de Section

Claude MASSONIE
Contrôleur d'Etat

François MOUTON
Ambassadeur extraordinaire et plénipotentiaire d'Irlande

Jacques NEGRIER
Conseiller d'Etat

Marie-Thérèse PIERRE-MOLBERT
Administrateur civil hors classe

Yves PRUJA
Administrateur civil hors classe

Gérard RABATE
Inspecteur Général de l'Administration de l'Education Nationale honoraire

Jean RODES
Conseiller Hors classe du Tribunal Administratif et de la Cour Administrative d'Appel

Philippe ROUVILLOIS
Président d'Organisme sous tutelle
Ministère de l'Enseignement Supérieur et de la Recherche

Jean SALUSSE
Décédé (23 juillet 1977)

Claude SARRAZIN
Inspecteur Général des Finances
Conseiller financier Proche et Moyen-Orient - Le Caire

René SAUTIER
Président du Syndicat National de l'Industrie Pharmaceutique

Bernard STASI
Député Européen, Administrateur civil

André TARALLO
Chargé de Mission auprès du Président d'Elf Aquitaine

André VALADAS
Conseiller des Affaires étrangères

Guy VERDEIL
Inspecteur des Finances
Président Directeur Général Athéna Banque, Préservatrice Foncière Assurances

Daniel VOILLEREAU
Conseiller référendaire honoraire

Elèves étrangers:

Dimitri ATHANASSOPOULOS
Directeur Général Fondation pour la Culture hellénique (Athènes)

Kenneth JAZAIRY
Président de FIDA (Rome)

ANNEXE 2 :
Elections cantonales

17 MARS 1968

Jacques CHIRAC (UDV)
Secrétaire d'Etat à l'emploi
élu au premier tour conseiller général de Meymac.

Inscrits :	3687
Suffrages exprimés :	3128

1er tour

Chirac (UDV) :	*1868*	*59,71 %*
Lacassagne (PC) :	927	29,63 %
Delaurens (Convent. des Inst. Rép.):	233	7,44 %

16 MARS 1970

Inscrits :	3648
Votants :	2716
Jacques CHIRAC Conseiller sortant	*1629 (élu)*
Lacassagne	939

18 MARS 1970

Election pour la présidence du conseil général de Corrèze

Jacques CHIRAC (UDR) *17 voix*
Secrétaire d'Etat à l'économie et aux finances
Marcel CHAMPEIX 11 voix

Jacques CHIRAC est élu Président du Conseil Général.

ANNEXE 3 :
Elections législatives

5 mars 1967

1er Tour

Ussel (19) 3ème circonscription
Inscrits : 44 207
Suffrages exprimés : 35 716

J. CHIRAC (V République) : 15 289 voix	*42,80 %*
G. EMON (PC) : 10 567 voix	29,58 %
R. MITTERRAND (Féd.) : 8657 voix	24,23 %
M. KELLERMAN (PSU) : 1203 voix	3,36 %

12 mars 1967

2 ème tour

Inscrits : 44 299
Suffrages exprimés : 36 507

CHIRAC (Vème République) : 18 522 = ELU avec 50,73 %
EMON (PC) : 17 988 = 49,27 %

23 juin 1968

1er TOUR

Ussel (19) 3ème circonscription
Inscrits : 43 846
Suffrages exprimés : 36038

J. CHIRAC (UDR) : 19 593 REELU	*54,36 %*
G. EMON (PC) : 11 092	30,77 %
G. DUMONT (Fed) : 4608	12,78 %
M. MAZEAUD (MRP) : 745	2,06 %

4 mars 1973

Ussel 3 ème circonscription
(Henri BELCOUR, Député sortant ne se représentait pas)
Inscrits : 44 983
Suffrages exprimés : 38 020

J. CHIRAC (UDR) : 19 667 ELU AVEC	*51,73 %*
F. CLAVAUD (PC) :6577	17,30 %
M. KELLERMAN (PSU) :798	2,09%
P. OROFINO :398	1,04 %

14 novembre 1976

Ussel (19) 3ème circonscription
Inscrits : 47 224
Votants : 39 869
Suffrages exprimés : 39 408

J. CHIRAC (UDR) : 21 146	*53,66 %*
C. AUDOIN (PC) : 8771	22,26 %
B. COUTAUD (PS) : 8461	21,47 %
RICARD (FN) : 412	1,05 %
M. MORATILLE (LO) : 310	0,79 %
GUILLIEN (PSU) : 206	0,52 %
M. DASTE (SE) : 102	0,25 %

12 mars 1978

Ussel (19) 3 ème circonscription
Inscrits : 48 926
Suffrages exprimés : 43 496

J. CHIRAC (RPR) : 23 616 REELU	*54,29 %*
C.AUDOIN (PC) : 10 717	24,63 %
B. COUTAUD (PS) : 7423	17,06 %
G. MARCHAND (Ecologie) : 1149	2,64 %
M. MORATILLE (Lutte Ouvrière) : 591	1,35 %

14 Juin 1981

Ussel (19) 3 ème circonscription
Inscrits : 49 102
Votants : 46 868
Abstentions : 16,76 %
Suffrages exprimés : 40 442

J. CHIRAC (RPR) : 20 464 REELU	*50,60 %*
F. HOLLANDE (PS) : 10 679	26,40 %
C. AUDOIN (PC) : 8992	22,23 %
J. RICARD (FN) : 307	0,75 %

16 mars 1986

CORREZE
Inscrits : 185 132
Abstentions : 13,75 %
Suffrages exprimés : 153 151

CHIRAC (Union Opposition RPR) : 76 117	*49,70% - 2Elus*
M. CASTAING (PS) : 40 818	26,65 % - 1 Elu
M. COMBASTEIL (PC) : 29 321	19,14 %
M. DU VERDIER (FN) : 5199	3,39 %
Mme DRULIOLES (MPPT) : 1696	1,10 %

5 juin 1988

3ème circonscription Ussel (19)
Inscrits : 57 003
Votants : 47 781
Abstentions : 16,17 %
Suffrages exprimés : 47 159

CHIRAC (URC RPR) : 27 375	*58,04 %*
GOURMAND (PS) : 11 594	24,58 %
AUDOUIN (PC) : 7494	15,89 %
LABORIE (FN) : 696	1,47 %

21 mars 1993

Inscrits : 55 705
Votants : 44 599
Suffrages exprimés : 42 764

CHIRAC (RPR) Député sortant : 25 951	*60,68 %*
AUDOUIN (PC) : 6700	15,66 %
BOURZAI (PS) : 6686	15,63 %
BENEIX (Verts) : 1428	3,33 %
BONNEAU (FN) : 1329	3,10 %
BENAVENT (NE) : 670	1,56 %

ANNEXE 4 :
Les élections municipales

20 MARS 1977

Inscrits : 1 232 559
Suffrages exprimés : 797 220 (64,69 %)
Majorité : 438 610 voix (55 %)
U.D.G : 358 610 voix (45 %)

1er et 2ème ARRONDISSEMENTS
(1er secteur)
Ont obtenu : Maj. (Krieg) 12 970 (55,2 %)
Elu
U.D.G. 10 536 (44,8 %)

3 ème et 4 ème ARRONDISSEMENTS
(2ème secteur)
Ont obtenu : U.D.G. (M. Dayan) : 12 576 (51,8 %) Elu
Protection et Renouveau (M. Dominati) 11 711 (48,2 %)

5 ème ARRONDISSEMENT
(3ème secteur)
Ont obtenu : Union pour Paris (Chirac) :16 099 (56,4 %) Elu
U.D.G. 12 436 (43,6%)

6 ème ARRONDISSEMENT
(4ème secteur)
Ont obtenu :
Maj. (Pierre Bas) : 13 932 (62,1%) Elu
U.D.G. (Barrau) : 8493 (37,9%)

7 ème ARRONDISSEMENT
(5ème secteur)
La liste Majorité (Frédéric Dupont) a été élue au premier tour

8 ème ARRONDISSEMENT
(6ème secteur)
Ont obtenu : Maj. (M. Couve de Murville) : 12 297 (97 ,8 %) Elu
Protection et renouveau 274 (2,2 %)

9ème ARRONDISSEMENT
(7ème secteur)
Ont obtenu :
Maj. : (Kaspereit) 15 218 (61,8 %) Elu
U.D.G. : 9408 (38,2 %)

10 ème ARRONDISSEMENT
(8ème secteur)
Ont obtenu :
Maj. (C.G. Marcus) : 17 400 (51,8 %)Elu
U.D.G. (Lhostis) : 16 197 (48,2%)

11 ème ARRONDISSEMENT
(9ème secteur)
Ont obtenu :
U.D.G. (Berlemont) : 29 910 (53,3 %) Elu
Maj. (Fanton) 26 172 (46,7 %)

12 ème ARRONDISSEMENT
(10ème secteur)
Ont obtenu :
Maj. (M Planchet) et P. de Bénouville) : 30 291 (51,8 %) Elu ,
U.D.G. (M. Bouis) 28 172 (48,2%)

13 ème ARRONDISSEMENT
(11 ème secteur)
Ont obtenu
U.D.G. (André Voguet) : 35 476 Elu (57 %)
Maj. : 26 725 (43%)

14 ème ARRONDISSEMENT
(12 ème secteur)
Ont obtenu :
Union pour Paris (Christian de la Malène) : 29 337 (50,9 %) Elu
(Parmantier) : 28 279 (49,1 %)

15 ème ARRONDISSEMENT
(13 ème secteur)
Ont obtenu :
Maj. (Nicole de Hauteclocque) : 51 072, (57,4%) Elue,
U.D.G. : 37 930 (42,6%)

16 ème ARRONDISSEMENT
(14 ème secteur)
Ont obtenu :
Protection et renouveau (Lépine et P.C. Taittinger) : 45 748 (100%)

17 ème
ARRONDISSEMENT
(15 ème secteur)
Ont obtenu :
Maj. M Philippe Lafay : 44 610 (65,3%) Elu
U.D.G. : 13 661 (34,7%)

18 ème ARRONDISSEMENT
(16 ème secteur)
Ont obtenu :
U.D.G. (Baillot) : 41093 (52,4%) Elu
Union pour Paris (Chinaud d'Ornano) : 37 254 (47,60%)

19 ème ARRONDISSEMENT
(17 ème secteur)
Ont obtenu :
U.D.G. (Fizbin) : 28 386 (58,1%) Elu,
Maj (Bouchais) : 20 512 (41,9%)

20 ème ARRONDISSEMENT
(18 ème secteur)
Ont obtenu :

U.D.G. (Meillat) : 36 058	(57,2 %) Elu
Maj : 28 981	(42,8%)

*M. Jacques CHIRAC EST ELU MAIRE DE PARIS PAR 67 VOIX CONTRE 40 À M Henri FIZBI*N (PC)

13 MARS 1983

1er ARRONDISSEMENT
Liste CHIRAC (CALDAGUES) : 59,36 %
Liste PS : 25,85 %

2ème ARRONDISSEMENT
Liste CHIRAC (DUMAIT) : 60,30 %
Liste PS : 29,30 %

3ème ARRONDISSEMENT
Liste CHIRAC (DOMINATI) : 52,98 %
Liste PS : 39,72 %

4ème ARRONDISSEMENT
Liste CHIRAC (KRIEG) : 59,09 %
Liste PS : 32,30 %

5ème ARRONDISSEMENT
Liste CHIRAC : 65,84 %
Liste PS : 25,87 %

6ème ARRONDISSEMENT
Liste CHIRAC (BAS) :0,48 %
Liste PS : 25,10 %

7ème ARRONDISSEMENT
Liste CHIRAC (FREDERIC-DUPONT) : 77,19 %
Liste PS : 25,10 %

8ème ARRONDISSEMENT
Liste CHIRAC (COUVE DE MURVILLE) : 47 %
Liste PS : 13,23 %

9ème ARRONDISSEMENT
Liste CHIRAC (KASPEREIT) : 69,78 %
Liste PS : 24,02 %

10ème ARRONDISSEMENT
Liste CHIRAC (MARCUS) : 63,26 %
Liste PS : 30,36 %

11ème ARRONDISSEMENT
Liste CHIRAC (DEVAQUET) : 54,40%
Liste PS : 35,85 %

12ème ARRONDISSEMENT
Liste CHIRAC (PERNIN) : 60,47 %
Liste PS : 29,94 %

13ème ARRONDISSEMENT
Liste CHIRAC (TOUBON) : 52,80 %
Liste PS : 47,20 %

14ème ARRONDISSEMENT
Liste CHIRAC (DE LA MALENE) : 57,94 %
Liste PS : 32,63 %

15ème ARRONDISSEMENT
Liste CHIRAC (DE HAUTECLOQUE) : 66,29 %
Liste PS : 25,06 %

16ème ARRONDISSEMENT
Liste CHIRAC (GANTIER) : 84,27 %
Liste PS : 11,13 %

17ème ARRONDISSEMENT
Liste CHIRAC (PONS) : 70,95 %
Liste PS : 20,38 %

18ème ARRONDISSEMENT
Liste CHIRAC (JUPPE) : 53,85 %
Liste PS : 35,19 %

19ème ARRONDISSEMENT
Liste CHIRAC (FERON) : 50,43 %
Liste PS : 28,16 %

20ème ARRONDISSEMENT
Liste CHIRAC (BARIANI) : 50,43 %
Liste PS : 41,02 %

20 MARS 1989

1er ARRONDISSEMENT
Liste Chirac (M. Caldagues) 3571 (57,70 %)
Liste Joxe (J. Leclerc) 1337 (21,60 %)

2ème ARRONDISSEMENT
Liste Chirac (A. Dumait) 3126 (51,12 %)
Liste Joxe (P. Shapira) 1555 (25,43%)

3ème ARRONDISSEMENT
Liste Chirac (J. Dominati) 5703 (50,18 %)
Liste Joxe (P. Aidenbaum) 2914 (25,64%)

4ème ARRONDISSEMENT
Liste Chirac (P.C. Krieg) 5737 (50,17 %)
Liste Joxe (M. Bennassayag) 2640 (24,84 %)

5ème ARRONDISSEMENT
Liste Chirac (J. Chirac) 15 394 (59,33 %)
Liste Joxe (E. Gateau) 5506 (21,22 %)

6ème ARRONDISSEMENT
Liste Chirac (F. Collet) 9139 (50,06%)
Liste Joxe (G. Lacan)3362 (18,41 %)

7ème ARRONDISSEMENT
Liste Chirac (M. Aurillac) 15 093 (69,06%)

Liste Joxe (P. Bachy) 3182 (14,55%)

8ème ARRONDISSEMENT
Liste Chirac (M. T Hermange) 9362 (72,88 %)
Liste Joxe (F. Benarroch) 1603 (12,47 %)

9ème ARRONDISSEMENT
Liste Chirac (G. Kaspereit) 10 464 (56,5 %)
Liste Joxe (J. Bravo) 3998 (21,6 %)

10ème ARRONDISSEMENT
Liste Chirac (C.G. Marcus) 12 187 (48,9 %)
Liste Joxe (T. Dreyfus) 5715 (22,93 %)

11ème ARRONDISSEMENT
Liste Chirac (A. Devaquet) 19 817 (44,71 %)
Liste Joxe (G. Sarre) 14 124 (31,87 %)

12ème ARRONDISSEMENT
Liste Chirac (P. Pernin) 25 251 (53,9 %)
Liste Joxe (P. Joxe) 12 129 (25,89 %)

13ème ARRONDISSEMENT
Liste Chirac (J. Toubon) 26 708 (46,06%)
Liste Joxe (P. Quiles)18 734 (32,31%)

14ème ARRONDISSEMENT
Liste Chirac (C. Lunet de la Malène) 22 312 (49,48 %)
Liste Joxe (P. Castagnou) 11 668 (25,87 %)

15ème ARRONDISSEMENT
Liste Chirac (E. Balladur) 46 508 (59,25%)
Liste Joxe (C. Heutiaux) 15038 (19,16%)

16ème ARRONDISSEMENT
Liste Chirac (G. Mesmin) 39 815 (74,90%)
Liste Joxe (M. Herold) 5242 (9,86 %)

17ème ARRONDISSEMENT
Liste Chirac (B. Pons) 33 160 (63,36%)
Liste Joxe (J.L. Gonneau) 8384 (16,02%)

18ème ARRONDISSEMENT
Liste Chirac (A. Juppé) 25 941 (47,97%)
Liste Joxe (D. Vaillant) 12 217 (25,53%)

19ème ARRONDISSEMENT
Liste Chirac (J. Féron) 19 034 (42,81 %)`
Liste Joxe (R. Madec) 10 300 (23,17%)

20ème ARRONDISSEMENT
Liste Chirac (D. Bariani) 20 912 (38,32%)
Liste Joxe (M. Charzat) 15 522 (28,44 %)

ANNEXE 5 :
Elections Européennes

10 JUIN 1979

Inscrits : 35 172 576
Votants : 21 376 245
Suffrages exprimés : 20 242 416

Simone VEIL (UDF) : 5 588 026 27,60 %
25 Elus

François MITTERRAND (PS MRG) : 4 764 341 23,53 %
22 Elus

Jacques CHIRAC (RPR) : 3 302 131 *16,31 %*
(Défense des Intérêts de la France en Europe)

(Jacques CHIRAC, Michel DEBRE, Pierre MESSMER, Claude LABBE, Louise WEISS, Gustave DELEAU, Marie-Madeleine DIENESCH, Maurice DRUON, Hubert BUCHOU, Nicole CHOURAQUI, Christian de la MALENE, Christian PONCELET, Alain GILLOT, Eugène REMILLY, Vincent ANSQUER)
15 Elus

M. FERNEX (Euro Ecologie) : 887 863 4,38 %

Arlette LAGUILLER (Lutte Ouvrière) : 622 753 3,07 %

Jean Jacques SERVAN-SCHREIBER (Emploi Egalité Europe)
Françoise GIROUD (5ème liste) : 373 315 1,84 %

Philippe MALAUD (Défense Int. Prof.) : 282827 1,39 %

Jean Louis TIXIER VIGNANCOUR (Eurodroite) : 265 728 1,31 %

Jean H. HALLIER (Régions - Europe) : 538
Huguette BOUCHARDEAU (P.S.U.) : 382

ANNEXE 6 :
La carrière gouvernementale

7 AVRIL 1967

PREMIER MINISTRE :
Georges POMPIDOU

Ministre d'Etat chargé des affaires culturelles
André MALRAUX

Ministre d'Etat chargé de la fonction publique
Edmond MICHELET

Ministre d'Etat chargé des départements
et territoires d'outre-mer
Pierre BILLOTTE

Ministre d'Etat chargé de la recherche scientifique et
des questions atomiques et spatiales
Maurice SCHUMANN

Ministre d'Etat chargé des relations avec le Parlement
Roger FREY

Ministre délégué auprès du Premier ministre, chargé du plan
et de l'aménagement du territoire
Raymond MARCELLIN

Garde des sceaux, ministre de la justice
Louis JOXE

Ministre des affaires étrangères
Maurice COUVE DE MURVILLE

Ministre de l'intérieur
Christian FOUCHET

Ministre des armées
Pierre MESSMER

Ministre de l'économie et des finances
Michel DEBRE

Ministre de l'éducation nationale
Alain PEYREFITTE

Ministre de l'équipement et du logement
Edgar PISANI

Ministre de l'agriculture
Edgar FAURE

Ministre de l'industrie
Olivier GUICHARD

Ministre des affaires sociales
Jean-Marcel JEANNENEY

Ministre des transports
Jean CHAMANT

Ministre des anciens combattants
et victimes de guerre
Henri DUVILLARD

Ministre des postes et télécommunications
Yves GUENA

Ministre de la jeunesse et des sports
François MISSOFFE

Ministre de l'information
Georges GORSE

Secrétaire d'Etat du Premier ministre,
chargé du tourisme
Pierre DUMAS

Secrétaire d'Etat aux affaires étrangères,
chargé de la coopération
Yvon BOURGES

Secrétaire d'Etat aux affaires étrangères
André BETTENCOURT

Secrétaire d'Etat à l'intérieur
André BORD

Secrétaires d'Etat à l'économie et aux finances
Robert BOULIN
Roland NUNGESSER

Secrétaire d'Etat aux affaires sociales,
chargé des problèmes de l'emploi
Jacques CHIRAC

<u>Cabinet du Secrétaire d'Etat</u>

<u>Directeur du cabinet:</u>
Gérard Belorgey, administrateur civil
<u>Chef de Cabinet:</u>
Olivier Stirn, sous-préfet hors cadre
<u>Conseiller technique:</u>
Pierre Marty, administrateur civil hors classe

31 MAI 1968

Premier ministre :
Georges POMPIDOU

Ministres d'Etats :

Ministre d'Etat chargé des affaires culturelles
André MALRAUX

Ministre d'Etat
Edmond MICHELET

Ministre d'Etat chargé des affaires sociales
Maurice SCHUMANN

Ministre d'Etat
Henri REY

Ministres:

Délégué auprès du Premier Ministre, chargé du plan,
et de l'aménagement du territoire
Olivier GUICHARD

Garde des sceaux, ministre de la Justice
René CAPITANT

Affaires étrangères
Michel DEBRE

Intérieur
Raymond MARCELLIN

Armées
Pierre MESSMER

Economie et finances
Maurice COUVE DE MURVILLE

Education nationale
François ORTOLI

Equipement et logement
Robert GALLEY

Agriculture
Edgar FAURE

Industrie
Albin CHALANDON

Transports
Jean CHAMANT

Anciens combattants et victimes de guerre
Henri DUVILLARD

Postes et télécommunications
André BETTENCOURT

Information
Yves GUENA

Jeunesse et sports
Roland NUNGESSER

Départements et territoires d'outre-mer
Joël LE THEULE

Fonction publique
Robert BOULIN

Recherche scientifique

et questions atomiques et spatiales
Christian de LA MALENE

Secrétaires d'état :

Affaires étrangères chargé de la coopération
Yvon BOURGES

Intérieur
André BORD

Economie et finances
Jacques CHIRAC

Education Nationale
Marie-Madeleine DIENESCH

Affaires sociales chargé des problèmes de l'emploi
Yvon MORANDAT

Equipement et logement chargé des problèmes du logement
Philippe DECHARTRE

Jacques CHIRAC
Secrétaire d'Etat aux finances

Le Cabinet du Secrétaire d'Etat

Directeur de Cabinet:
Gérard Belorgey, administrateur civil
Conseillers techniques:
Pierre Marty, administrateur civil hors-classe
Jean Paul Parayre, ingénieur des Ponts et Chaussées
Dominique Fraisse, Auditeur au Conseil d'Etat
Chargé de mission:
M. André Terrazzoni

12 JUILLET 1968

Premier minstre :
Maurice COUVE DE MURVILLE

Ministres d'Etat :

Ministre d'Etat chargé des affaires culturelles
André MALRAUX

Ministre d'Etat chargé des affaires sociales
Maurice SCHUMANN

Ministre d'Etat chargé des relations avec le Parlement
Roger FREY

Ministre d'Etat :
Jean Marcel JEANNENEY

Ministres :

Garde des sceaux, ministre de la Justice
René CAPITANT

Affaires étrangères
Michel DEBRE

Intérieur
Raymond MARCELLIN

Armées
Pierre MESSMER

Economie et finances
François ORTOLI

Education nationale
Edgar FAURE

Délégué auprès du Premier Ministre, chargé du plan, et de l'aménagement du territoire
Olivier GUICHARD

Recherche scientifique et questions atomiques et spatiales
Robert GALLEY

Equipement et logement
Albin CHALANDON

Industrie
André BETTENCOURT

Agriculture
Robert BOULIN

Transports
Jean CHAMANT

Anciens combattants et victimes de guerre
Henri DUVILLARD

Postes et Télécommunications
Yves GUENA

Secrétaires d'Etat :

Auprès du Premier ministre, chargé de l'information
Joël LE THEULE

Auprès du Premier ministre, chargé de la fonction publique
Philippe MALAUD

Auprès du Premier ministre,
chargé de la jeunesse et des sports
Joseph COMITI

Auprès du Premier ministre,
chargé des départements et territoires d'outre-mer
Michel INCHAUSPE

Affaires sociales
Marie-Madeleine DIENESCH

Affaires sociales
Pierre DUMAS

Affaires étrangères
Yvon BOURGES

Affaires étrangères
Jean de LIPKOWSKI

Intérieur
André BORD

Economie et finances
Jacques CHIRAC

Education Nationale
Jacques TRORIAL

Equipement et logement
Philippe DECHARTRE

Jacques CHIRAC
Secrétaire d'Etat à L'économie et aux finances

<u>Le Cabinet du Secrétaire d'Etat</u>

<u>Directeur du Cabinet:</u>
Gérard Belorgey, administrateur civil
<u>Conseiller technique:</u>
Paul Deroche, administrateur civil
<u>Chargé de mission:</u>
Olivier Lefranc, administrateur civil
<u>Chef de cabinet:</u>
André Terrazzoni

22 JUIN 1969

Premier ministre :
Jacques CHABAN-DELMAS

<u>Ministres d'Etat:</u>

Ministre d'Etat chargé de la défense nationale
Michel DEBRE

Ministre d'Etat chargé des affaires culturelles
Edmond MICHELET

Ministre d'Etat chargé des relations avec le Parlement
Roger FREY

<u>Ministres</u> :

Garde des Sceaux, ministre de la Justice
René PLEVEN

Affaires étrangères
Maurice SCHUMANN

Intérieur
Raymond MARCELLIN

Economie et finances
Valéry GISCARD D'ESTAING

Education nationale
Olivier GUICHARD

Délégué auprès du Premier ministre,
chargé du plan et de l'aménagement du territoire
André BETTENCOURT

Auprès du Premier ministre,
chargé des départements et territoires d'outre-mer
Henry REY

Développement industriel et scientifique
François ORTOLI

Equipement et logement
Albin CHALANDON

Postes et télécommunications
Robert GALLEY

Agriculture
Jacques DUHAMEL

Transports
Raymond MONDON

Travail, emploi et population
Joseph FONTANET

Santé publique et de la sécurité sociale
Robert BOULIN

Anciens combattants et victimes de guerre
Henri DUVILLARD

Secrétaires d'Etat :

Auprès du Premier ministre :
Léo HAMON
Joseph COMITI
Philippe MALAUD
Jacques BAUMEL

Auprès du ministre d'Etat,
chargé de la défense nationale
André FANTON

Auprès du ministre d'Etat,
chargé des relations avec le Parlement
Jean Louis TINAUD
Jacques LIMOUZY

Auprès du ministre des affaires étrangères
Yvon BOURGES
Jean de LIPKOWSKI

Auprès du ministre de l'intérieur
André BORD

Auprès du ministre de l'économie et des finances
Jacques CHIRAC
Jean BAILLY

Auprès du ministre de l'éducation nationale
Pierre BILLECOCQ

Auprès du ministre du développement
industriel et scientifique
Gabriel KASPEREIT
Bernard LAFAY

Auprès du ministre de l'équipement
et du logement
Marcel ANTHONIOZ
Robert-André VIVIEN

Auprès du ministre de l'agriculture
Bernard PONS

Auprès du ministre du travail, de l'emploi
et de la population
Philippe DECHARTRE

Auprès du ministre de la santé publique
et de la sécurité sociale
Marie-Madeleine DIENESCH

Jacques CHIRAC
Secrétaire d'Etat à L'économie et aux finances

Le Cabinet du Secrétaire d'Etat

chargé de mission:
Gérard Belorgey, administrateur civil hors classe
Directeur de Cabinet:
Jacques Friedmann, inspecteur des finances
Chef de cabinet:
André Terrazzoni, administrateur civil

7 JANVIER 1971

Premier ministre:
JACQUES CHABAN-DELMAS

Ministres d'Etat :

Chargé de la défense nationale
Michel DEBRE

Réformes administratives
Roger FREY

Ministres:

Délégué auprès du Premier ministre chargé des relations avec le Parlement
Jacques CHIRAC

Délégué auprès du Premier ministre,
chargé du plan et de l'aménagement du territoire
André BETTENCOURT

Délégué auprès du Premier ministre,
chargé des départements et territoires d'outre-mer
Henri REY

Délégué auprès du Premier ministre,
chargé de l'environnement
Robert POUJADE

Garde des sceaux, ministre de la Justice
René PLEVEN

Affaires étrangères
Maurice SCHUMANN

Intérieur
Raymond MARCELLIN

Economie et Finances
Valéry GISCARD D'ESTAING

Education nationale
Olivier GUICHARD

Développement industriel et scientifique
François-Xavier ORTOLI

Ministre chargé des affaires culturelles
Jacques DUHAMEL

Equipement et logement
Albin CHALANDON

Postes et télécommunications
Robert GALLEY

Agriculture
Michel COINTAT

Transports
Jean CHAMANT

Travail, emploi et population
Joseph FONTANET

Santé publique et sécurité sociale
Robert BOULIN

Anciens combattants et victimes de guerre
Henri DUVILLARD

<u>Secrétaires d'Etat</u>:

Auprès du Premier Ministre :
Léo HAMON
Joseph COMITI
Philippe MALAUD
Jacques BAUMEL

Auprès du ministre d'Etat,
chargé de la défense nationale
André FANTON

Auprès du ministre d'Etat,
chargé des relations avec le Parlement
Jean Louis TINAUD
Jacques LIMOUZY

Auprès du ministre des affaires étrangères
Yvon BOURGES
Jean de LIPKOWSKY

Auprès du ministre de l'intérieur
André BORD

Auprès du ministre de l'économie et des finances
Jean TAITTINGER
Jean BAILLY

Auprès du ministre de l'éducation nationale
Pierre BILLECOCQ

Auprès du ministre du développement
industriel et scientifique
Gabriel KASPEREIT
Bernard LAFAY

Auprès du ministre de l'équipement
et du logement
Marcel ANTHONIOZ
Robert-André VIVIEN

Auprès du ministre de l'agriculture
Bernard PONS

Auprès du ministre du travail,
de l'emploi et de la population
Philippe DECHARTRE

Auprès du ministre de la santé publique
et de la sécurité sociale
Marie-Madeleine DIENESCH

Jacques CHIRAC
Ministre délégué auprès du Premier ministre chargé des relations avec le Parlement

Le Cabinet du Ministre

Directeur de Cabinet:
Jacques Friedmann, inspecteur des finances
Conseiller Technique:
Jean Marc Divisia, sous préfet hors cadre
Chef de cabinet:
André Terrazzoni, administrateur civil

6 JUILLET 1972

Premier ministre :
PIERRE MESSMER

Ministres d'Etat :

Chargé de la défense nationale
Michel DEBRE

Chargé des affaires sociales
Edgar FAURE

Ministres :

Garde des sceaux, ministre de la Justice
René PLEVEN

Affaires étrangères
Maurice SCHUMANN

Intérieur
Raymond MARCELLIN

Economie et finances
Valéry GISCARD D'ESTAING

Education nationale
Joseph FONTANET

Equipement, logement
et aménagement du territoire
Olivier GUICHARD

Affaires culturelles
Jacques DUHAMEL

Chargé des relations avec le Parlement
Robert BOULIN

Délégué auprès du Premier ministre,
chargé de la protection de la nature et de l'environnement
Robert POUJADE

Délégué auprès du ministre des affaires étrangères
André BETTENCOURT

Agriculture et développement rural
Jacques CHIRAC

Développement industriel et scientifique
Jean CHARBONNEL

Santé publique
Jean FOYER

Transports
Robert GALLEY

Postes et télécommunications
Hubert GERMAIN

Commerce et artisanat
Yvon BOURGES

Anciens combattants
André BORD

Secrétaires d'Etat :

Auprès du Premier Ministre,
chargé de la fonction publique
et des services de l'information
Philippe MALAUD

Auprès du Premier ministre,
chargé de la jeunesse, des sports et des loisirs
Joseph COMITI

Auprès du Premier ministre,
Porte parole du gouvernement
Jean Philippe LECAT

Auprès du Premier ministre,
chargé des départements et territoires d'outre-mer
Xavier DENIAU

Auprès du ministre d'Etat,
chargé des affaires sociales
Christian PONCELET

Auprès du ministre des affaires étrangères,
chargé de la coopération
Pierre BILLECOCQ

Auprès du ministre de l'économie et des finances,
chargé du budget
Jean TAITTINGER

Auprès du ministre de l'équipement et du logement et de l'aménagement du territoire
Christian BONNET

Auprès du ministre de l'agriculture
et du développement rural
Bernard PONS

Auprès du ministre de la santé publique,
chargé de l'action sociale et de la réadaptation
Marie-Madeleine DIENESCH

Jacques CHIRAC
Ministre de l'agriculture et du développement rural

Le Cabinet du ministre

Directeur de Cabinet:
Edouard Duchêne-Marullaz, Préfet hors cadre
Chef de cabinet:
Jean Marc Divisia, sous Préfet hors cadre

1 MARS 1974

Premier ministre :
Pierre MESSMER

Ministres d'Etat :

Garde des sceaux, ministre de la Justice
Jean TAITTINGER

Economie et finances
Valéry GISCARD D'ESTAING

Equipement, transports et aménagement du territoire
Olivier GUICHARD

Ministres :

Affaires étrangères
Michel JOBERT

Intérieur
Jacques CHIRAC

Armées
Robert GALLEY

Education nationale
Joseph FONTANET

Agriculture et développement rural
Raymond MARCELLIN

Ministre d'Etat chargé des affaires culturelles
et de l'environnement
Alain PEYREFITTE

Industrie, commerce et artisanat
Yves GUENA

Chargé des relations avec le Parlement
Hubert GERMAIN

Travail, emploi, population
Georges GORSE

Santé publique et sécurité sociale
Michel PONIATOWSKI

Postes et télécommunications
Jean ROYER

Information
Jean Philippe LECAT

Secrétaires d'Etat:

Auprès du Premier ministre,
chargé des départements et territoires d'outre-mer
Joseph COMITI

Auprès du Premier ministre
chargé de la fonction publique
Christian PONCELET

Auprès du ministre de l'économie et des finances,
chargé du budget
Henri TORRE

Auprès du ministre de l'aménagement du territoire, de l'équipement et des transports, chargé du logement
Christian BONNET

Auprès du ministre de l'équipement , de l'aménagement du territoire et des transports Aymar ACHILLE-FOULD

Auprès du ministre des affaires étrangères
Jean de LIPKOWSKI

Auprès du ministre des armées,
chargé des anciens combattants et victimes de guerre
André BORD

Auprès du ministre de l'éducation nationale
chargé de la jeunesse et des sports
Pierre MAZEAUD

Auprès du ministre de l'éducation nationale
Jacques LIMOUZY

Auprès du ministre de l'agriculture
et du développement rural
Jean François DENIAU

Auprès du ministre,
chargé des relations avec le Parlement
Olivier STIRN

Auprès du ministre des affaires culturelles
et de l'environnement, chargé de l'environnement
Paul DIJOUD

Auprès du ministre de la santé publique
chargé de la sécurité sociale
Marie-Madeleine DIENESCH

Jacques CHIRAC
Ministre de l'Intérieur

Le Cabinet du Ministre

Directeur de Cabinet:
François Heilbronner, inspecteur des finances
Directeur Adjoint du cabinet:
Robert Pandraud, administrateur civil hors classe
Chef de cabinet:
Jacques Toubon, administrateur civil
Conseillers techniques:
Philippe Auberger, inspecteur des finances
André Chavarot, administrateur civil
Jean Louis Debré, docteur en droit
Roger Romani, (chargé des relations avec le Parlement)
M. Maurice Saborin, administrateur civil
M. Jean Claude Vinçonneau, ingénieur de génie rural, des eaux et forêts
M. Patrice du Puy de Clinchamps (relations avec la presse)

28 MAI 1974

Premier Ministre :
JACQUES CHIRAC

Ministre d'Etat, ministre de l'intérieur
Michel PONIATOWSKI

Garde des sceaux, ministre de la Justice
Jean LECANUET

Ministre de la Défense
Jacques SOUFFLET

Ministre des Réformes
Jean Jacques SERVAN-SCHREIBER

Ministre des Affaires étrangères
Jean SAUVAGNARGUES

Ministre de l'économie et des finances
Jean Pierre FOURCADE

Ministre de l'éducation
René HABY

Ministre de la coopération
Pierre ABELIN

Ministre de l'équipement
Robert GALLEY

Ministre de l'agriculture
Christian BONNET

Ministre de la qualité de vie
André JARROT

Ministre du travail
Michel DURAFOUR

Ministre de la santé
Simone VEIL

Ministre de l'industrie
Michel d'ORNANO

Ministre du commerce et de l'artisanat
Vincent ANSQUER

Secrétaires d'Etat:

Secrétaire d'Etat aux anciens combattants
André BORD

Secrétaire d'Etat aux postes et télécommunications
Pierre LELONG

Secrétaire d'Etat aux transports
Marcel CAVAILLE

Secrétaire d'Etat à la culture
Michel GUY

Secrétaire d'Etat au commerce extérieur
Norbert SEGARD

Secrétaire d'Etat aux universités
Jean Pierre SOISSON

Secrétaire d'Etat aux départements
et territoires d'outre-mer
Olivier STIRN

Secrétaires d'Etat auprès du Premier Ministre :
(Relations avec le parlement)René TOMASINI
(Fonction publique) Roger POUDONSON
(Formation professionnelle) Paul GRANET
(Porte parole du Gouvernement) André ROSSI

Secrétaire d'Etat auprès du garde des sceaux, ministre de la justice
(condition pénitentiaire)
Hélène DORLHAC

Secrétaire d'Etat auprès du ministre des affaires étrangères
Bernard DESTREMAU

Secrétaire d'Etat auprès du ministre de l'économie et des finances
(budget) Christian PONCELET

Secrétaire d'Etat auprès du ministre de l'éducation
(enseignement périscolaire) Annie LESUR

Secrétaire d'Etat auprès du ministre de l'équipement
(logement) Jacques BARROT

Secrétaire d'état auprès du ministre de la qualité de la vie :
(Environnement) Gabriel PERONNET
(Jeunesse et sports) Pierre MAZEAUD
(Tourisme) Gérard DUCRAY

Secrétaire d'état auprès du ministre du travail
(travailleurs immigrés) André POSTEL-VINAY

Secrétaire d'état auprès du ministre de la santé
(action sociale) René LENOIR

27 MAI 1974

Jacques CHIRAC
Premier ministre

Le Cabinet du Premier ministre

Chargé de mission auprès du Premier ministre :
M. Jacques Friedmann, inspecteur des finances
Directeur de Cabinet :
M.Jacques Pelissier, préfet hors classe
Conseiller pour les affaires économiques et financières :
François Heilbronner, inspecteur des finances
Conseiller pour les affaires sociales et culturelles :
Raymond Soubie, administrateur civil
Conseiller pour les affaires internationales et la coopération :
Serge Boidevaix, ministre plénipotentiaire
Conseiller technique, chef du service de presse :
Serge Maffert
Conseillers techniques :
Jacques Toubon, administrateur civil
Roger Romani, (chargé des relations avec le parlement)
Chargés de mission :
Philippe Auberger, inspecteur des finances
Jean Pierre Bady, conseiller référendaire à la cour des comptes
André Chavarot, administrateur civil
Pierre David, ingénieur principal de l'armement`
Yvon le Bars, ingénieur des mines
Patrice du Puy de Clinchamps
Maurice Saborin, administrateur civil
Bertrand Vié, inspecteur central des douanes
Jean Claude Vinçonneau, ingénieur de génie rural, des eaux et forêts
Chef de cabinet:
Jean Pierre Delpont, sous-préfet
Chef du secrétariat particulier:
Denise Esnous, attaché de préfecture

20 MARS 1986

Premier ministre
Jacques CHIRAC

Ministre d'Etat, chargé de l'économie,
des finances et de la privatisation
Edouard BALLADUR

Garde des sceaux, Ministre de la Justice
Albin CHALANDON

Ministre de la Défense
André GIRAUD

Ministre de la culture et de la communication
François LEOTARD

Ministre des affaires étrangères
Jean Bernard RAIMOND

Ministre de l'intérieur
Charles PASQUA

Ministre de l'équipement, du logement,
de l'aménagement du territoire et des transports
Pierre MEHAIGNERIE

Ministre des départements
et territoires d'outre-mer
Bernard PONS

Ministre de l'éducation nationale
René MONORY

Ministre des affaires sociales et de l'emploi
Philippe SEGUIN

Ministre des PTT, de l'industrie et du tourisme
Alain MADELIN

Ministre de l'agriculture
François GUILLAUME

Ministre de la coopération
Michel AURILLAC

Ministre chargé des relations avec le Parlement
André ROSSINOT

Ministre délégué auprès du Premier ministre, chargé de la fonction publique et du plan
Hervé de CHARETTE

Ministre délégué auprès du ministre de l'économie, des finances et de la privatisation, chargé du budget
Alain JUPPE

Ministre délégué auprès du ministre de l'économie, des finances et de la privatisation, chargé du commerce extérieur
Michel NOIR

Ministre délégué auprès du ministre de l'économie, des finances et de la privatisation, chargé de la privatisation
Camille CABANA

Ministre délégué auprès du ministre de l'intérieur, chargé de la sécurité
Robert PANDRAUD

Ministre délégué auprès du ministre de l'équipement, du logement et de l'aménagement du territoire et des transports, chargé des transports
Jacques DOUFFIAGUES

Ministre délégué auprès du ministre de l'équipement,
du logement de l'aménagement du territoire
et des transports, chargé de l'environnement
Alain CARIGNON

Ministre délégué auprès du ministre de l'éducation nationale,
chargé de la recherche
et de l'enseignement supérieur
Alain DEVAQUET

Secrétaires d'Etat:

Secrétaire d'Etat auprès du Premier ministre,
chargé de la francophonie
Lucette MICHAUX-CHEVRY

Secrétaire d'Etat auprès du Premier ministre,
chargé des droits de l'homme
Claude MALHURET

Secrétaire d'Etat auprès du Premier ministre,
chargé de la jeunesse et des sports
Christian BERGELIN

Secrétaire d'Etat auprès du ministre de la culture
et de la communication
Philippe de VILLIERS

Secrétaire d'Etat auprès du ministre
des affaires étrangères
Didier BARIANI

Secrétaire d'Etat auprès du ministre de l'intérieur
chargé des collectivités locales
Bernard BOSSON

Secrétaire d'Etat auprès du ministre des départements
et des territoires d'outre-mer,
chargé des problèmes du pacifique sud
Gaston FLOSSE

Secrétaire d'Etat auprès du ministre de l'éducation nationale
chargé de l'enseignement
Michel ALLIOT-MARIE

Secrétaire d'Etat, auprès du ministre de l'éducation
nationale, chargé de la formation professionnelle
Nicole CATALA

Secrétaire d'Etat auprès du ministre des affaires sociales
et de l'emploi, chargé de la sécurité sociale
Adrien ZELLER

Secrétaire d'Etat auprès du ministre des affaires sociales
et de l'emploi
Jean ARTHUIS

Secrétaire d'Etat auprès du ministre de l'industrie,
des P et T et du tourisme, chargé des P et T
Gérard LONGUET

Secrétaire d'Etat aux anciens combattants
Georges FONTES

Secrétaire d'Etat aux rapatriés
André SANTINI

Secrétaire d'Etat à la mer
Ambroise GUELLEC

Le Cabinet du Premier Ministre

Directeur de Cabinet:
Maurice Ulrich

Directeur Adjoint de Cabinet:
Conseiller pour les affaires économiques et financières
François Heilbronner

Chef de Cabinet:
Michel Roussin

Conseillers auprès du Premier Ministre:
Jacques Foccart
Jacques Pelissier
Roger Romani
Denis Baudouin
Jean Marc Boegner, ambassadeur de France
Jean Pierre Lafon, conseiller des affaires étrangères

Conseillers pour les affaires diplomatiques, défense et coopération:
François de Bujon de l'Estang, conseiller des affaires étrangères

Conseiller pour les affaires sociales:
Marie Hélène Bérard, administrateur civil

Conseiller pour l'éducation et la recherche:
Yves Durand, professeur des universités

Conseillers Techniques:
Alexandre Benmaklouf, vice-Président du tribunal de Nanterre
Michel Boutinard-Rouelle, administrateur civil
Rémy Chardon, administrateur civil
Jean Colonna, directeur général de la commune de Paris
Noël Forgeard, ingénieur des mines
José Freches, conseiller référendaire à la cour des comptes

Gérard Rameix, conseiller référendaire à la cour des comptes
Philippe Galy, sous-directeur à la caisse des dépôts et consignations
Jean Picq, conseiller référendaire à la cour des comptes
Yves de Silguy, conseiller des affaires étrangères
Patrick Valroff, conseiller référendaire à la cour des comptes
Annie Lhéritier

Chargés de mission:
Christine Albanel de Lagarde, agrégée de l'université
Michel Balluteau
Antoine Durrleman, conseiller référendaire à la cour des comptes
Lydie Gerbaud
Alain Moulinier, ingénieur de génie rural, des eaux et forêts
Jean Jacques de Peretti
Bertrand Selmer, administrateur civil
Bernard Guillet, secrétaire des affaires d 'étrangères
Michel Lunven, administrateur civil

Chef du secrétariat particulier:
Denise Esnous

Chef de cabinet militaire:
le Général Robert Gastaldi

ANNEXE 7 :
Elections Présidentielles

1981

Siège : Rue de Tilsitt (Paris)

L'Etat Major

Coordonnateur de la campagne : Charles PASQUA
Sénateur des Hauts-de-Seine

Secrétaire Général du RPR : Bernard PONS

Président du Groupe RPR à l'Assemblés nationale : Claude LABBE

Président du Groupe RPR au Sénat : Marc JACQUET

Directeur de campagne : Henri LE CORNO
Inspecteur général de l'Administration

Chargé du secteur politique : Jean COLONNA
Sous-Préfet

Responsable des groupes de travail et de réflexion : Alain JUPPE
Inspecteur des finances
Chef du service de Presse : Philippe de BAUSSET-ROQUEFORT
Journaliste

26 AVRIL 1981

1 er TOUR

Inscrits : 36 398 859	
Votants : 29 516 082	(81,09 %)
Abstentions : 6 882 777	(18,90 %)
Suffrages exprimés : 29 038 117	

Valéry GISCARD D'ESTAING (UDF) : 8 222 432	(28,31 %)
François MITTERRAND (PS) : 7 505 960	(25,84 %)
Jacques CHIRAC (RPR) : 5 188 154	*(17,99 %)*
Georges MARCHAIS (PC) : 4 4546 922	(15,34 %)
Brice LALONDE (Ecologistes) : 1 126 254	(3,87 %)
Arlette LAGUILLER (LO) : 668 057	(2,30 %)
Michel CREPEAU (MRG) : 642 847	(2,21 %)
Michel DEBRE (RPR) : 481 821	(1,65 %)
Marie France GARAUD (DVD) : 386 623	(1,33 %)
Huguette BOUCHARDEAU (PSU) : 321 353	(1,10 %)

10 MAI 1981

2ème TOUR

Inscrits : 37 398 762	
Votants : 31 249 552	(85,85%)
Abstentions : 6 149 210	(14,14 %)
Suffrages exprimés : 30 350 563	

François MITTERRAND : 15 708 262	(51,75 %)
Valéry GISCARD D'ESTAING : 14 642 306	(48,25 %)

1988

Siège : Rue du Général Foy (Paris)

L'Etat Major

Directeur de Campagne : Bernard MONGINET
Préfet

Secrétaire Général du RPR : Jacques TOUBON
Député de Paris

Responsable des Comités de Soutien : Alain MARLEIX

Directeur de la communication : Didier QUENTIN
Directeur des Relations internationales de la ville de Paris

Responsable du programme du candidat : Bernard BLED
Secrétaire Général du Conseil de Paris

24 AVRIL 1988

1er TOUR

Inscrits : 38 128 507	
Votants : 31 027 972	
Abstentions : 7 100 535	(18,62 %)
Suffrages exprimés : 30 406 038	
François MITTERRAND (PS) : 10 367 220	(34,09 %)
Jacques CHIRAC (RPR) : 6 063 514	*(19,94 %)*
Raymond BARRE (UDF) : 5 031 849	(16,54 %)
Jean Marie LE PEN (FN) : 4 375 894	(14,39 %)
André LAJOINIE (PC) : 2 055 995	(6,76 %)
Antoine WAECHTER (Ecologie) : 1 149 642	(3,78 %)
Pierre JUQUIN (PC Rénov) : 639 084	(2,10 %)
Arlette LAGUILLER (LO) : 606 017	(1,99 %)
Pierre BOUSSEL : 116 823	(0,38 %)

8 MAI 1988

2ème TOUR

Inscrits : 38 168 869	
Votants : 32 085 071	
Suffrages exprimés : 30 923 249	
François MITTERRAND : 16 704 279	(54,01 %)
Jacques CHIRAC : 14 218 970	(45,99 %)

1995

Siège : Avenue d'Iéna

L'Etat-major

Directeur de Campagne : Patrick STEFANINI
Administrateur civil

Responsable du projet et des groupes de réflexion : Jean-Pierre DENIS
Inspecteur des Finances

Secrétaire Général du RPR :
Alain JUPPE
Ministre des affaires étrangères

Secrétaire Général adjoint du RPR :
Jean-Louis DEBRE
Député

Porte-parole du candidat :
François BAROIN
Député

Responsable de la communication :
Claude CHIRAC

23 AVRIL 1995

1er TOUR

Inscrits : 39 992 912
Votants : 31 345 794
Suffrages exprimés : 30 462 633
Abstentions : 21,62 %

Edouard BALLADUR : 5 658 796	(18,58 %)
Jacques CHEMINADE : 84 959	(0,28 %)
Jacques CHIRAC : 6 348 375	*(20,84 %)*
Robert HUE : 2 632 460	(8,64 %)
Lionel JOSPIN : 7 097 786	(23,30 %)
Arlette LAGUILLER : 1 615 552	(5,30 %)
Jean Marie le PEN : 4 570 838	(15,00 %)
Philippe de VILLIERS : 1 443 186	(4,74 %)
Dominique VOYNET : 1 101 681	(3,32%)

7 MAI 1995

2ème TOUR

Inscrits : 39 976 944
Votants : 31 845 819
Suffrages exprimés : 29 943 671
Abstentions : 20,33 %

Jacques CHIRAC : 15 763 027	*(52,64 %)*
Lionel JOSPIN : 14 180 644	(47,36 %)

ANNEXE 8 :
Présidence de la République
L'Etat major de Jacques CHIRAC

Secrétaire général de la Présidence de la République:
Dominique de Villepin
(conseiller des affaires étrangères)

Directeur du cabinet:
Bernard Landrieu
(Préfet)

Secrétaire général adjoint:
Jean-Pierre Denis
(Inspecteur des finances)

"Sherpa"
Conseiller diplomatique:
Jean-David Levitte
(ministre plénipotentiaire)

Conseillers :

Affaires africaines
Michel Dupuch
(conseiller d'Etat)

Affaires sociales:
Olivier Dutheillet de Lamothe
(conseiller d'Etat)

Porte-parole :
Catherine Colonna
(conseiller des affaires étrangères)
assistée de
Jérôme Peyrat
(administrateur de la Ville de Paris)
chargé des relations avec la presse étrangère et diplomatique

Chef de cabinet:
Annie Lhéritier
(sous-préfet)

Conseillers techniques :

Education, culture :
Christine Albanel

Affaires industrielles:
Anne Dutilleul

Ensemble des affaires régionales à l'exception de l'Europe:
Bernard Emié
(conseiller des affaires étrangères)
Adjoint:
Jean-David Levitte
(conseiller diplomatique)

Affaires européennes:
Pierre Menat
(conseiller des affaires étrangères)

Intérieur et aménagement du territoire:
Pierre Bousquet de Florian
(administrateur civil)

Questions économiques et financières:
Jean-François Cirelli
(administrateur civil)

Conseiller communication:
Claude Chirac

Conseiller Presse
Manuela Isnard
assistée de
Frédérique Bayre
Laurent Glepin

Chargés de mission :

Affaires stratégiques
François Delattre
(conseiller des affaires étrangères)

Jeunesse et sports::s
Jean-François Lamour

Chef du secrétariat particulier:
Marianne Hibon

Chef d'état-major particulier du Président de la République:
Général Christian Quesnot

ANNEXE 9 :
Le gouvernement d'Alain Juppé

18 MAI 1995

Premier Ministre : Alain JUPPE

Ministres :

Garde des sceaux, ministre de la justice
Jacques TOUBON

Ministre de l'économie et des finances
Alain MADELIN

Ministre de l'éducation nationale,
de l'enseignement supérieur,
de la recherche et de l'insertion professionnelle
François BAYROU

Ministre de l'aménagement du territoire,
de l'équipement et des transports
Bernard PONS

Ministre des affaires étrangères
Hervé de CHARETTE

Ministre de la défense
Charles MILLON

Ministre de l'intérieur
Jean Louis DEBRE

Ministre des relations avec le Parlement
Roger ROMANI

Ministre du travail, du dialogue social
et de la participation
Jacques BARROT

Ministre de la culture
Philippe DOUSTE-BLAZY

Ministre du développement économique
et du plan
Jean ARTHUIS

Ministre de la réforme de l'Etat, de la décentralisation,
et de la citoyenneté
Claude GOASGUEN

Ministre de la fonction publique
Jean PUECH

Ministre de la santé publique
et de l'assurance maladie
Elisabeth HUBERT

Ministre chargé de l'intégration
et de la lutte contre l'exclusion
Eric RAOULT

Ministre de la solidarité entre les générations
Colette CODACCIONI

Ministre de l'agriculture et de l'alimentation
Philippe VASSEUR

Ministre de l'industrie
Yves GALLAND

Ministre du logement
Pierre-André PERISSOL

Ministre des P.M.E, du commerce
et de l'artisanat
Jean Pierre RAFFARIN

Ministre des technologies de l'information
et de la Poste
François FILLON

Ministre de l'Outre-Mer
Jean Jacques de PERETTI

Ministre de l'environnement
Corinne LEPAGE

Ministre de la jeunesse et des sports
Guy DRUT

Ministre du tourisme
Françoise de PANAFIEU

Ministre des anciens combattants
et victimes de guerre
Pierre PASQUINI

Ministre délégué auprès du ministre des affaires
étrangères, chargé de la coopération
Jacques GODFRAIN

Ministre délégué auprès du ministre des affaires
étrangères, chargé des affaires européennes
Michel BARNIER

Secrétaires d'état :

Secrétaire d'Etat auprès du Premier ministre,
chargé de l'action humanitaire d'urgence
Xavier EMMANUELLI

Secrétaire d'Etat auprès du Premier ministre,
chargé de l'emploi
Anne Marie COUDERC

Secrétaire d'Etat auprès du Premier ministre,
Porte-parole du Gouvernement
François BAROIN

Secrétaire d'Etat auprès du ministre de l'économie
et des finances, chargé du budget
François d'AUBERT

Secrétaire d'Etat auprès du ministre de l'économie
et des finances, chargé des finances
Hervé GAYMARD

Secrétaire d'Etat auprès du ministre de l'éducation nationale
chargé de l'enseignement supérieur
Jean de BOISHUE

Secrétaire d'Etat auprès du ministre de l'éducation nationale,
chargé de la recherche
Elisabeth DUFOURCQ

Secrétaire d'Etat auprès du ministre de l'éducation
nationale, chargé de l'enseignement scolaire
Françoise HOSTALIER

Secrétaire d'Etat auprès du ministre de l'aménagement
du territoire, chargé du développement rural
Raymond-Max AUBERT

Secrétaire d'Etat auprès du ministre de l'aménagement
du territoire, chargé des transports
Anne Marie IDRAC

Secrétaire d'Etat auprès du ministre des affaires étrangères,
chargé de la francophonie
Margie SUDRE

Secrétaire d'Etat auprès du ministre de l'intégration,
chargé des quartiers en difficulté
Françoise de VEYRINAS

Secrétaire d'Etat auprès du ministre de la réforme
de l'Etat , chargé de la décentralisation
Nicole AMELINE

Secrétaire d'Etat auprès du ministre de l'industrie
chargé du commerce extérieur
Christine CHAUVET

TABLE

REMERCIEMENTS

Cette biographie de Jacques Chirac a pu être réalisée grâce aux nombreux témoins, amis, intimes, conseillers, collaborateurs, anciens Premiers ministres, ministres, parlementaires, journalistes, mais aussi aux personnalités du monde littéraire, culturel, artistique et sportif. Qu'ils en soient remerciés.

Une mention spéciale à Jacques TOUBON, Garde des sceaux, ministre de la Justice et ancien secrétaire général du RPR qui m'a accordé sa confiance en 1987 et qui est à l'origine de cet ouvrage.

Parmi les quelques cent cinquante "grands témoins" qui m'ont reçu et pris de leur temps, je tenais à exprimer ma gratitude, notamment :

A la famille et aux proches : Bernadette Chirac, Claude Chirac, Michel François-Poncet, Jacques Friedmann, Claude Pompidou.

Aux amis : Béatrice de Andia, Anne-Marie Dupuy, Laurence Fries-Seydoux.

Au Premier Ministre Alain Juppé et aux membres de son gouvernement, Guy Drut, François Fillon, Jacques Godfrain, Françoise de Panafieu, Bernard Pons, Eric Raoult.

Aux anciens Premiers ministres : Michel Debré, Jacques Chaban-Delmas, Maurice Couve de Murville, Pierre Messmer et Michel Rocard.

Aux anciens ministres: Michel Aurillac, Christian Bergelin, André Bord, Albin Chalandon, Camille Cabana, Alain Carignon, Philippe Dechartre, Michel Giraud, Yves Guéna, Olivier Guichard, Michel Jobert, Jacques Limouzy, Pierre Mazeaud, Lucette Michaux-Chevry, Robert Pandraud, Dominique Perben, Alain Peyrefitte, Olivier

Stirn, Jean Tiberi, Simone Veil.

Aux parlementaires : Henri Belcour, Pierre-Guillain de Bénouville, Henri Cuq, Amiral Philippe de Gaulle, Christian de la Malène.

Aux collaborateurs : Christine Albanel de Lagarde, Gérard Belorgey, Bernard Billaud, Bernard Bled, Jean-Paul Bolufer, Hervé Bourseiller, Michel Boutinard-Rouelle, Jacques-Henri Bujard, François Bujon de l'Estang, Jacques Foccart, Paulette Giry-Lattériere, Jean-Claude Laumond, Daniel Naftalski, Bernard Niquet, Jacques Pélissier.

A la promotion Vauban de l'ENA : Jacques Boyon, Pierre Consigny, Pierre Creyssel, Henri Dolbois, Pierre Gisserot, Dieudonné Mandelkern, Philippe Rouvillois, René Sautier, Bernard Stasi.

Aux corréziens : Marceline et René Bel, Paul Faugeron, Irène Graille, Annie Lhéritier, Marinette Pascal, Georges Pérol, André Tourneix, André Vidal.

Aux journalistes : Thierry Desjardins, Alain Duhamel, Jean-Pierre Elkabbach, Jacques Faizant, Michèle Ferniot, Franz-Olivier Giesbert, Jacques Goddet, Pierre Jouve, Henri Paillard, Yves Mourousi, Marc Ambroise-Rendu, Patrick Poivre d'Arvor, Pierre-Luc Séguillon.

Aux conseillers en communication : Elie Crespi, Jean-Michel Goudard, Thierry Saussez.

Au monde culturel et artistique : Olivier-Clément Cacoub, Philippe Clay, Denise Grey, Serge Lama, Marcel Landowski, Edouard Molinaro, Line Renaud, Jacques Rosny, Madame Pierre Seghers.

Aux sportifs : Henry Boério, Jacques Goddet, Jeannie Longo, Nelson Paillou, Walter Spanghero.

Nous tenions aussi remercier les “grands témoins” aujourd’hui disparus, et nous associer à leur mémoire : Jacques Chazot, Pierre Charpy, Denis Baudouin, Claude Labbé, Guy Laroche, le cardinal François Marty, Hector Rolland.

Nous remercions également pour leur collaboration :

Michel Aujoulat, Maire de Cugnaux.
Les services de documentation de Paris-Match, du Monde et du Figaro.

Coordination : Anne-Marie Boué, Dominique Bonnemère et Nathalie Sallard, Sylvie de Boël.

A Paraître
du même auteur :

LA GALAXIE CHIRAQUIENNE

LISTE DES PRINCIPAUX NOMS CITES

ABBÉ PIERRE
ALBANEL Christine
ALLIOT-MARIE Michèle
ALVINERIE Pierre
AURILLAC Michel
BALLADUR Edouard
BARNIER Michel
BARON PETIET
BARZACH Michèle
BAUDOUIN Denis
BAYROU François
BEL Marceline
BELCOUR Henri
BÉNARD Marie
BERGELIN Christian
BILLAUD Bernard
BLANQUART Jean
BLOCH Marcel
BORD André
BOTTON Pierre
BOULIN Robert
BOURGES Yvon
BOUTINARD-ROUELLE Michel
BOYON Jacques
BROCHAND Bernard
BUJARD Jacques-Henri
BURON
CARIGNON Alain
CAU Jean
CHALANDON Albin
CHAMSON André
CHARDONNET Jean
CHAZOT Jacques
CHEVENEMENT Jean-Pierre
COUVE DE MURVILLE Maurice
CRESSON Edith
CUQ Henri
DANET Alain
DAVIN Paul
DE BEAUVOIR Simone
DE BOISSIEU Anna
DE CLOSETS François
DE FLEURIEU Edouard
DE GUILLENCHMIDT Michel
DE LA MARTINIERE
DE PRÉAUMONT Jean
DEBRÉ Jean-Louis
DECHARTRE Philippe
DELBARD Georges
ADJANI Isabelle
ALFONSIN Raoul
ALVINERIE Jacques
AMIRAL SANGUINETTI Alexandre
BALKANY Patrick
BALVET Marie
BAROIN François
BARRE Raymond
BAS Pierre
BAUMEL Jacques
BAZIRE Nicolas
BEL René
BELORGEY Gérard
BENSIMON Olivier
BERGERON André
BINET
BLED Bernard
BOÉRIO Henry
BOTERO Fernando
BOUJENAH Michel
BOURGES Hervé
BOURSEILLER Hervé
BOYON Jacques
BRAUMAN Rony
BROSSE Claudius
BUJON DE L'ESTANG François
CALMAT Alain
CATALA Nicole
CHABAN-DELMAS Jacques
CHAMARD Jean-Yves
CHARBONNEL Jean
CHARPY Pierre
CHEVALIER Alain
CHOUPAC Jocelyne
CRESPI Elie
CREYSSEL Pierre
D'ORNANO Michel
DASSAULT Marcel
DE ANDIA Béatrice
DE BÉNOUVILLE Pierre
DE CHARETTE Hervé
DE COURCEL Geoffroy
DE GAULLE Charles
DE LA MALENE Christian
DE LIPKOWSKI Irène
DE ROHAN Josselin
DEBRÉ Michel
DELAY Claude
DELBARRE Florian

LÉOTARD François
LHOMEAU Jean-Yves
LIMOUZY Jacques
LONGO Jeannie
LORIEUX François
MADONNA
MANDELKERN Dieudonné
MATHIEU Mireille
MAZEAUD Pierre
MEHL L.
MESSMER Pierre
MIMOUN Alain
MISSOFFE Hélène
MITTERRAND François
MITTERRAND Robert
MONOD Jérôme
MONTLOUP Hubert
MUSELIER Renaud
NAY Catherine
OCKRENT Christine
OUSSEKINE Malik
PANDRAUD Robert
PASCAL Marinette
PECK Gregory
PÉLISSIER Pierre
PÉRILLAT Jacques
PEYREFITTE Alain
PILORGET Jean-Marc
PINTE Etienne
POIVRE D'ARVOR Patrick
POMPIDOU Georges
PONIATOWSKI Michel
POSTEL Michel
PROFESSEUR VILAIN
QUEUILLE Henri
REAGAN Ronald
RENDU Marc-Ambroise
ROCARD Michel
ROLLAT Alain
ROSNY Jacques
ROUVILLOIS Philippe
SAILLANT Gérard
SARDOU Michel
SARTRE Jean-Paul
SAUTIER René
SEGHERS Pierre
SÉGUIN Philippe
SEYDOUX FORNIER DE CLAUSSONNE Laurence
SHULLER Didier
SINCLAIR Anne
SORMAN Guy
LHÉRITIER Annie
LIMOUJOUX André
LINDON Vincent
LONGUET Gérard
MADELIN Alain
MAGOUDI Ali
MARETTE Jacques
MAUROY Pierre
MAZIOL Jacques
MENDES-FRANCE Pierre
MILLON Charles
MISSOFFE François
MITTERRAND Danielle
MITTERRAND Jean-François
MOLLET Guy
MONTJOIE René
MOUROUSI Yves
NAFTALSKI Daniel
NOIR Michel
ORTOLI François Xavier
PAILLOU Nelson
PAPON Maurice
PASQUA Charles
PÉLISSIER Jacques
PERBEN Dominique
PÉROL Georges
PIERRE-BROSSOLETTE Claude
PINAULT François
PLENEL Edwy
POMPIDOU Alain
PONCET Jean-François
PONS Bernard
POTEZ Henry
PROST Alain
QUILES Paul
RENAUD Line
RIDEAU Bernard
ROLLAND Hector
ROMANI Roger
ROUSSIN Michel
RUFENACHT Antoine
SAMARANCH Antonio
SARKOZY Nicolas
SAUSSEZ Thierry
SÉBASTIEN Patrick
SÉGUÉLA Jacques
SÉGUY Georges
SEYDOUX François
SINATRA Franck
SOEUR EMMANUELLE
SOUSTELLE Jacques

SPHANGHERO Walter
STASI Bernard
STIRN Olivier
TANKÉRÉ Martine
TESSON Philippe
TIBÉRI Jean
TODD Emmanuel
TOUBON Jacques
TRON Georges
ULRICH Maurice
VALETTE Marie-Louise
VEIL Simone
VIDAL André
VIVIEN Robert-André
XIAO PING Deng

SPINASSE Charles
STEFANINI Patrick
TAITTINGER Pierre-Christian
TAPIE Bernard
THATCHER Margaret
TILLINAC Denis
TOMASINI René
TOURNEIX André
TROTSKY Léon
UMINSKI
VALLON Louis
VIDAL André
VILLARD Hervé
VOILLEREAU Daniel

Imprimé en France - JOUVE, Paris
N°231123Z. Dépôt légal : Novembre 1995

Photo couverture SIPA
Photo cahier couleur 1 et 14 SIPA

HARCA EDITIONS
120, Avenue Charles de Gaulle
92200 NEUILLY